“法律实践研究丛书”
由杭州师范大学资助出版

法律实践研究丛书 | 总主编 郝铁川

律师日记

杨蓉 著

图书在版编目(CIP)数据

律师日记/杨蓉著. —北京:北京大学出版社,2018.8
ISBN 978-7-301-29728-5

Ⅰ. ①律…　Ⅱ. ①杨…　Ⅲ. ①律师—工作—中国　Ⅳ. ①D926.5

中国版本图书馆 CIP 数据核字(2018)第 170144 号

书　　名　律师日记
　　　　　LÜSHI RIJI
著作责任者　杨　蓉　著
责任编辑　朱　彦　孙维玲
标准书号　ISBN 978-7-301-29728-5
出版发行　北京大学出版社
地　　址　北京市海淀区成府路 205 号　100871
网　　址　http://www.pup.cn　新浪微博　@北京大学出版社
电子信箱　sdyy_2005@126.com
电　　话　邮购部 010-62752015　发行部 010-62750672
　　　　　编辑部 021-62071998
印 刷 者　三河市博文印刷有限公司
经 销 者　新华书店
　　　　　880 毫米×1230 毫米　A5　11.125 印张　299 千字
　　　　　2018 年 8 月第 1 版　2023 年 7 月第 4 次印刷
定　　价　42.00 元

“法律实践研究丛书”总序

郝铁川

我长期从事法制史、法理、宪法、行政法等理论法学的研究,自感缺陷很突出,那就是对应用法学,特别是司法实践没有应有的探索和深入的了解。历史上的著名法学家几乎都有过司法实践的经历,这说明如想提出法学方面的真知灼见,必须对法律的运行实践有切身的了解。几十年来,我一直努力弥补自己在司法实践方面的缺陷。

我不做律师,但经常要求有关教务部门为我安排去为司法实践部门的法学硕士研究生班授课,了解他们在基层一线遇到的困惑、难题,要求他们对我课堂讲授的观点提出批评,在课程结束时试卷中必有一道题是“对郝铁川课堂讲授的三个观点进行批评,不得赞扬”,以此发现实务部门的人和我这个学院派的思维差别。

1995—2000 年我担任《法学》杂志主编期间,专门开设过司法实践研究栏目,有意识地与司法实践部门的专家保持密切的联系,熟悉他们的思维方式,并定期邀请全国各地的高院院长、检察长、研究室主任、审判庭庭长等为《法学》撰写文章,提供值得学界研究探讨的问题和角度。值得一提的是,当时我们经常举办一些疑难复杂新型案件的研讨会,邀请司法实务界、学界人士开会探讨并形成论文,这类文章一直很受欢迎,大家公认《法学》是理论界最受关注的司法活动的刊物。

我在香港工作期间,有空就跑到法庭旁听,研究香港法院判例。

我招收博士生时,在同等条件下,总是优先考虑来自司法实践部门的考生。

总之,多年来,我一直寻找不同的机会去熟悉司法实践。我信奉

"理论是灰色的,而生命(活)之树常青"这句话。当我看到不少学者、主编出版许多学术性理论著作时,就产生了要编一套来自司法实践部门的法官、检察官、警察、律师等撰写的法律实际运行丛书的想法,这一想法得到了好朋友——杭州师范大学法学院李安教授的大力支持。于是,我就从中部挑选一个法官撰写《法官日记》,西部挑选一个律师撰写《律师日记》,东部挑选一个检察官撰写《检察官日记》。先出这三本,如果社会效果不错的话,再接着干下去。

我很期盼这套书能够为法学院的本科生和研究生带来益处,能使他们了解我国东、中、西部不同地区的法律是怎样运行的,他们毕业后会遇到什么样的法律职业环境,能够在理论联系实践方面有所收获。西方国家许多法学院的教授都有丰富的司法实践经验,不像我们这里,大学教师制度存在先天的理论脱离实际的缺陷,绝大多数的教授都是从校门到校门。

感谢北京大学出版社和王业龙主任、孙维玲编辑,经过严格审批之后,接纳了这套丛书。

2017 年 7 月 8 日于沪上

不一样的风景

（代序）

读罢手头这厚厚一摞文稿，抬眼望向窗外鳞次栉比的高楼，不禁感动、感慨、感怀！感动于作者杨蓉扎根边疆的定力，感慨于基层法律工作者无私奉献的情怀，感怀于普通民众对法律服务的渴求。在本书中，边疆基层法律服务市场的相关要素跃然纸上。作者“以案说法”，为我们勾勒出边疆基层法律服务市场参与者的“群像”，呈现了一道生动又不一样的风景。说“生动”，是因为作者用类似白描的手法将边疆基层法律服务的过程细腻地展现出来；说“不一样”，则是因为书中描述的边疆基层法律服务市场与北京、上海等大城市高度发展的法律服务市场之间有天壤之别。

法律制度从来都不是在真空中运作的，而是通过与市场的互动得以实践的。四十年的改革开放极大地改变了中国法律制度的外观，同时也不断形塑出高度不平衡的当代中国法律服务市场。从某种意义上说，当代中国法律服务市场仿佛一片热带丛林，有着相似的行业准入标准的职业群体从事着千差万别的法律服务工作。具体而言，律师服务在中国可分为两大块：一块是在高度现代化的大城市，服务于外国投资者、国有企业、私营企业以及城市居民；另一块则是在依然传统的村镇，服务于乡村群众。在这个分化的过程中，由于资源汇聚的现代化大城市比传统村镇更具吸引力，人才不断涌入，促使大城市的法律服务市场沿着职业化、专门化方向大步前行，而基层法律服务市场，尤其是边疆基层法律服务市场则仍处于“云深不知处”的境地。

新时代法律服务市场不充分、不平衡发展的现状所对应的社会现实是:人民美好生活的需要日益广泛,不仅对物质文化生活提出了更高要求,在民主、政治、公平、正义、安全、环境等方面的要求也日益增长。正如美国大法官卡多佐所言,“任何法律都要在社会生活面前表明其存在的理由”。现代法律提供的“可预期性”在很大程度上契合于工商社会的日常生活模式。那么,这样的“可预期性”在农业社会的日常生活模式之下有怎样的表现?在此,作者以“日记”的方式,多角度记述其深入边疆基层法律服务市场的所见所闻,既是为边疆基层律师代言,亦可视为“解码”当代边疆基层法律服务市场现状的一种努力。

“知而不行,只是未知”,“知行合一”,方可“不惑”,从象牙塔到边疆基层,作者的这一转身最真切地践行了法治的实践精神。事实上,法治是一项实践的事业,而不是一项玄思的事业。作者所处的边疆,既是国家精准扶贫的阵地,也是依法治国的场域。本书立体呈现了边疆基层法律实践中化解矛盾纠纷、守护乡村和谐、普及法律知识的秩序构建,让我们充分感受到乡村法治在助力精准扶贫方面的不可或缺。

坚决打赢脱贫攻坚战,应注重扶贫同扶志、扶智相结合。扶志、扶智也应包括“执法”,在提高贫困人口和贫困地区的智力水平即“智商”的同时,提高其法律意识即“法商”也是题中应有之义。在精准脱贫的道路上,应该有法律引领、推进和保驾护航,各方及各级政府应牢固树立法律意识,依法而行、依法管理、依法归责;被扶主体也应积极提升法律意识,依法交易、依法发展、依法维护脱贫扶贫成果,实现脱真贫、真脱贫。

目前,“一村一律师”工作正在如火如荼地推进,方兴未艾。我们应当加快推进“律师进农村工程”,争取让精准扶贫所涉区域的每一个村庄都能够享受公共法律服务,尤其是律师的专业服务,在使法律矛盾得以妥善化解的同时,实现群众法律意识的稳步提升。

宋代著名诗人陆游有言:“天下之事,闻者不如见者知之为详,见者不如居者知之为尽。”在这本调研日记与普法读物重叠的书中,作者将其作为律师的亲身体验娓娓道来，用语简洁却细致、深入却不深奥，让人感到现实生活比理论更丰富、更发人深省。在我看来，作者是非常熟悉边疆基层法律服务市场的。但是，仅仅熟悉边疆或者边疆群众，并不一定能写出这样的书。欠缺"学术关切"，是不可能在四年多的时间里坚持不懈地边办案边思考的。如今，作者将抽象的司法理论与形象的边疆基层司法实践结合起来，完成了《律师日记》的写作，除了普法，还能够让有志于乡村司法研究的学人看到中国基层社会所蕴藏的丰富素材。本书的出版，定会让更多人关注边疆基层法律服务市场的现实图景，进而为边疆基层法治化建设出谋划策。

谨以此序，献给所有在法律服务市场上辛勤劳作的人。无论在城市，还是在边疆，风景不一样，但法律人的信念和坚持始终如一。

吕红兵
十三届全国政协社会和法制委员会委员
中华全国律师协会党委委员、副会长
国浩律师(上海)事务所律师

目录

市井烟火

建筑农民工的恩怨

高墙内外

法官印象

有求必应的派出所

导　　言

世界上最早出现律师行当的地方应该是咱们中国，战国末年，中国第一本类似百科全书的伟大作品《吕氏春秋》问世，书中详细记述了春秋时期郑国一个叫邓析的人——编竹刑、擅讼狱。[①] 从该书记载的邓析"与民之有狱者约，大狱一衣，小狱襦袴。民之献衣襦袴而学讼者不可胜数"可知，当时邓析的"律师"工作干得是名利双收，不仅登门求助者纷至沓来，拜师学艺者亦络绎不绝。可悲的是，统治者对"操两可之说，设无穷之词"的邓析并没有什么好印象，认为他"不法先王，不是礼义"[②]，严重威胁郑国正统的社会秩序。于是，按照《左传》的记载，继子产、子大叔之后执政的姬驷歂在公元前 501 年"杀邓析，而用其竹刑"[③]。同一时期，在人类早慧的另一片热土——古希腊城邦，就没有如邓析这样专事有偿法律服务的能人。事实上，当时古希腊城邦的统治者甚至还没达到姬驷歂"颁布成文法"的高度。因此，邓析算得上是这世上律师的祖师爷。

然而，世间万事往往以"后来者居上"为多。就律师行业而言，欧美国家迎头赶上，经过世代完善后，律师成为当下一项传统的体面职业。而自邓析被杀后，中国历朝历代基本上都严禁有偿法律服务的专业化。但是，即便孔子及其弟子不断地强调"无讼论"，使得国民心态中关于"非讼、贱讼"之观念不断强化，而在现实中，不管哪个朝代，官司总不会缺席。对于无法回避的官司，哪怕不出庭，状纸总归要人来

---

① 古代中国，民事官司称为"讼"，刑事官司称为"狱"。

② 《荀子·非十二子》。

③ 《左传》中记载的邓析被杀时间比《吕氏春秋》所记载的晚了将近 20 年，在《吕氏春秋》中，邓析为子产执政时被杀（大约在公元前 543 年至公元前 522 年之间）。

写、庭上如何说话也需要有人指点迷津……就这样,被严禁的有偿法律服务变成了一种“地下行业”,人们也逐渐将从业者称为“讼师”。

众所周知,在中国古代科举制下,读书人的理想就是“一朝高中,光宗耀祖。”除非万不得已、穷困潦倒,少有读书人愿意屈就于讼师这种不入流的“地下行业”。也正是在这种大环境下,失意的读书人在从事讼师工作时往往越发心态失衡、自甘堕落,甚至罔顾事实、作恶多端。如此恶性循环,讼师也就成了众人嫌弃的“讼棍”。

清末,在“师夷之长技以制夷”的洪流中,各路有识之士开始引进西方社会治理经验。比如,1879 年薛福成在《筹洋刍议》一书中最早采用的“律师”一词,就是译自西语“lawyer”。个人认为,“讼师”作为替人进行诉讼活动的专业人士和“lawyer”并非不搭,但可能是先辈们考虑到“讼师(讼棍)”名声太臭,故独辟蹊径新设一词,以期从业者能彻底改头换面,从地下走到地上。1892 年,改良思想家陈虬在《治平通议》一书中更为具体地提出了设立律师制度的构想——制定律师条例,以“正规军”律师驱逐“杂牌军”讼师。1905 年,清政府派五大臣出国“考察政治”,1906 年,除“预备立宪”紧锣密鼓开展外,沈家本主持起草了《大清刑事民事诉讼法草案》,其中设置了律师制度的相应规范,无奈因以张之洞为首的守旧派激烈反对,草案被搁置。六年之后的 1912 年,清王朝寿终正寝。此后,民国时期包括律师制度在内的法律制度陆续出台,律师制度落地生根,律师也逐渐光明正大地走上历史舞台。

中华人民共和国成立后,律师制度不断完善。特别是改革开放以来,律师服务的范围不断扩大,律师地位也日趋提高。与其他行业一样,律师在新时代当不忘初心,懂得珍惜——珍惜新时代给予律师的体面与光荣,珍惜当事人的信任与重托;切莫为了蝇头小利再次沦为历史垃圾堆里的“讼棍”。这正是我于本书开篇回顾律师职业在中国前世今生的根源所在。

与西方对律师职业的研究较为发达相比，[①]我国学界对律师职业的社会实证研究凤毛麟角。尽管也有学者对我国律师业的实践有所涉猎，但研究对象主要集中在北上广的所谓精英商务律师事务所。虽然包括苏力教授在内的一些学者通过调研对于边疆地区的律师生存和工作状况有过记录，[②]但他们缺乏与边疆地区法律工作者的长期零距离接触，也没法在较长时间段内持续跟踪乡村律师的工作，[③]容易将边疆地区包括律师在内的法律工作者想象为特别有情操的高尚群体……[④]在我看来，"边疆基层律师做什么？怎么做？"不应该被轻描淡写，也不应该被随意想象。基层律师的司法实践是法治资源本土化的重要组成部分，既不能被美化，也不能被虚化。相反，它们应该被如实记录下来。唯有如此，在进行中国特色的法治社会研究中才能"知其然，知其所以然"。

事实上，除兼职律师身份外，我还是一名研究法学且深知该日记价值的读书人。与自然科学的要义在于发现自然运转之奥秘不同，社会科学的工作往往就在于"记录"本身。从某种程度上说，法治社会研究和文学创作类似，都是对时代的"记录"。而且，在大部分情况下，个案中的叙事往往比简单的调查或者数据的认知更为有效。正如 R. 德沃金所言："法的历史中积蓄起来的许多法律规则、先例等素材与文学

① 从马克斯·韦伯《经济与社会》中关于法律形式理性化的论述算起，西方对于律师制度理论与实践的百年研究可谓丰富多彩——从法律职业的发展史到律师业的社会结构，从法律职业的市场竞争到律师的政治参与，从律师事务所的管理到律师与客户的关系……基本上律师相关的研究主题都已经被提及并得到相对充分的论述与分析。

② 苏力的《送法下乡——中国基层司法制度研究》、刘思达的《失落的城邦——当代中国法律职业变迁》等著作对于边疆律师都进行过程度不一的论述。

③ 苏力教授的《送法下乡——中国基层司法制度研究》成书于 20 世纪末(1999 年)，他在书里讲到，"在我调查的法律工作者中，都没有法学训练的经验；他们的从书本上学习法律的经验，如果有，也就是到县里司法局办的培训班上培训半个月或十天，或上级办的普法训练班……"显然苏力教授将近二十年前的观察已经不符合当下的客观情况。

④ 刘思达的《失落的城邦——当代中国法律职业变迁》成书于 2008 年，作者在书里一厢情愿地认为："自学成才的赤脚律师们就成了法律边疆地区仅有的真正扎根农村、为农民兄弟打抱不平的法律人。"参见刘思达：《失落的城邦——当代中国法律职业变迁》，北京大学出版社 2008 年版。

作品同样构成了一个文本。”又如P.依维克和S. 茜尔蓓所提倡的关于法的“故事社会学”，强调通过故事的逻辑把法律与社会生活结合起来……[①]概而言之，进入个体叙事，也许不能实现量化的研究，但却能够保证质性研究的全面。这正是个体叙事在社会研究中特有的独到价值。

当然，个体叙事存在一个无法回避的问题——伦理困境。我之所以能够最大限度地深入基层，原因在于律师的身份，而非学者的身份。如果没有律师身份，观察也许只能浮于表面，不得要领。而以律师身份进入个体叙事，成为其中的一个元素后，考虑案情资料的取舍以及注意语言的分寸，是我为遵守职业伦理道德而在写作中反复斟酌的要务。因为个体叙事的正当性必须建立在这样一个基础上——研究者是无害的观察者或者参与者，观察、参与及记录应当尽量征得被调查对象的同意。

因此，在本书写作中，力求真实与保护当事人隐私一直是我反复权衡的难题。“吟安一个字，捻断数茎须”的事不是没有。我之所以能一往无前，根本上讲还是被边疆司法的生动现实所打动。在这里，愚昧与科学交织，民俗与法律相融，构成了一幅非常丰富和细腻的法治实践图。

---

① 参见季卫东:《法治秩序的建构》，中国政法大学出版社 1999 年版。

在M市办案的基本条件介绍

M市是一个以农业生产为主的县级市，农业人口占人口总数的83%以上。和云南省大部分县份一样，在M市4004平方公里的土地上居住着汉族、彝族、傣族、苗族、回族、壮族等民族，其中，汉族295954人，约占总人口的56.1%；少数民族231813人，约占总人口的43.9%。到2016年12月底，该市的学前教育基本普及，九年义务教育巩固率达92.8%，人均受教育年限为10.3年；贫困发生率从2012年的15%下降到2016年的4.7%。因此，M市是具有进行边疆律师实务调研的样本显著性的。

这是一个非常有代表性的研究范本：首先，该市作为一个农业为主的县级市，83%以上为农业人口，符合乡土中国的基本特质；其次，该市作为一个多民族聚居区，本土资源学派强调的传统农村治理手段，以及少数民族本身的民族自治方式对于国家政权建设的反应，使得研究具有较为广阔的舞台；再次，义务教育的不断发展，作为国家政权建设的一个重要方向，能够在反映国家政权建设向基层渗透的同时，反作用于基层司法，并检验基层司法的实效性；最后，农村人口年收入的不断增加，特别是城镇化的快速推进，使得"城乡二元对立"理论似乎已经不再能够分析解释这样的西南边陲小城。

当然，之所以选择M市，除了它所具有的样本显著性外，还因为我是土生土长的M市人，能够快速融入M市风土人情，提高调研效率。

在M市市府所在地大约15平方公里的地界儿上，法院和检察院背靠背，隔几步就是公安局，看守所稍微远一点（与法院、检察院直线距离大约10公里）。相比大城市而言，在这样一个麻雀虽小却五脏俱全的小镇上，办事效率极高。看守所和公检法能够“轻松一日游”，这在大城市是不敢奢望的。对于在某种意义上能够定夺一个人生死的公检法三大机关比邻而建的事实，群众以其独特的幽默悄悄送上外号“杀人一条街”，初听觉得荒谬，但这种戏谑确实生动描述了公安侦查、检察审查起诉以及法院审判三个依次进行的刑事诉讼程序。当然，群众对司法的理解也并非完全机械地限于刑事司法，当遇到民事、行政纠纷时，他们会通过县城或者乡镇里有文化的亲朋好友的引导直奔 M 市法院。

M 市法院外的两条小巷子里聚集了该市所有的七家律师事务所。其中，两家是一人独资的，其他五家的律师人数均在 3 到 8 人不等。此外，M 市法律援助中心也在法院大门正对着的小巷子里，与其中三家律师事务所“和谐”共生。

作为兼职律师，我从 2011 年起就挂靠在省城一家 M 市老乡开办的律所，但一直没有独立办案。2013 年底，我开始在 M 市调研、办案时，因为没有固定场所，只能东游西荡，茶馆、饭店都曾留下我的足迹，辛苦且效率不高。后来，为了尽可能全面、深入地接触并了解边疆基层司法的过程，在开餐馆的小姨的帮助下，我有了一小间紧邻 M 市法院的接待室。

小姨对我说：“你不用担心没有人来问你法律上的事儿，我这个窝子[①]过去就是咱们县的律师大本营。五家律师事务所都连在一起。去年，因为房东把房租涨到三四万一年，律师们嫌贵才全部搬到附近的小巷子里的，小巷子里才一两万一年。就算律师搬走了，基本上每天都会有要打官司的人来问我律师去哪儿了。你安心地待在这，一定能获得实实在在的素材。”

小姨是我母亲的亲妹妹，感谢她给我提供了一个非常有利的位置，让我这个从未真正接触基层司法的法学博士，能够涉足一线，在参与基层司法中有记录和思考的机会。

---

① 当地方言，地方的意思。

小姨的说明，打消了我关于被观察者来源的忧虑。但是，关于驻扎是否合法，我还是去认真梳理了律师活动的相关规定，在确定离开事务所的律师在不粘贴相应招牌的地点进行法律服务并不明显违反国家相关法律法规之后，2014 年 8 月，我正式进驻从小姨餐馆隔出的小门面房。

事实证明，小姨说的一点儿没错。即便没有任何“律师”招牌，基本上每天都会有寻求司法帮助的群众到访。在 M 市这样一个农业县级市，群众受教育程度一般，一些边远山区的少数民族更是基本为文盲。对于他们而言，“律师”招牌的意义不大，口口相传的提示以及法院门口的位置，在他们脑海中自然会形成天然的指示牌。大不了张口问一问，总归能找到他们需要的“帮忙人”——律师。

就这样，在小姨提供的大约 8 平方米的简易房里，我利用业余时间参与了涉及 M 市群众的民事、刑事和行政案子五十余件。[①] 这为我完成本书写作奠定了坚实的材料基础，也让我在参与基层司法的过程中更加全面地认识了现实中的基层司法活动，对法社会学的真实图景有了清晰的认识和理解。

① 之所以说“涉及 M 市群众的案子”，是因为其中有些民事案子的被告并非 M 市人，而按照民事诉讼“原告就被告”的基本原则，受理法院一般为被告所在地的基层法院。

当事人 vs. 律师

律师与当事人的关系很复杂，执业以来听到过老律师、新朋友的解读不下十种。有的律师说，当事人是律师的衣食父母；有的律师说，当事人是律师挣钱的工具；有的律师说，当事人"当面是人，背后是鬼"……而最极端的说法莫过于"律师是当事人最后一个被告"！

总之，对于当事人与律师类似于"鸡与蛋"的关系，不但理论上无法说清，就我近几年来的实践来讲，也是一言难尽。

法律“辅导课”

2014 年 8 月 11 日

一对六十出头、穿着得体的老夫妻到我的接待室咨询其儿子交通事故理赔事宜。事情的原委是，2014 年 5 月 16 日，他们的儿子在送货途中被大货车撞倒，交警大队作出“大货车司机承担全责”的事故责任认定后，大货车司机跟老夫妻一家讲自己的车辆买过保险，要走法律程序状告大货车司机和投保的保险公司，要求两者承担法律责任，才能获得赔偿。因此，老两口便想到来咨询律师，看看大货车司机说的对不对。

听完老人家的说明，我心里就有数了：大货车司机说得没错。涉及车辆保险的交通事故赔偿在很多时候确实需要以法院判决为支撑，是请求保险公司理赔的前提条件。

老爷爷问：“那么这种官司贵不贵啊？”

从老两口进门后叙述事情前因后果的表现来看，我觉得两人的文化水平比一般群众高些。针对老人的询价，我并没有直接回答：“老大爹，你们看着是有文化的人，这个案子说简单也简单，说复杂也复杂，要是你们上法庭不怯场，可以自己代理，我这儿呢给你们做做前期的法律辅导就可以了。这样收费就很低的。”

老奶奶一听我的解释，欢喜地回答道：“我们两口子都是乡村小学老师，去年刚退休的。文化有多高么谈不上，只是在村小工作，天天讲课嘛，总归还是练出点胆子来了。”

我回应：“这样很好呀。律师服务就像医生看病，病重的就要打针、住院甚至做手术，如果只是感冒，开几包板蓝根冲剂也就可以了。

交通事故的案子主要是赔偿计算和身份认定两个问题。其中,身份认定是正确计算赔偿数额的前提,这么说吧,按照我们省现在的交通事故赔偿标准,差不多三个农民才顶得上一个城镇户口居民的赔偿金[①]。你刚才说你儿子是在城里做工的,那么你们要去他做工的单位开个工作证明;你家要是在县城里买了房子,一家人是住城里的,也是可以证明的。如果你们想清楚了自己能够完成,那么单就法律辅导来说,收费就是600元。"

老爷爷:"好的,我们明白了,一会儿回去就准备你说的这些材料,等准备好了再来找你。不过我们的工资要20多号才到账,到时候才能付款给你。"

我:"好的。你们回去好好准备,证据不充分,我没法计算赔偿数额和制作证据卷。"

老夫妻走后,忙完早点生意的小姨找我闲聊,听我讲完咨询情况后,一本正经地对我说:"人家两口子可能就是'算命讨口气',你什么都教给人家了,到时候人家不来找你怎么办?凡事要留一手。"

小姨当然也是好心,但我还是被她的严肃表情逗乐了:"小姨,管他呢。反正该说的我都说了,他们真要去找别的律师也无所谓。我敢打赌其他律师绝对要他们办理委托的,我可都说了给他们辅导相关知识后就不需要律师代理。他们真要多出钱,我也没办法。"

小姨:"你呀,就是个书呆子,不知道现在社会的复杂。人心不古啦!我和你打个赌,看看这两口子到底是无影无踪呢,还是真会再来找你。怎么样?"

我:"赌就赌。"

从8月12日开始,虽说没有王宝钏苦守寒窑那么凄惨,但是始终

---

① 交通事故中"同命不同价"是一个长期存在的问题。按照《2014年云南省道路交通事故人身损害赔偿有关费用计算标准》(适用范围为2014年5月1日至2015年4月30日期间进行损害赔偿调解和审理的案件)的规定,赔偿基数分别为:2014年城镇居民家庭人均全年可支配收入23236元、农民人均纯收入6141元。"三个农民才顶得上一个城镇居民"的讲法就是由此得出。

对人性抱有一丝美好愿望的我只要一到接待室就期望着老两口出现在我的眼前。后来,因为博士毕业的事,我在 9 月 7 号左右离开 M 市,去长沙和导师进行了差不多一个月的论文沟通。

10 月 9 日(周四),是我从长沙回来后第一天办公的日子,下午两点多钟,老两口居然出现在我的接待室。

老爷爷:“律师,不好意思,我们其实在 9 月份的时候来过好几回啦,你都关着门,之前也没有留个电话,问了门口开饭店的师傅,他讲你出远门啦。”

我:“是的,我出了趟远门。上次交代你们准备的材料都准备好了吗?”

老奶奶:“准备好了,儿子他们单位出证明啦!还有我家的房产证复印件也带来啦。”

说罢,老奶奶从包里拿出一沓材料摆在我桌上。查验、确认全部材料都齐备后,我给老人家写了起诉状,并制作了证据卷。因为老人家打算自己代理儿子进行诉讼,所以我还专门给他们制作了《授权委托书》。最后,考虑到老人家可能说不清事故赔偿额的具体来由,按照《2014 年云南省道路交通事故人身损害赔偿有关费用计算标准》有关规定和医院出具的证明材料,我给两位老人写了一张“人身损害赔偿计算详单”,并再三叮嘱,万一在法庭上想不起来如何解释赔偿额结果的来龙去脉,就把详单交给法官。

全部事情交代清楚之际就是法律辅导课完成之时,临别时我又多重复了几句:“这个起诉状和证据还不能马上交,你们要回去叫儿子签字摁印,还要填好《授权委托书》等,全部办完了才能去立案庭办理起诉。”

两位老人边听边点头,老奶奶掏出 600 元给我:“谢谢啦!”

第二天(10 月 10 日)上午十一点半左右,两人又来到我的接待室,没别的事,一来为报告一声“法院立案了”;二来也是表达“再次感谢”。

送走两位后,我兴奋地跑去小姨的饭店向她宣告:“我赌赢了!”

小姨笑着说:“你去长沙这段时间这对老夫妻确实是来过的,看半天没有人就又走了。我是最近生意太忙了,一天到晚忙忙碌碌的,就忘记告诉你这个情况了。"

我笑着逗小姨:"你这怕是故意的吧?"

小姨:"哪有! 这事儿啊,你做的是不错,但是可能会给自己找上麻烦的。外边一条街都是律师,你搞什么'难易分流',不是个好事情。"

当时认为只是小姨在危言耸听,后来才明白,原来律师群体之间的相互争斗,也是此起彼伏的。

有关“饭局”

中国人见面总喜欢问一句:“吃了吗?”

拉关系表感谢也多半喜欢备上一桌好菜,请来“撮一顿。”

如果说“吃喝”是中国人最为基本的诉求和情感纽带,那么“组饭局”则成了社交、办事的重要手段。清末吾庐孺在《京华慷慨竹枝词》中有一首《饭局》:“自笑平生为口忙,朝朝事业总荒唐。许多世上辛酸味,都在车尘马足旁。”描述了应酬饭局的劳累。事实上,中国人的饭局讲究最多,“吃喝”是个引子,“谈事”才是正题!一个饭局上,摆局的人招呼大家吃好喝好……酒足饭饱后,大家围坐在饭桌旁开始“说正题”。

法律工作者作为息诉止争的要素,在基层群众眼中就是非常重要的“帮忙人”,“不能怠慢”也就成了涉事群众处理与法律工作者关系的第一定律。对于群众而言,若家里出事要打官司,他们脑子里第一个想法就是“不管好赖,必须请懂法且可以帮自己的法律工作者吃顿好的,礼数尽到了,人家自然上心帮忙。”因此,在基层司法实践中,围绕着“饭局”所发生的故事很多,有的让人感动,有的让人气愤……

“饭局”的用途

2014 年 11 月 20 日

就个人情感而言，我对当事人请吃饭有着天然的排斥，一是考虑到大部分司法求助的当事人经济上不宽裕，二是觉得律师应当和当事人保持适当距离，毕竟老话说得好，“吃人嘴短，拿人手软”。但是，在 M 市这样的农业县级市，“请帮忙的人吃饭”是一种表达尊敬和求得心安的方式。倘若帮忙者拒绝了求助者哪怕是一碗 6 元钱米线的请吃，求助者心里就会不踏实，担心帮忙人不会上心帮忙。换言之，就像病人总喜欢给医生送个红包以求得治疗中被尽心对待一样，遇到麻烦的人免不了请律师吃顿大餐以求得律师的竭尽全力。

刚进入 M 市调研时，我非常鄙视这种当事人与律师之间的“饭局”，并身体力行拒绝了大部分的当事人的饭局。

2014 年 11 月 20 日，一对年近七旬的老夫妻来到我的接待室，希望我代理二老状告婆婆的女儿和上门女婿侵害二老身体健康权的案件。原来，婆婆的丈夫去世后，在高铁建设工地卖凉水的婆婆和看工地的老爷爷生出感情来。老爷爷就跟着婆婆到她家搭伴一起过日子。婆婆的这一举动在女儿和上门女婿眼里成了一种老不正经的胡闹。特别是看到婆婆和老爷爷耕种的玉米地收成颇丰后，上门女婿更是火冒三丈，指桑骂槐辱骂二老不说，还动手殴打了两位老人。

二老被打惊动了整个小山村，村主任从山脚下请来了派出所民警。派出所对上门女婿作出拘留15天的行政处罚。二老则在村主任的帮助下到M市医院进行了治疗。

二老伤愈出院回家后,上门女婿却不愿意赔付医药费。婆婆在老爷爷的说服下,想打官司讨个公道。

一方面案子非常简单,另一方面考虑到两位老人家生活不易,我合计了一下,报价2000元代理费。二老对这个价格很满意,可签完委托协议后,老爷爷抬着水烟筒咕噜咕噜吸了半小时都没走,欲言又止的样子让我很是纳闷。

我:“老大爹,你是有什么要说的吗?”

老爷爷:“2000块是不是包干价?请法官吃饭的钱是不是要另外给你呢?”

我:“是包干价呀!再说了法官也不会接受请吃的,国家有规定,法官不能接受当事人及其代理人请客送礼的。”

老爷爷:“哦,真的吗?我亲生儿子犯罪被抓去判刑前,我找过律师的,律师除了代理费,还找我要钱了,说是要请法官吃饭。所以我问问你是不是饭钱还要另外再给你。”

我:“老大爹,这个肯定是律师胡说八道的,我报价2000元代理你们两个人的案子,就是只要2000元,其他一分钱我都不会再要你们的。你们放心。一会儿我把诉状写好,你们摁好手印,咱们就去立案。”

老爷爷:“好呢。那我们就放心啦!”

我:“代理费就是谈好的这个,等会儿我们去立案时,你们还要交一下诉讼费,这个钱是法院预收的,等官司打完了,法院会退还你们的。”

老爷爷听完连说了三个“好!”

之后的立案非常顺利。

第二天一早,我带着律所介绍信赶到上次处理纠纷的派出所,了解二老被上门女婿殴打的具体情况。查验了我的介绍信和律师证后,民警同志将卷宗拿来给我看,但当我提出想复印时,接待民警却面露难色，解释说："这个卷宗只能法院来调取，律师不能复印。"尽管民警的说法完全没有法律根据，但对于山区派出所而言，他们的谨慎无可厚非，并且人家已经让我充分查阅了卷宗材料，一味要求他们执法服务水平达到北上广标准，无疑是不合适的。记下关键要点，向热情帮助的民警致谢后，我就打道回府，着手制作申请法院依职权向该派出所调取卷宗的司法文书。

当办案法官告知我开庭时间定在 12 月 16 日时，我欣然答应。事实证明，初出茅庐的我确实经验不足——因为博士毕业论文的事情，12 月 10 日我必须前往长沙并逗留两周。当我将这一情况告知办案法官时，她表示理解，并安慰我说她会在审限范围内往后调整开庭时间的。因为办案不多，我以为法官调整个开庭时间轻而易举。后来才知道，在 M 市这样一个农业县级市，除了市政府所在地的城镇方便送达传票外，去山区送达是一件极为艰难的事情。因为即便现在都有手机，但很多时候下地干活的山区群众舍不得带着手机劳作，所以法官上班时间电话通知往往找不到人；就算带着手机下地干活，看到陌生来电大多也不敢接听。因此，修改定好的开庭时间是一件非常麻烦的事情，很多时候法官只能亲自驱车前往当事人所在的村寨，通知当事人到庭。而在一些少数民族村寨，涉案群众不识字又不会说汉语的情况不在少数，法官最保险的做法就是先找到村主任，然后请村主任当向导加翻译才能完成传票送达。

二老及其上门女婿的改期传票就是在村主任的帮助下才得以送达的。

后来的事情却朝着很戏剧化的方向发展。12 月 16 日一大早，二老和上门女婿居然都去了 M 市法院。原来双方都误以为法官要求 12 月 16 日去一回，元旦之后的 1 月 6 号再去一回。

法官一看双方都到场了，加之又是亲属纠纷，就决定直接开庭处理。事实上，办案法官非常优秀，通过她对上门女婿的说服教育，上门女婿和二老当场达成和解，女婿不但向二老赔礼道歉，还奉上了起诉状中要求的全部医疗费。之后，法官还跟二老说："这个案子已经处理好了,杨律师因为有事情出差了,等她回来你们找她退一下律师费用。”

老爷爷:“她会不会退给我们呀?”

法官:“你们去找她把情况说清楚,她应该是会退的,要是她不退,你们来找我就行了。”

2015 年 1 月 6 日八点左右,二老来到我的接待室,将民事调解书交给我并述说了审案的经过。我听了非常高兴,为法官的体贴周到和为民服务的司法精神深深打动。

我:“老大爹,钱我肯定退给你们,法官的处理非常到位。”

老爷爷笑着说:“是呢,法官帮我们做主了,老伴儿上门女婿这几天对我们比过去好多了,法官教育得好呢。”

我:“嗯,我现在就把 2000 元退给你们。”说罢我就从皮夹里拿出 2000 元交给老爷爷。

老爷爷:“你退一部分得了,我们很感激你和法官呢,现在案子了了,我们两个的意思是想请法官吃个饭。”

不太会说汉语的婆婆在一旁笑得特别甜。

我:“老大爹,法官依法裁判是她的职责,之前没有请她吃饭,人家还不是把你们的事情处理得好好的,现在她也不需要你们请吃饭的呀。依法办案是她的职责。”

老爷爷:“这个法官是女的,人太好了!我们真的太感动了!”

我:“好啦,问题解决了就好。以后好好过日子。党和政府的政策会保护每一个人的合法权益的。”

老爷爷:“律师你帮我们写了诉状,也做了工作,我们老两口请你吃个饭,行不行?”

我:“不用了,你们二老不容易,吃饭就不要了。心意我领了。”

老爷爷:“你们都太客气了,你是帮我写了纸的,不吃饭的话,这 400 元你务必收下,写纸[1]就是要 200 元一个呢,我们还是问过几个律

① 当地群众对代书诉状的俗称。

师的啦。”

老爷爷说罢,从我给他的 2000 元中抽出四张百元钞票摆在我的桌子上。

盛情难却,我收下这 400 元的“饭费”后,老两口又多声道谢才离开我的接待室。

这是我“菜鸟”时期最暖的一次代理经历,同时也是我后来的律师生涯中不断鼓励我坚持奋斗的力量源泉。每每遇到困难与不公,我总会想起这个没有完成的小案子,为办案法官的司法为民而感动,为老两口的朴实真挚而感动。这些温暖的小瞬间,让我对依法治国的实践有信心、有动力。在这么一个简单得不能再简单的小案子中,法官与律师相互支持,践行了法律共同体“服务法治”的理念。我相信,随着依法治国的深入发展,法官与律师相互支持,共同服务社会主义法治建设的默契一定能够建立起来,并发扬光大。

虚构的“饭局”

2015年1月7日

上午十点左右，作为被告的代理人，我到M市法院黄法官的办公室查阅卷宗、复印原告证据。办妥事情后，我和黄法官聊了聊山区老两口的暖心案子，并特别表达了我对律师巧立名目向当事人收取所谓“饭局”费然后嫁祸法官的愤慨之情。五十出头的黄法官[①]笑着说：“你们搞研究的，确实对现实缺乏了解。说实在的，这样的事情我们见多了。有的律师为了多收钱，什么帽子都会扣到我们法官头上。”

接下来，黄法官讲了一件事情。某司法所的法律工作者在接受当事人委托时，要求当事人另外支付一笔钱给他，并振振有词地向当事人许诺“只要钱到位，摆起饭局搞定法官，那么事情就摆平了”。当事人听信了此人的蛊惑，就咬咬牙多出了一笔钱，但最终拿到判决时却傻眼了——事情根本没摆平，法官的裁判不偏不倚。

预想的好事没有实现，气恼万分的当事人就直接跑到年轻法官的办公室臭骂法官“大圆帽吃了原告吃被告”。法官被骂得一头雾水，好言相劝后，当事人才较为平静地问：“律师从我这拿了钱，说请你吃饭了。你既然吃了我的饭，怎么不帮我呢？”

总算搞清楚当事人吵闹的原因，刚参加工作不久的年轻法官压住

---

① 黄法官从事法律工作将近30年，从山区派出法庭干起，直到派出法庭被裁减（只在经济较为发达、人口众多乡镇继续保留派出法庭；经济欠发达、所辖人口较少乡镇的派出法庭则不予保留，法官并入市法院相应的法庭继续从事审案工作）。

心中的怒火，打电话叫来这个无良的法律工作者，当着当事人的面质问："我什么时候接受过你的宴请？尽管我当法官的时间不长，但我有自己的职业操守。身为法律工作者，你整天想着歪门邪道，给法官形象抹黑，给公正司法抹黑，这可不是正人君子的做派！"

黄法官还谈道，除了一些律师或法律工作者会打着"宴请办案法官"的幌子骗当事人钱财外，有时候当事人也会动歪脑筋，希望通过跟踪法官、偷拍法官接受宴请的照片等，来胁迫法官在司法裁判中偏袒自己。曾有个不满一审判决结果的当事人，一直偷偷跟踪办案法官，在上诉期的最后一天前往办案法官办公室要求上诉时，气鼓鼓地讲："自从拿到一审判决，我就开始跟踪你们，到今天整整 13 天了。我想法很简单，就是想看看你们下班了会不会跟律师、告状人去吃喝，没想到跟了这么久，竟发现原来你们挺忙的，好几次看到你们在法院门口的小吃店吃碗米线就又回办公室加班了。别说没时间去'饭局'，正常的饭点都保障不了。唉！我是不服气，但也确实拿你们没办法，还是按你们说的走法律程序，上诉吧。"

黄法官给我讲的这两个"饭局"的故事，确实很有意思。在某种程度上反映出基层老百姓，尤其是文化水平较低的群众对法治所具有的浅薄认识。而这往往容易被不怀好意者利用，进而使老百姓对法治产生不信任：输了官司，怪法官吃了酒席不办事；赢了官司，则不从自己诉求有理有据出发，却认为法官吃了自己的酒席才是诉讼圆满的根本原因。因为个别无良律师或者法律工作者的胡作非为，法官公正司法的效果大打折扣。

我问："黄法官，对于违反行业规定且危害法官公正司法形象的律师或者法律工作者，你们干吗不向有管辖权的司法行政机关提出《司法建议书》[①]？"

黄法官笑着说："我们审案都忙不过来，还搞什么《司法建议书》

---

① 司法建议制度创建于 1980 年，是法院在审判工作中，以预防纠纷和犯罪发生为目的、针对案件中有关单位和管理部门在制度上、工作上存在的问题，建议其健全规章制度，堵塞漏洞，改进和完善管理工作制度。对于律师和法律工作者违反律师工作规程、恶意破坏法官公正司法形象的行为，从法理上说，法院确实可以适用司法建议制度，向有权的司法行政机关提出司法建议，帮助司法行政机关加强对律师和法律工作者的法律服务进行规范化管理。

啊？再说了，巴掌大的一个小县城，人与人之间都相互认识，大家抬头不见低头见的，哪有书本上说的那么程序分明啊？”

确实，现实和理论的差距就在于——专家的理论分析往往是一种给定条件范围内的“计划”，正文之前的引言或序言给定了论述的大小前提，一切讨论都是在给定的大小前提下进行的论证；而现实社会却基本上无法完全具备理论中“被计划”的条件，特别是在经济急速转型和社会分化不断加剧的大时代背景下，理论的指导性更多只体现在方向的引领上，具体到现实中，一个小小的“饭局”问题也很难按照理论获得皆大欢喜的解决。

拒付顾问费

2017 年 6 月 1 日

我的一家顾问单位 2017 年初换了新领导，尽管顾问合同早就签好了，但这上半年都快顾问完了，顾问费却迟迟没有打到我们律所的账上。

试图约新领导见面，但每次不是他有事就是我没空。今天问了平日和我联络的公司办公室小陈，确定新领导没有外出后，我在下午上班时间提前候在新领导去办公室的必经之路——综合办。果然，不一会儿就看到新领导西装革履地走向他的办公室，我也起身朝他办公室走去。

进了新领导办公室，一阵寒暄后，我就直奔主题："张董事长，咱们这是第二次见面了，上次是 3 月份股东大会，我来做律师鉴证，有过一面之缘。今天呢，我主要是来跟您说一声，上半年马上就要过去了，但是贵公司仍没有按照顾问合同约定将顾问费打到我们律所账上。年中我们律所的会计得清账，所以请您尽快将应付顾问费打我们账上吧。"

张董事长派头很足："哦，你就是杨律师啊？"

我微笑着："是的。"

这时，张董事长停住对话，用公司座机通知办公室请公司副董事长过来一趟。

差不多十秒钟，副董事长就从隔壁办公室过来了，一脸毕恭毕敬的样子不说，还带着小本子准备随时记录领导讲话，样子可笑极了。

张董事长："今天公司的主要负责人都在。杨律师来公司指导工作,所以呢咱们就开诚布公地谈一谈。今年我们公司经营上出现了一些困难,我是新来的。我原来工作的地方顾问费也就 5000 元一年,但是我看你好像是要 1 万元一年,这个价格感觉有点偏高啦。再者说,我感觉过去半年来,你好像也没有为我们公司做过什么工作啊?"

对于张董事长的发难,尽管我事先有一定的心理准备,但怎么也没料到他想赖账。

我:"您可能贵人多忘事,怎么能说我什么工作没做呢?记得没错的话,3 月份贵公司股东大会上我来做过律师鉴证,其中有一项鉴证内容就是选举您当董事长的呀。过去这半年,虽然算上今天咱们是第二次见面,但事实上,我一直对贵公司风险部的郭经理就贵公司的诉讼案子进行法律指导的。"

张董事长一脸不屑:"这些我不清楚,我们公司的法律事务很简单,而且你今天拿来的这个顾问合同上可没有我的签字。"

我:"对,没您的签字不错,但合同上盖的公章可是你们单位的。"

张董事长直接闭目养起神来:"盖章的事情我不知道。"

看着他一脸无赖的样子,我心头的无名怒火一下子窜到嗓子眼儿。

我:"张董事长,看样子您的意思是这顾问费就是不给了,对不对?既然你认为法律顾问合同上只有公司公章没有你签字是无效的,那咱们不妨法庭上见,让法官来裁判,这个顾问合同是否应当执行。我这里给您留一份过去五个月来我为贵公司提供法律服务的工作日志,您要是有疑问,可以向工作日志上涉及的员工了解情况。告辞!"

说完,我气冲冲地快步离开这家公司,而副董事长则跟在后面大声喊我……我没回头,直接驾车离开。开车途中电话响个不停,我一个也没接,十多个电话都是这个新上任的公司副董事长或风险部郭经理打来的。

不一会儿,远在昆明的律所主任也给我打来电话:"今天发生什么事啦?有家你当顾问的 M 市公司给我来电话问顾问费能不能降低点。"

我一五一十地将下午的事情说给主任后,主任说:“嗯,1万元一年的顾问费本来就已经很少了,这个董事长明显是欺负‘乙方’的‘甲方心态’作祟。我刚才电话里也说了‘拿着住招待所的钱就不要往星级宾馆跑’,咱们律师还是要有骨气和尊严。”

结束了和主任的通话,坐在办公室的我,脑海中浮现出与今天相似的被欺辱情境:2013年12月6日,作为刚出道的新手,我和比自己岁数小的一个男同事到C县法院进行某建筑施工纠纷的证人证言质证。当时我们代理的当事人是C县最大的包工头。质证安排在下午两点,同事和我担心年终高速车多路堵,没吃中饭就往C县赶,十二点多就到了C县。尽管作为当事人的包工头在C县收费站等着我们,但接到我们后,他却带着我们穿街走巷到一个“苍蝇”小馆吃午饭。“苍蝇”小馆没问题,反正当律师风餐露宿习惯了。接下来发生的,确实很侮辱人,这位有钱人只点了两个菜(一个山药排骨汤和一个炒蚕豆)。点菜时,老板娘多次强调说三个人吃两个菜肯定不够,但当事人就是装聋作哑,一声不吭。就这样,我吃了生平最窝囊的一餐午饭。后来办完事返回昆明后,主任听说当事人如此抠,非常生气地批评了我们:“律师得有律师的志气!他这么寒碜人,你俩咋还吃得下?你们不会自己点菜吃吗?做律师又不是当奴隶!得拿出自己的气概来!”

没想到几年后,尽管没在“苍蝇”小馆,但我又一次被当事人的抠恶心到了。当然,与当日战战兢兢还继续吃饭的小姑娘相比,如今的我真的是脾气见长,可以做到拂袖而去。

“收礼”这件小事

2017年10月25日

随着城镇化建设的快速推进,乡里人和城里人之间的差异日趋缩小,但乡里人注重情分的传统却较为顽强地存续下来。与接受了“格式化”社会运作的城里人相比,更习惯血缘与地缘为基础编织起的社会网的乡里人,在社会活动中常常会表现出礼尚往来的朴素交往逻辑。一般而言,在没有官司的情形下,律师与乡里人之间基本上是不存在血缘和地缘连接的。[1]

因为有了纠纷或者犯了案,乡里人不自愿地被纳入司法治理的范畴时,律师这一陌生世界的陌生人一下子居然得像一家人似的相处。“律师会不会好好帮我们?律师会不会欺负我们?”恐怕是很多乡里当事人最大的顾虑,换言之,乡里人长期身处熟人社会所形成的信任与默契在和律师打交道时是解体的。

尽管“如何快速构建起与律师之间的‘信任’”是一切当事人行动的起点,但相比城里人的简单直白——用“代理费”说话,乡里人在请吃饭之外,还会采取送礼之类的办法。

在律师代理过程中,有时候乘着赶街子[2]找律师问情况,乡里人会带上自家种的菜、养的鸡啥的,是他们的礼数所在。吃饭可以推辞,人

---

① 当然,“某某律师是某村人”这种情况也不在少数。这种情形下,村里人遇到难处或者官司首先就会指向出身本村的律师。在调查中,我观察到在一些小案子里,农村当事人居然从村里到县里,再进州里,最后跑省里请律师,而这个省里的律师就是出身于相关当事人村里的。

② 指云南传统的集市活动。

家大老远送来的这些农副产品有时很难推辞。拒绝人家一二十里路送来的东西,情分上确实不合适。

今天下午,一年前帮过的一个农村大姐(民间借贷案)给我打电话,说是想看看我。接到电话我一头雾水,问她不是有啥难事吧,人家答复:"没事,就是想你啦。"让我更加摸不着头脑。

等我赶到接待室,穿得整整洁洁的大姐就站在门口。

我:"大姐,有啥事呀?"

大姐满面笑容:"没啥事,我就是来看看你,当时你帮我们打官司,现在钱都执行下来了。你没吃过我们一顿饭,今天我送点今年我家自己打的新米来给你。"

深感意外的我急忙推辞:"哎呀!不用客气的,打官司是我的职业,你们太客气啦,真的不用。"

大姐用手敲了敲立在她脚旁的一个写着"内墙专用腻子粉"七个大字的编织袋,说:"杨律师,别推辞了,你看,我米都扛来啦。这个米是今年我家新打的,口感还不错,你尝尝吧。本来八月十五我自己在村里打好月饼,也想送点给你的,我男人说怕你嫌弃,不让我打电话给你。我当时就生气了,不给你送月饼,那么别的老板我们也不送啦。"

我:"大姐,谢谢你啦,心意领了。"

大姐:"领了心意,米也要收下。等过年我还要来请你去吃我家的杀猪饭[①]。"

我:"嗯,杀猪饭我一定去吃,米就不用啦。"

大姐:"你别客气。你的车在哪里,我把米给你扛到车里。你自己扛不了的。"

大姐说完,一手抓住编织袋的口、一手揪着编织袋的底部,"嗖"的一下就扛起了这袋30公斤的大米。[②]

---

① 在云南边疆,杀猪饭是农村群众腊月的大事。如今生活好,基本每家每户过年都要宰猪,办上十几桌"八大碗"(白水五花肉、炒猪肝、小炒肉、猪血豆腐、软炸里脊、萝卜猪排骨、炖猪蹄、麻辣下水),感谢亲朋好友们一年的关心。

② 30公斤是我回家后自己称的。

这阵仗，我再不接受的话，就太不合时宜啦。于是只好带着扛着米的大姐到停车场找我的车。打开后备厢，大姐轻轻松松就将米搁好。然后拍拍手笑着说：“杨律师，我要去市场啦，我男人还在街子上卖着米呢。”

我：“进办公室喝口水呀？”

大姐：“不喝啦，不渴。我要走啦，谢谢你！”

就这样，大姐连办公室都没进，米送妥后，就急匆匆地走了。

下午下班后，回到家门口的我，打开后备厢，别说扛啦，挪米都很费劲儿。心里越发佩服大姐，瘦瘦小小的，没我高没我重，但却是管庄稼的一把好手！

当我把装米的编织袋拍照放到朋友圈里后，顿时就炸开了锅。出生在城里的朋友看着“腻子粉”的编织袋表示无法理解；从村里走出的新城镇人则感叹大姐的朴实，用化肥口袋之类的编织袋装米这种 20 世纪 80 年代的做法居然到现在还存在着！

我心里的职业自豪感也因此而升腾。想起一个乡村老律师告诉我的故事：20 世纪 90 年代的时候，市场经济刚刚搞起来，农村群众打官司的代理费往往就是以“礼”代费——抱只鸡、拎一篮子鸡蛋、提一条羊腿……想起那位老律师略带得意的讲述：“我们那会儿尽管收入不怎么样，但在市场经济刚刚发轫的时候，口福可不差啊。小杨，在边疆，要注意融入当地，不要成天用城市标准来考量咱们律师和当事人的关系。人家是看得起咱们，才会给咱们送礼物，就算你不喜欢这个东西，有时候也要收下来，这涉及‘尊重’‘看得起’……这些对于农村群众而言，是非常重要的。”

今天发生的“收礼”，以及过去发生过的“收礼”事件，确实印证了当年乡村老律师的心得体会。随着城镇化发展，旧的地缘与血缘关系正在解体，但是国民性中关于“缘”的理念仍在作用，“礼”是“缘”的载体，为的是实现“信任”的快速建构，从而延续着“乡里乡亲相互帮助”的行动逻辑。

“临 阵 换 将”

2017 年 11 月 13 日

正如“临阵换将乃兵家之大忌”一样，律师与当事人相处中，往往也会出现当事人质疑律师能力，恨不得一秒钟之内换个新律师开辟新局面的想法。

就在刚才，小刘打电话给我希望帮她找个“认真负责”的律师。

小刘：“姐，能不能帮着找个认真负责的律师啊？8 月份我跟你说的那个案子吧，也是朋友给介绍的律师，这人完全不负责任，现在打电话不接，人也不见踪影，稀里糊涂的，我们很担心啊。”

我：“就是那个卖房纠纷吗？”

今年 8 月的时候，小刘找我咨询一个卖房纠纷，案情大致是这样的：买房者付定金后违约不愿继续履行合同，卖房者小刘想着“不买算了”。没想到半年后，买房者一纸诉状将小刘告上法庭，认为小刘没有按照合同约定对房屋进行修缮，故请求法院判决“违约在先”的小刘继续履行卖房合同。

小刘：“是的。就是那个案子。”

我：“8 月的话，已经过去两个月了。案子应该开过庭，而且按照审限要求，说不定月底之前就下判决了。现在还换律师干吗？”

小刘：“开过庭啦，我当时有事情没到场。前几天法官打电话来要我找证人去法院一趟，我就觉得不对。但是，律师不接我电话，我很着急。”

我：“开过庭，法官对于不清楚的地方可以找双方当事人进行询问的，这个是符合法律规定的。”

小刘:“主要是买房子这个原告把当时办理买卖事宜的中介收买了,开庭时中介去当证人,又和买房子的去找过法官。法官会不会被收买啦?”

我:“刚才我说啦,开庭结束后,为了查明情况,法官依职权可以调查的。但是,如果像你所说的中介充当‘证人’的话,对于这个证人的证言,法官肯定会组织双方当事人对证人证言进行质证的,不可能撇下你们被告直接按照原告证人的证言去处理案子。任何一个法官都不可能犯这样明显的错误。”

小刘:“这个案子在昆明的法院处理,我们根本不认识法官,律师又磨磨叽叽的,对我们的事情不上心。所以才着急呢。”

我:“我在昆明也办过案子,也完全不认识法官,法官照样依法处理,没有偏袒。民事官司看证据,证据硬是关键。现在庭都开了,法官叫你们找证人去了解情况,是很正常的。”

小刘:“关键是我这律师现在不接我的电话。”

我:“卖房子涉及上百万的钱款,对于你来讲在一段时间内确实是头等大事。但是,律师往往手上同时要处理好几件案子,如果每个当事人都不停地打电话给律师,律师总是疲于应付电话、开导啥的,哪还有时间开展工作呢?”

小刘:“我主要是很纳闷,前天法官怎么会打电话给我说找证人的事。一般情况下,法官和律师联系就可以了呀。这不就从另一个角度印证了我的律师没有好好办事吗?”

我:“我在昆明办的那个民间借贷案,因为第一被告下落不明,开完庭后,一些关键证据仍然存疑,法官就打电话给我们要求配合去当时过账银行查询。而我因为正好要出国参加学术会议,陪同法官查询的事就是让当事人自己做的……之所以给你说这个例子,想表达的是‘律师与当事人之间需要相互配合’,法官找当事人或者律师中的哪一个都没问题,可能法官打电话给你律师时,她正在开庭未能接听,所以法官就换你的手机联系了。”

小刘:“我就是担心律师不上心,别有理的还输给了耍赖的。”

我："这样吧，你找到证人后，不妨打个电话给法官，问问法官什么时候有空，约好时间后，再通知你的律师，大家一起去法院找法官。"

小刘："我不知道法官的手机号啊，他是用座机打来的。"

我："用座机号打过去一样的。我们这种基本上每天和法官打交道的律师，也只知道座机号的。手机号是人家法官的隐私，工作问题在工作时间用单位座机处理，合情合理的。否则法官岂不是要累死？"

小刘："我还是想换个律师，这个律师完全不理我。有时候特别生气，就联系介绍人，介绍人说她一顿之后，她才会给我回电话。"

我："打个比方，主刀医生已经完成手术，马上进入缝合阶段，病人家属突然要求换别的主刀医生进行缝合。手术台上的主刀医生心里不爽是一方面，另一方面，别的主刀医生也不大可能接受这种要求的，因为手术是别人完成的，自己只是最后来收个场，万一手术真有问题，可不就成'背锅侠'啦？"

小刘："这个倒是的。"

我："听姐一句，先将法官电话的意图告知律师，要是她确定走不开的话，你就自己和法官约好时间，带着证人去见法官，买卖合同纠纷不算复杂，如实陈述就行了。"

小刘："主要是这个律师不接电话，我很生气。"

我："律师也是人，除了工作还要生活的。也许她觉得已经给你解释清楚了，所以不想一而再再而三地重复说过的话。千言万语汇成一句话——'临阵换将'是庸招。用人不疑、疑人不用，从 8 月到现在都快三个月啦，最后临门一脚的事儿，别因为赌气啥的，前功尽弃。"

小刘："那好，就听姐的。有啥不清楚我再问你。"

挂了电话，回顾执业以来的经历，深感当事人与律师之间的默契很难建立，相互理解更是难上加难。2016 年，我作为辩护人处理过一起开设赌场案，犯罪嫌疑人的妻子正好怀孕，孤苦无依。她胡思乱想的结果是每天给我打不下十个电话，早上六点半开始、晚上十一点半结束，问的问题总是不着边际。不堪其扰的我有一天直接找到她家里，对她说："要不我退费给你吧？俗话说'病来如山倒、病去如抽丝'，一个刑事案子从侦查到最后审判起码得小半年。律师的工作是按照程序逐渐开展的,你天天问这问那,有些我确实无法回答。”谢天谢地,通过那次面对面谈话,准妈妈总算消停下来了。

当事人将信将疑的行为是非常干扰律师正常工作的,比如,离婚当事人半夜来电一谈就是两三个小时,犯罪嫌疑人家属接通电话就是不容打断的哭泣,退休的当事人骑个车来办公室一聊就是一个下午……律师稍微怠慢,当事人就发牢骚甚至动起“换人”的念头。

临阵换将,三思而行。

法律工作者[1]百态

所谓边疆律师的办案日记,就像一部电视剧,即便故事情节百转千回,配角变化多端,但法律工作者、法官却是雷打不动的主角。法官作为司法裁判者,受职业道德的约束更为严厉,而深入最基层且身为自由职业者的律师和法律工作者不少是半路出家,在司法活动中表现出来的职业行为及道德感往往参差不齐,在一定意义上存在着影响社会主义法治健康发展的可能性。

---

① 这里的法律工作者是广义的,是包含律师在内的、为群众提供法律支持和帮助的群体。之所以使用“法律工作者”而非“律师”一词,是因为在诸如 M 市这样的非发达地区,律师数量较少。在县城的法律援助中心和各乡镇法律服务所里,仍然以没有通过国家法律职业资格考试的人员为主。

法律工作者二三事

在 M 市各乡镇,法律服务所和司法所基本上都是“一套人马两块牌子”。乡镇法律服务所所长由乡镇司法助理员担任,市法律援助中心由市司法局副局长领衔[①],可以说司法所和法律服务所里的法律工作者是我国农村基层法律从业者中非常特殊的一个群体。很长一段时间以来,由于实证资料的不足,我国研究法社会学的学者往往会将农村基层司法问题的判断分析异化为类似文学创作的自我加工。比如,苏力教授对法律援助人员的研究,依赖的仅仅是对数名法律援助工作站工作人员的访谈[②],且不说接受访谈者谈话的真实性问题,单就其设置问题存在的局限性,就使得这样的实证在价值上大打折扣。如此研究的一个显著问题在于无限放大实用主义,把“存在合理性”误解为“存在的就是科学的、正确的”,偏离了社会研究中“价值中立”的立场。

出自黑格尔 1820 年的作品《法哲学原理》(*Grundlinien der Philosophie des Rechts 1820*)的“存在即合理”所对应的德语为“Was vernünftig ist, das ist wirklich; und was wirklich ist, das ist vernünftig”。这句话的正确翻译应该为:“凡是现实之物必是合乎理性的,凡是合乎理性之物必是现实的。”这里所说的“现实之物”就是符合“正题—反题—合题的辩证运动的逻辑”的东西,按这个理解,现存之

① 该司法局副局长和我曾在系列农民工讨薪案中“交过手”,具体情况会在后文相关日记中展开叙述。

② 参见苏力:《送法下乡——中国基层司法制度研究》,中国政法大学出版社 2000 年版。

物不一定符合辩证逻辑而具有必然性;相反,完全有可能是按照辩证逻辑必然被淘汰的事物。

恰如这里讲到的法律工作者,存在于农村基层是事实;然而,他们的工作方式和结果却不一定真正践行学者或文学创作中所表达的“公正、积极向上和认真”,也会有“做一天和尚撞一天钟”的敷衍。

虎头蛇尾的人民调解

2015年3月25日

周三总是最为忙碌的日子,因为这是M市约定俗成的赶集日,随之而来的农民群众间的纠纷也总在周三时飙升。这不,才上午十点左右,我已经接待了三拨农民朋友的常规咨询。正打算泡杯茶歇一歇,又来了一个彝族大姐。

彝族大姐:“律师,我想问你个事情,我和我老倌[①]已经是经过公家认可离婚了的,但是现在我老倌耍赖,不按照公家主持处理的要求执行,这种情况该怎么办?”

彝族大姐一口一个“公家”说得我发蒙,我赶紧询问:“哪一个‘公家’主持的?”

彝族大姐:“就是我们乡里司法所嘛。”

我:“你的意思是,你们已经经过乡司法所的调解,并且调解达成离婚啦?”

彝族大姐:“是呢,我们当时去了乡里司法所,人家帮我们写了字据,而且我们都签字摁印啦,‘公家’的领导最后给我们两口子一人一张字据的。上面把问题写得清清楚楚,我老倌一直赖账不照着办理。我现在就是要来问问,通过什么方式可以督促我老倌照着字据上的办。”[②]

说罢,大姐就把一张已经折得皱皱巴巴的A4纸摊在我面前,上面

---

① 当地方言,老公的意思。

② 别说群众搞不清司法所和法律服务所并非一回事,要不是因为调研,我可能也搞不清这“一套人马两块牌子”的基层现实。

写明了双方当事人的基本情况、发生纠纷的主要事实和争议事项，以及当事人达成调解协议的内容、履行的方式和期限等。

从大姐的叙述和A4纸上记载的内容大致可以判断出，两口子当时是到当地乡镇司法所所在的调委会进行了调解，这种由司法所人员主持的调解，属于人民调解的范畴。[①]而大姐目前面对的难题，“翻译”成“法言法语”来讲就是两层：第一，该份人民调解书是否具有法律效力？第二，如果具有法律效力，如何执行？

对于第一个问题，尽管我国《人民调解法》规定，经人民调解委员会调解达成的、具有民事权利义务内容并由当事人签字或者盖章的调解协议，具有法律约束力，当事人应当按照协议约定履行，调委会应当监督协议履行。但是，与一般的调解协议书自双方当事人签字并加盖人民调解委员会印章之日起生效不同，对于离婚这一特殊的民事法律行为而言，人民调解达成的离婚协议书是附条件生效的协议，只有在双方到民政局去办理离婚手续、解除婚姻关系后，该离婚调解协议书才能真正生效。换言之，即便经过人民调解员的努力，双方当事人达成了离婚协议，人民调解委员会也按程序和写作规范制作了调解协议书，从法律上讲婚姻关系仍未解除。因此，协议中关于财产分割等内容的生效时间也未到来。

实际上，自2011年3月30日施行的《最高人民法院关于人民调解协议司法确认程序的若干规定》明确规定，就确认身份关系、收养关系、婚姻关系的人民调解协议申请司法确认，人民法院不予受理。

将这些法律知识用大白话讲给彝族大姐听了之后，大姐一脸失望地对我说：“意思是瞎子点灯白费蜡啦？这个协议没有用？”

我：“嗯，因为离婚这个不是司法所能主持得了的。离婚要去民政所，或者到法院起诉。因为婚姻关系太重要，所以国家管理得很紧很严，不能随随便便就解除掉。”

彝族大姐：“那么帮我们写纸那个单位上的人咋不搞清楚啊？”

---

① 人民调解又称诉讼外调解。是指在人民调解委员会主持下，以国家法律、法规、规章和社会公德规范为依据，对民间纠纷双方当事人进行调解、劝说，促使他们互相谅解、平等协商，自愿达成协议，消除纷争的活动。

对于这个问题,我确实无法回答,只能转移话题:“你看,就算是写得没问题,1 月 15 号就写好协议,你老倌没有按照协议的约定在十天内搬走的话,根据《人民调解法》的规定,找法院对人民调解进行司法确认的期限是三十天,也就是说你必须在 2 月 25 日前就来写申请法院确认的文书。现在都 3 月底了,时间过掉了。”

彝族大姐:“我要是懂法律还会吃这么大的亏吗?写纸的人就是把写好的纸给我们,其他的什么都没有说啊。”

确实,边远乡下司法所人员基本上都是刚出校门的年轻人[①],遇到经验不足且责任心有欠的,处理纠纷出现虎头蛇尾的结果就不可避免。

我:“大姐,这个纸也不是完全没用,如果你和你老倌实在过不下去,去法院起诉离婚的话,人家帮你写这个纸是可以当证据用的;或者你们不愿到法院处理,也可以拿着这个纸去民政所办理离婚手续,分割你们的财产。”

彝族大姐:“唉,以后有事情还是要上县城来啊。谢谢啦!”就这样大姐带着委屈背上背篓走了,望着她远去的背影,我也倍感无奈。

苏力教授在《送法下乡——中国基层司法制度研究》中谈到“乡村留不住这些有一定法律知识的青年的最根本原因是现在的市场经济为年轻人创造了更多的机会,而不是他们的知识用不上”[②]。而现在的问题是,就业形势日益严峻的现实迫使一些有一定法律知识的青年以志愿者等方式进入乡村,但其中“做一天和尚撞一天钟”的小年轻不在少数。就拿彝族大姐这个事情来说吧,法律工作者居然对人民调解的适用范围以及申请法院确认调解效力两个最为根本性的问题都没有仔细分辨,纯粹是为了调解而调解,结果呢,不但让群众失望,更在一定程度上侵害基层法治的根基。

---

① 向经济文化更为繁荣的县城聚集,是人不断自我实现的需要。从我的调研可以看出,年轻的法律工作者基本上都被下放到远离县城的司法所工作,在经验老到之后,再调往县城的法律援助中心。通俗地讲,就是“熬不成婆婆进不了城”。

② 参见苏力:《送法下乡——中国基层司法制度研究》,中国政法大学出版社 2000 年版,第 309 页。

心不在焉与夸海口

救子心切的农民朋友,在一审中被提供法律援助的司法所法律工作者涮了一顿,紧接着又跳入"包打赢"基层律师的火坑。从"心不在焉"到"夸海口",真真切切地反映了包括法律工作者在内的农村基层法律从业者中不全是苏力教授在《送法下乡——中国基层司法制度研究》中描绘的那样美好。

心不在焉的法律服务

2015 年 1 月 23 日

下午四点多,接待室里没啥人,我收拾妥当正打算结束一周工作的时候,进来两个慌慌忙忙的中年男子,其中拿着一叠文件的年长者眉头紧皱,看上去尤为不安。仔细再打量,年长者的拖鞋非常扎眼。寒冬腊月的,如此打扮,当是生活不易之人。

我:"有啥事?"

大哥:"刚刚拿到判决。我儿子今年 17 岁,就是晚上下自习跟着比他大的'小半截'[①]在学校门口抢学生的钱,也就抢了三四百块,你看看这个判决上居然被判了十一年半啊?!"

我边看着他递过来的判决书,边跟他说:"抢劫罪,这个只要满 14 周岁就算是达到刑事责任年龄啦。而且从判决来看,你儿子他们是团

① 当地俗语,特指调皮捣蛋的未成年人。

伙作案,一共抢过学生四次,抢得 400 元。虽然数额不大,但他们多次抢劫,主观恶性确实不小。”

大哥:“你说得没错,但是孩子就是跟着‘小半截’学坏的,原本不是这样的啊。判十一年半,出来就毁掉了呀。所以我们就是想请您想想办法,看看上诉有没有可能判轻点。”

我:“一般来说,刑事案子上诉改判的概率不太大。就你刚才的介绍以及判决书上的叙述,我不能形成全面判断,因此对上诉的可行性也没法给出建议。你别太着急。当时一审你们找的是哪里的律师?”

大哥:“别提啦,娃娃被抓后,我们农村人也搞不懂规矩,在公安的时候,因为娃娃是未成年,公安机关就叫 M 镇司法所的王某参与了。我们觉得国家安排肯定有国家的道理,也就认可了这个事情。所以一审的时候,都是王某负责的。”

确实,大哥的这番说明反映出乡村(尤其欠发达地区的乡村)特有的一种现象,即在很多群众眼中,基层法律服务所的法律工作者具有“官方色彩”,亦官亦民,比律师更具有一种行动的合法性。所以,在司法所法律工作者主持下的调解破裂后,群众就极有可能付费给法律工作者继续提供法律服务。而这种情况下,法律工作者的角色就由裁判者变为了运动员,法律咨询、撰写诉状,甚至有的还一步到位签订委托协议,像律师一样代理起诉、应诉。特别是,有的法律工作者利用群众对法律的不了解和不熟悉,故意营造出法律工作者的行动更具权威的气氛;从调研的情况来看,有的乡镇群众甚至将法律工作者与法官等而观之。更有甚者,有的司法所法律工作者竟叫嚣“不找法律工作者,以后就别到司法所办公事”。在这种现实背景下,加上法律工作者和公检法都吃“公家饭”的潜意识作祟,不少群众遇到事情(尤其是被刑事追诉)后,找法律工作者求援就成了理所当然的第一选择。

我:“那么拿到判决书后你有没有找王某沟通过呢?”

才问完,大哥一下子就“炸毛”了:“找他沟通?我差点被他气死啦!娃娃搞成这个样子,他是有责任的!从公安阶段到后来的检察院、法院,我找过他不下十回,问他要不要去找找被娃娃抢过钱的学生,给人家赔礼道歉,求得人家谅解啥的,给娃娃争取个好的局面。他可倒好,一声不吭不说,最后到了法庭上,还是少言寡语。其他出事娃娃的代理人就不一样了,不但敢于和检察官形成对抗,而且还将责任往我家孩子身上推。"

我:"团伙作案中,存在主犯从犯之别,同案犯律师扣你家孩子的错,其目的是减轻自己被代理人的罪责。而且,法庭不是吵架的地方,是讲理的地方。有的律师在法庭上和检察官针尖对麦芒,也不见得就是好事情,要有理有据。当然,你刚才说的找受害者达成谅解确实是刑事案子中争取从宽的一个有用方法,对于给你孩子辩护的法律工作者没有找被害人进行谅解这事儿,我不好作评价。"

大哥:"反正我觉得上诉再找他肯定是'瞎子点灯白费蜡',所以就想来找您帮这个忙了。我还有个顾虑——要是我家上诉了,将来二审不会因为我家上诉而认为孩子态度差,判得更重吧?"

我:"这个你放心,我们国家刑事司法中一项很重要的制度就是'上诉不加刑',意思就是说,犯罪嫌疑人认为一审存在判决过重、适用法律存在错误等问题时进行上诉的,二审裁判不会对上诉人判处比一审更重的刑罚。除非一个案子里犯罪嫌疑人上诉和检察院抗诉同时出现,那才有可能出现上诉加刑的情况,此时加刑的原因是检察院的抗诉而不是犯罪嫌疑人的上诉。

"现在是刚接到判决,心情很激动。即便你信任我,让我接手上诉事宜,我也不能向你保证,我来代理上诉就一定能给你儿子争取到减轻处罚。首先,我不知道一审的情况,对于证据一无所知;其次,现在已经快五点了,又是周五,没法去找法官了解相应的情况。这样吧,你可以请王某将卷宗复印一套交给我,我利用周末先研究研究,等周一再去找办案法官了解情况,然后再评估上诉意义。好吗?"

大哥:"好好好!你这个思路挺清晰的,我现在就去司法所找王某。我兄弟就等在你这里。"

兄弟:"哥哥,要不我和你一起去?"

大哥:"不用了,兄弟,你就在律师这里等着。"

大哥急匆匆走出我的接待室后，为避免冷场，我和他兄弟聊起天来。

兄弟："律师，我大哥家娃娃这个事情，确实是大意了。我们当时是想着国家指派的人不好得罪，没想到这个人真的不负责任啊！我听我哥哥讲了之后都很生气，这完全是不负责任！"

我："从国家层面来说，发挥法律服务所对社会主义法治（特别是农村基层法治化）的促进作用，是逐步推进依法治国的有益途径。但现实中，一些基层的法律工作者身上确实存在没有认真尽责地为群众提供法律服务的问题。这么说吧，在云南省施行法律援助补贴机制之前，法律服务所的法律工作者因为缺乏补贴激励，在被指派进行法律援助时①，往往出工不出力，甚至找理由拒绝指派。如今，援助补贴机制处于有效运行中，尽管相比律师事务所律师的代理费而言，法律援助补贴的数额仍在低位。② 但是，即便不再拒绝指派，也能获得补贴，有的法律工作者仍然心不在焉。"

兄弟："是啊，党的政策好，就是下面的歪嘴和尚还是会念歪经。"

"兄弟"的总结幽默风趣，让我不禁大笑起来。

就这样我和"兄弟"继续有一搭没一搭地聊着，大约两小时后（将

---

① 被指派提供法律援助，主要存在于刑事诉讼中。第一，根据《中华人民共和国刑事诉讼法》第 34 条、第 267 条的规定，未成年人，盲、聋、哑人，尚未完全丧失辨认或者控制自己行为能力的精神病人，可能被判处无期徒刑、死刑的人这四种情况应当由公安机关、检察机关和人民法院通知法律援助机构指派律师作为辩护人。第二，《最高人民法院关于执行〈中华人民共和国刑事诉讼法〉若干问题的解释》第 36 条规定了人民法院应当指定辩护人的三种情况：(1) 盲、聋、哑人或者限制行为能力的人；(2) 开庭审理时不满十八周岁的未成年人；(3) 可能被判处死刑的人。第 37 条则规定了人民法院可以指定辩护人的七种情况：(1) 符合当地政府规定的经济困难标准的；(2) 本人确无经济来源，其家庭经济状况无法查明的；(3) 本人确无经济来源，其家属经多次劝说仍不愿为其承担辩护律师费用的；(4) 共同犯罪案件中，其他被告人已委托辩护人的；(5) 具有外国国籍的；(6) 案件有重大社会影响的；(7) 人民法院认为起诉意见和移送的案件证据材料可能影响正确定罪量刑的。

从司法实践来看，只要符合《最高人民法院关于执行〈中华人民共和国刑事诉讼法〉若干问题的解释》第 36 条或者第 37 条中的任意情形，法院都会为刑事被告人指派法律援助者担任辩护人。

② 刑事法律援助的补贴是分阶段发放给法律工作者的，M 市的标准是侦查、审查起诉和起诉每个阶段 800 元补贴。

近晚上七点左右),满头大汗的大哥拿着一大摞文件可算回来了。

大哥:“不好意思啊,刚在王某那儿他瞎扯,磨磨蹭蹭说找不到证据。看他无所谓的样子我真想揍他一顿,娃娃就是被他耽误了。”

我:“你也不要这么说,过去的事情怪谁也没有用。而且他最后不是把材料给你找到了嘛。”

大哥:“唉,我们就是吃了没文化的亏,不知道王某这么不认真啊。”

我:“这一下午也够你累的了,咱现在先把委托手续办好,你们就可以先走啦。材料放这,我利用周末好好研究研究。周一一早带着委托手续我就可以去找一审的办案法官了解案情,然后再针对孩子涉案情况评估是否上诉以及如何上诉的问题,你看行不行?”

大哥:“可以。就按照你说的办。”

就这样,我们办好委托手续,并预收了律师代理费。当时我在委托协议中专门添了一条“如若综合评估后,律师认为不宜上诉的,则应当向委托人退还除必要费用外的代理费”。

为了全面分析案情,周六、周日我没有休息,仔细研读从法律工作者王某处要来的证据卷。一般而言,代理团伙案件时,律师阅卷会特别标注出被代理人的证据内容,方便对比其他涉案犯罪嫌疑人在团伙中的作用和地位,进而组织实施有针对性的辩护策略。大哥的儿子所涉为未成年多达 14 人的团伙抢劫案,证据卷有厚厚的三大本。可我将证据卷一页页翻下来,却发现不管哪一本证据卷中都没有任何标记或画线之处,其中奥妙不言而喻。

周六、周日两天时间的高强度阅卷后,我对案情有了较为深入的了解。周日晚上七点左右,大哥突然给我来了一个电话,说他们全家经过商量和权衡,决定不上诉了。

从周五的迫不及待到周日的全盘放弃,一百八十度的大转弯让我倍感意外和不解。但是,考虑到大哥身为农民,赚钱不易,我在电话里不但对其决定表示理解,还安慰他说:“你明天一早来我这退掉代理费吧。从我这两天阅卷的情况来看,你家孩子这个团伙作案的手段还是比较恶劣的,刑事上诉的改判概率确实不怎么高。以后孩子去到监狱里,努力改造争取减刑什么的,也能缩短刑期的。”

急病乱投医

2015 年 1 月 26 日

今天一早抄近路去检察院办事的我,不经意间看到昨天打电话说不上诉的大哥居然坐在法院与检察院之间小巷子里的一家律所内。原来人家电话给我讲不上诉是假,另请高明才是真。尽管心里很不舒服,但我并没有当面拆穿,而是继续前往检察院办事。

下午两点多的时候,大哥给我打电话说他有事情走不开,只能叫他兄弟来退款。说完“没问题”我就挂了电话。

不一会儿,兄弟就来接待室找我。

兄弟:“不好意思,我哥有事情来不了,让我来退费。反正那天我也在,情况还是熟悉的。”

当下有句时髦话儿叫“人艰不拆”,可因为气愤自己被耍被欺骗,我还是来了个现场拆穿:

“嗯。你哥不是有事情,是不好意思吧?昨天你哥给我打电话说不上诉了,但今天我抄近路去检察院的时候,却亲眼看到他坐在另一个律所里。所以他不是不想上诉,只是另请高明罢了。”

兄弟很不好意思地解释:“唉,侄子被判十一年半,对我哥家来说确实很严重。他们就想着只要能够减轻判罚,可以不惜一切代价。他们觉得你讲得有点悲观,所以周日的时候听了别人的推荐,想着找一个厉害的大状[①]帮忙,可能效果更好。”

我:“你哥哥的心情我非常理解,正是因为太理解他的心情,我才会在周五签订的委托协议中添上一个‘退费条款’。如果对于案子不深入研究,就直接夸海口说大话,不但有违律师职业道德,简直就是赚

① 指的是“有能耐”的大律师。

昧良心的钱啊。你哥一年到头在田地里苦死累活的，挣的都是血汗钱，不容易，我是不忍心。”

兄弟：“是的。虽然只接触了一回，我感觉你挺好的。因为今天上午你看到的那家律所里的律师在周日和我们家见面后，光看看判决就斩钉截铁地讲一审法官适用法律不对。我听到他讲什么《刑法》里规定抢劫罪是3到10年，我侄子被判得明显不对。”

我：“你说的这个是《刑法》第263条的规定。这个周末为你侄子的事，我没少研究《刑法》。抢劫罪判处3到10年属于基本刑，如果有加重情节的话就会超过10年。你侄子他们是团伙作案，甚至夜里翻墙到人家学校的学生宿舍进行抢劫，与学生发生过肢体冲突……这些都是加重情节。要不是因为你侄子只有16岁多，一审可能判罚得更重。亲人被判重刑就好像亲人得了重病，家里其他人这时候产生‘不惜一切代价挽救’的想法很正常，但越是这种时候越应该冷静，妄求神医或金牌大状扭转乾坤的出发点没错，但往往结果会事与愿违。我说这些话，并不是因为我失了生意就心生诅咒。”

兄弟：“你说得很有道理，但是我哥他执迷不悟，我也没有什么办法。这样吧，你看看能退就退，不能退就算了。反正早上你已看到是他家违约了。”

我：“我刚才说这么多并不是为了不退款，你们既然请了大状，手头更不宽裕了，正好上周五你们来得太晚，我也还没来得及向我们律所的财务交账，所以呢，钱都拿走吧。”

兄弟：“这样吧，律师，你也不要再推辞了。我今天就做个主，退一半就可以了。江湖上谈成生意又毁约的，就得给守约人挂红[①]。你只要退一半给我就可以了，多退了我也不要。”

虽几经推辞，但在我的坚持下，替大哥退款的兄弟还是拿着全部退款离开了接待室。

最终，我成了这个未成年人抢劫案的匆匆过客，但即便是过客，在

① 当地风俗，交易中的一方毁约时，毁约方必须到市场上买块红布为守约方“冲喜”。随着时代的变化，当初的红布演变为如今的直接给钱。

从阅卷到后来被换下的不到三天时间内，我却见证了法律服务市场中的阴暗部分：法律服务业的畸形商品化(律师代理费不断上涨与法律工作者进行法律援助的补贴裹足不前并存)，使得部分律师为了生存，降低道德标准，不分情况，见案就收，甚至为了抢案源而采取夸大业绩、虚假承诺、违规降低收费标准等违背诚信的方式争取当事人认同；与此同时，部分法律工作者因为激励不足，对接手的案件敷衍了事、援助走过场，收到法律文书即作结案处理、对案件结果不闻不问等情形不在少数。不管是哪一类法律服务者的哪一种不合适行为，都会在严重损害当事人权益的同时，给社会主义法治现代化的发展造成不良影响。

游走乡村的“民间法师”

所谓游走乡村的“民间法师”，是我给那些到寨子收案然后再进城找律师办案的特别居间人取的外号。和走村串寨“磨菜刀”“阉猪鸡”的工匠一样，“民间法师”在山区寨子内外都很受村民敬重，但凡有个大事小情，他们就是闭塞山村最有主意、最懂政策的文化人。特别是在少数民族村寨，相比乡镇法律服务所而言，具有或近或远血缘或地缘关系的“法师”就是自家人、贴心人。

在闭塞山寨里，“民间法师”地位尊贵，不管去哪一户村民家里，总能获得贵宾待遇。在过去经济更为不发达的年代，“法师”是村寨里物质最为丰富的人，他们帮助村民解决纠纷，而村民又没有金钱感谢，家畜或者粮食就成了村民换取“法师”指导纠纷解决的筹码。

"热心人"

2014年9月22日

大约两周前，有个操H镇口音、四十出头的精明男子来我的接待室不下三次，询问人身损害赔偿纠纷的处理问题，说是他有好几个远房亲戚在接受中铁某局招揽修筑云桂铁路过程中，发生了人身损害，需要和中铁某局打官司。因为每次来我接待室都只有这个精明男子一人，他说的话我只敢相信个五六成。

尽管聊的不是特别离谱，但感觉每次他就是路过进来歇歇脚、抽回水烟的。最后一次来我的接待室时，他抽完水烟后对我说："杨律师，我这两天就带着亲戚去昆明鉴定。人伤得太重了，要好好鉴定的。昆明、K市、M市的鉴定机构我都熟得很，等我们拿到鉴定报告后，肯定来找你。你们这条街上的律师我哪个不认识？通过这几次打交道，我想着这回事情就找定你啦。"

精明男子这话让我有点发懵。啥叫"这条街上的律师我哪个不认识"？为啥"鉴定机构我都熟得很"？毕竟对于普通百姓而言，纠纷的司法解决可能是人生中最小概率的事情之一了，不可能说出这样的话来。于是从他讲完之后，我就开始对其身份无比好奇。当然有时也觉得，万一这男子就是闲着无事，到处闲逛着吹牛之人呢？而且自那天后他很久没再出现。

直到今天下午，精明男子带着两个男子再次来到我的接待室，其中一个三十出头明显有残疾，另一个是二十多岁的小青年。

才进门，精明男子就满脸堆笑地说："杨律师，我们的鉴定结论下来了。所以今天我带着亲戚来找你,你看看怎么处理这个事情。”

仔细打量着长椅子上的三个男人,神态和穿着完全不同。我从交谈中得知,两个男子是 M 市最贫困乡镇之一的 J 乡的两兄弟,大约一年前,他们和村里十多个壮劳力一起被招募至中铁某局,参与云桂铁路新哨段施工。没干多久,在进行山体爆破过程中就发生意外,爆炸飞溅的山石当场砸死一人,并造成包括三十多岁的哥哥在内的两人重伤。事发当日,中铁某局就将伤者送往 M 市医院进行救治,对于看护伤者的亲属也支付了相应报酬。如今治疗已经结束,刚出炉的鉴定报告上明确哥哥为五级伤残。

所谓交谈,基本上是 H 镇精明男子的独角戏,受伤的哥哥非常腼腆,只会时不时地咧嘴一笑,弟弟比哥哥健谈点,但也只限于有问才有答。

我对着精明男子问了一句:“你说你们是亲戚,但你家是 H 镇的,他们是 J 乡的,方向完全不同,而且你们这到底是什么亲?从样貌来看完全不像嘛。”

精明男子急忙解释:“是没有直接血缘关系的‘跨角亲’[①]。我就是看不惯中铁某局这种做法,他家哥俩都是文盲,脑子又简单,我不帮着点的话,他们被国企欺负惨了。”

我:“你这是学习雷锋做好事啊!”

精明男子:“没有雷锋那么高尚。我这个人爱帮忙,你可以问问这条街上的其他律师,我帮人不是一回两回啦。他们什么文化都没有,不领着他们来,律师在哪里他们都搞不清的。你是不知道啊,这哥俩住的寨子非常穷,扔个石头进寨子可能连个装咸菜的瓦缸都打不着。哥俩都没娶上媳妇,你看看嘛,现在哥哥还被害成这样,要不是我有正义感,帮他们想办法,哥俩治好伤就回去傻傻等着了。现在什么年代了,等有什么用嘛?我看着杨律师你也很善良,今天我带着他们哥俩来就是希望一会儿你能陪我们一起去中铁某局的指挥部,看看怎么处

① 当地方言,指没有直接的血缘关系,而是因姻亲的相互连接或自行结拜而成为“亲属”的情况。

理接下来的赔偿。”

精明男子添油加醋的描述，并没有使他的“民间法师”形象转化为路见不平的热心人。但对于他的请求，我基于对哥俩的同情还是答应了。关上接待室，一起往外走的过程中，精明男子突然对着受伤的哥哥吼道：“一会儿去到指挥部，你还是要配合着点，才治好的腰可不允许你大步大步地走。”

哥哥听完精明男子的吼叫，不知所措得都不知道该如何迈步了。

“民间法师”对于边远山村群众的掌控，可见一斑。

“民间法师”驾驶着一辆面包车拉着哥俩。中铁某局指挥部在大山深处，出于安全考虑，我叫来表弟驾车陪我一起去。

通往中铁某局云桂铁路新哨段指挥部的路况极差，因为都是开山作业，拉土石的渣土车将路面辗轧得大坑套小坑，又刚好是雨季，坑里汪着水。要不是表弟驾驶技术过硬，就我这驾驶技术，十有八九得陷坑里不能动弹。

就这样歪歪扭扭、走走停停，用了差不多一个小时才到指挥部。

指挥部的工地负责人接待了我们一行五人。看着鉴定报告，工地负责人说：“是施工造成事故，对于给伤者带来痛苦和损失，我们深表遗憾和抱歉。接下来我们一定会按照相关规定进行赔偿。”

他回应得有理有据，找不出半点瑕疵。

当我将事先做好的赔偿详单和赔偿依据说明两份材料交给工地负责人后，他非常客气地说：“你们做的这两份材料很好，赔偿的内容和依据我看着都挺清楚的。只是现在就我一个人在，是做不了主的，我一定会把两份材料交给法律顾问审核。还是我刚才说的，要是审核之后认为赔偿额合理且都有依据，那么我们一定照此进行赔偿。当然了，如果计算数额和相关规定有出入的话，我们可以像今天这样协商；如果协商不成提起诉讼，那么我们一定按照法院的判决进行赔偿，绝不推诿。”

号称古道热肠的精明男子全程无声，兄弟俩也没个整话。

谈判结束返回到X镇的时候，已经下午六点多钟了，在前面开车带路的精明男子径直将我们的车带到县级公路旁的一家小饭馆。

停好车,精明男子走过来说:“杨律师,时间不早了,吃了饭再走。就着吃饭时间有些问题还可以跟我们说说。”

一下午的奔波确实挺累,我也就答应了。

坐下来后,精明男子朝弟弟喊:“愣着干什么?还不去点菜。今天这个事,我们可都是来帮忙的。”

弟弟一听,起身就去点菜了。我赶紧跟上去说:“少点一些,不要太客气。”

精明男子:“杨律师,你不要管,你坐着就是啦。”

等菜上来一看,好家伙,居然大大小小十二个菜!即便是在乡镇,这样规格的饭菜也要两三百块钱。

精明男子看着桌上的饭菜,来了一句:“乳饼[①]也没有。老板娘,煎个乳饼来吃吃。”

弟弟一听,赶紧起身跑去厨房加菜。

眼前这位“民间法师”看似热心,实则就是在利用边远山区群众“有恩于己”的感激之心混吃混喝,甚至极有可能会从伤者的赔偿金里抽成。

吃完这顿令人非常不舒服的饭菜,大家挥手告别,不论是精明男子,还是伤者及其弟弟都彻底消失在我的生活中了。尽管他们没再出现过,但不难猜出故事的结局——拿着我那天交给中铁某局工地负责人的赔偿详单和赔偿依据说明,“民间法师”大概已经独立完成与中铁某局就哥哥受伤赔偿事宜的谈判。

这个案例让我意识到,随着商品经济不断发展,游走乡村的“民间法师”这个群体的构成正逐渐发生着改变:尽管仍是文化人,但不同于过去完全以血缘、地缘为纽带的情形,如今的“民间法师”中出现了从城里潜入边远山寨的外来者,如本案中的精明男子等,他们参与山寨村民纠纷司法解决的出发点只有一个——收取居间“搭桥”费。

---

① “乳饼”是云南中部地区彝族的传统美食,由山羊奶酪等制成,价格较贵,属于当地待客的“硬菜”之一。

边学边干

2017年7月28日

大约是2016年12月,小姨家因为生意转向从法院门口搬走了,我也就关闭了接待室。除处理顾问单位相关事务和先前办理案子的二审、再审事宜外,鲜有接案。偶尔遇到感兴趣的新案子,就叫上当事人到我们律所为在M市开办分所而租下的办公室洽谈。

近两个月来,老有一个陌生的电话打过来,然后电话那头洪亮如钟的声音会反复问一个问题:“杨律师,你怎么不在法院门口给我们解释法律啦?搬到哪里啦?有个事情,我要找你啊,必须请你帮帮忙。”听着电话,我猜想可能是很久以前有过交集的客户,只是健忘的我确实记不起到底是哪一位客户了。

7月27日,已经多次来电的那个号码再次打来电话,正好我7月26日从昆明回到M市,便答应他7月28日上午可以到办公室见面详谈。

早上十点左右,按照我用短消息发给他的地址,神秘电话男终于现身,而我也立即想起他就是隔壁县一位边学边干的“民间法师”。

大约是2015年4月,在法院门口原先那个接待室里,我曾接待过他和他的客户。4月份已是春暖花开的季节,但他当时仍穿着一件尺寸不大合适的皮衣。确切地说,就是大皮衣罩在小两号的干巴身体上,有种滑稽效果。我当时在暗里给他取了个外号“皮衣老法师”。那天他之所以找我,是因为他替客户写的起诉状因格式错误被立案庭拒收了。

两年多时间过去了,但我至今仍记得当时打交道的情形。

当时,皮衣老法师对我说:“律师,怎么法官说我写的诉状不对啊?我在十里八村都算文化人,还当过村小代课老师。帮乡里乡亲的打官司又不是第一回,以前都顺顺当当的,怎么今天就不对了呢?你帮我看看,状纸上画圈圈的地方都是立案庭的法官觉得有问题的。”

拿过诉状一看,果然上面有的地方被用铅笔画了圈圈。这是一个离婚诉状,在皮衣老法师写的这个诉状中,有关“财产分割的诉讼请求”部分就只有“请求平均分配夫妻二人结婚后建盖的房子”这么一句话。这种模糊的表达确实不符合民事诉讼中“诉讼请求必须明确”的要求。

我给他解释完之后,他又问:“怎么才算是明确的呢?”

我:“你最好对房子的价值有个预估,然后给出具体的分割方案。比如,房子价值大约为 30 万元,原告愿意在获取房子的前提下支付被告 15 万元;或者说房子有两层,一层归原告,二层归被告……类似这样的具体说明,有助于法官将来审案中提高效率。”

皮衣老法师听完,作恍然大悟状:“明白了!不瞒在座的,离婚官司我确实是‘大姑娘上轿头一回’,谢谢你啦!立案庭的法官要是像你这么跟我说,我就清楚了。”

我:“立案庭的法官一天到晚工作繁重,不可能对有问题的诉状都一一辅导,人家帮你把问题画出来已经是非常不错的了。”

皮衣老法师:“你误会了,我可没有责怪法官的意思。我这是夸奖你呢。”

印象中,当时皮衣老法师和他所代理的离婚案原告形成了鲜明对比:老法师大方自然,而来自边远山村的原告则可能是鲜与陌生人交往的缘故,显得木讷拘谨。

皮衣老法师:“你瞧,我们农村人来回法院不容易,能不能请你帮我们重新写写起诉状,一会儿我们再去立案?我手上这个诉状也是我自己先写好稿子,拿给法院门口打印店帮我打印的。我们农村人不会玩高科技。到时候该给的劳作费,原告会给你的。”

正好我手上也没什么特别要紧的事情,便欣然答应了他的请求。三下五除二就帮他们重写好了诉状,老法师叫原告给了我 200 元的润笔费。

快到午饭时间,老法师带着原告又回到我的办公室,一进门他就很高兴地说:“小妹子,谢谢你啦!人家法官看着你写的诉状,二话没讲就给我们立案了。谢谢你啦!这样好不好,你给我一张名片,以后要是遇到什么问题,我再来找你。”

两年多过去了,想来就是当时给出的名片,才让老法师和我有了今天的再次重逢。

我:“大爹,你又遇到什么事情啦?电话打那么多,非要找我。”

这次没穿皮衣的皮衣老法师一身笔挺的西服,笑着说:“是有事情要找你。我们要上诉。你,快把材料给律师看看。”

皮衣老法师一声令下,一起到访的老大爷就递给我一包文件材料,里面有民事判决书一份、精神病鉴定报告一份、住院治疗材料一套等。

皮衣老法师:“这是我们村里的老张头。他大儿子有精神病,儿媳妇就不守妇道,和外村的野男人好上了,前段时间向法院起诉离婚。老张头的大儿子太可怜了,以前没有精神病的时候挖煤炭什么的,挣了挺多钱,全部都被他媳妇收着。后来因为煤炭难挖,大儿子就跟着村里其他男的到外省去打工,然后不知怎的就疯了,要不是被公安遣送回家,老张头还不知道去哪找这个儿子呢。大儿子回到家时门牙也没了,一天到晚疯疯癫癫的,儿媳妇过不下去就已经和他离过一回婚了。因为娃娃在中间做工作么,又复婚了。然后这个婆娘过不得几天就又去法院起诉离婚,法院立了案,她却又再次撤诉……这回勾着野男人,就铁了心不想过了,想着卷起钱跟外面的野汉子跑路。我们咽不下这口气,这次就算是判下来,我们也要上诉到底。”

我:“你们要上诉什么呀?尽管确实还在上诉期,但是一审判决写得很清楚‘原告和被告从 1991 年结婚至今已经长达 26 年之久,离婚又结婚,起诉又撤诉,说明原告对这个多年经营的婚姻家庭存在牵挂,与被告的感情尚未破裂,原告应不忘初心,珍惜以往夫妻感情、珍惜家庭,与被告和好。'意思就是没有同意原告的离婚请求啊。你们要上诉什么?上诉针对的是一审判决的内容,现在一审判决不准离婚,除非你们觉得这个婚要离,否则的话,上诉什么啊?"

皮衣老法师:"你的意思是上诉不合适?"

我:"一审判决不准离婚,这事合不合适,主要是看夫妻双方。当然了,因为被告有精神病,张大爷作为被告的法定代理人在监护范围内确实可以提出异议。那么张大爷,你对一审判决到底不满在哪?"

张大爷:"我就是觉得儿媳妇太作恶了。除非她把我儿子以前没病时挖煤炭挣的钱留下,否则不准离婚。"

我:"一审判决不准离婚,就不存在对夫妻共同财产进行分割的问题。"

皮衣老法师:"那么我们可不可以反诉这个恶婆娘呢?"

我:"反诉是指在一个已经开始的民事诉讼(本诉)程序中,本诉的被告以本诉原告为被告,向受诉法院提出的与本诉有牵连的独立的反请求。现在一审判决都下来啦,提起反诉的时间早过了。如果你们对一审判决不满意,那么张大爷作为法定代理人,可以代表他大儿子向法院起诉离婚,拿出证据证实其儿媳妇有婚外情,以求得多分夫妻共同财产。但是,我刚才听你们说的这些七七八八的,不建议你们现在去起诉离婚,否则这婚就真离定了。一审判决写得很清楚,结婚 26 年,虽几经折腾,但两口子感情基础不错。再说了,现在张大爷大儿子有病,家里人更应该对儿媳妇多些支持,共同治好大儿子的病。少年夫妻老来伴,儿女都成人了,马上就当爷爷奶奶的人了,张大爷也马上当太爷爷了,所以还是要尽量把家拢住,而不是指责拆台,这样对生病的人好,对全家也都好,不是吗?"

皮衣老法师:"小妹子,你说这个还真是有道理。"

我:"大爹,你在十里八村的都算文化人,什么上诉、反诉还懂得挺多,爱学习蛮好的,但是今天这个事情,你应该给张大爷做做思想工作,可不能跟着添乱啊!"

皮衣老法师:“对对对,这个事情,你讲的对。我就是爱帮忙,也不是专门读法律的,有的地方确实不妥当。耽搁你的时间了。”

我:“不耽搁,说清楚就好了。今天要是不见面谈,你肯定还得给我不停打电话,对吧?”

皮衣老法师哈哈大笑:“是啊。我这是半路出家、边学边干,身体还硬朗,说不好以后什么时候又会给你打电话添麻烦呢。”

我:“没问题。”

皮衣老法师:“那我们就走了,谢谢你啦,小妹子。”

就这样,皮衣老法师和张大爷一前一后地离开了,我站在门口看着他们的背影逐渐消失在街道中,心中有一种莫名的感动。

云南是一个集边疆、民族、山区、贫困为一体的省份,贫困弱势群体打官司难,广大农村法律服务资源匮乏的情况相对严重,如何打通法律援助的“最后一公里”是一个复杂的问题。尽管国家司法行政机关主导的法律援助机制不断深入基层,但是如果能多一些皮衣老法师这样的“民间法师”,由司法行政机关牵头给予一定的培训,或许能起到事半功倍的效果。

律师执业中的苦涩

律师,在很多人眼中意味着“有钱有腔调”,就像电视剧中那样,坐在律师楼宽大的深色幕墙后面就能掌控千里之外的案件进程。但事实上,作为自由职业者的代表,所谓“自由”的背面就是“危机感”驱动下的辛勤与付出。在优胜劣汰尤为明显的律师行业中,“赢者通吃”激励着所有人快马加鞭,风雨兼程。

某次吃饭,有位女律师一口干了手中的白酒,一字一顿地讲到:“当律师就像是穿上童话里那双没法停下来的红舞鞋!”没错儿,还没办完手头的案子,就有新的案子等着你……当案子停住了,就等于你失业了。

在这四年多的律师实践中,我发现这么个有趣的现象:在群众眼里,法官铁肩担道义,而律师则专为坏人说话。群众的认识很感性,但也有一定道理。因为评价法官的标准(在合法范围内最大限度地维护社会正义)与评价律师的标准(在合法范围内最大限度地维护当事人利益)确实大相径庭。对于律师而言,当事人的合法权益是一切工作的起点和终点,而在合法范围内如何达到利益平衡大抵是世上少有的难题,苦涩与委屈、困惑和挣扎、道德撕扯……皆汇成律师不堪言说的工作历程。

风雪赶路人

2013年12月16日

没当律师的时候，生活安稳的我基本上没体会过真正的四处奔波，更不知道原来每到寒冬腊月高速公路就会打开"地狱模式"，让人痛不欲生。

早在两天前的12月14日，云南受持续低温影响，大部分地区都出现降雪冰冻等灾害天气，出于道路交通安全的考虑，交警分时段对昆石高速、昆曲高速、昆武高速等高速公路实施临时封闭。

处于跟班学习阶段的我在12月15日下午接到师父(指导律师，律所主任)的电话，要求我次日凌晨五点在小区门口等他，跟他去宜良办个执行案件。

凌晨四点五十分，站在小区门口的我，在冻雨中等待师父的到来。师父没有迟到半秒钟，五点准时出现在我面前。爬上师父的新车，吹着空调暖风，舒服得让人想流泪。

师父："我过来时一路都听着交通广播，昆石高速又封路了，咱们走老路吧。"

所谓老路就是昆石高速修通之前连接昆明和红河州的省道。冻雨中的老路非常考验车技。偏偏高度近视的师父车技不好，新车底盘被路上凸起的石头刮得"咔嚓"直响。师父一脸严肃，没有半句聊天；而我也安静地坐在副驾上，望着车窗外的天际不断地由黑转白。开始的一段路况极顺，让我心里萌生出不切实际的狂喜，以为趁早赶路是明智之举。但是，七点左右进入大风垭口段后，我被前方排得密密麻麻的大车吓出一身冷汗,不少大车司机甚至下车到路边生火取暖。

师父这才对我说了上车后的第一句话:"看来老路也堵上啦。"

我:"嗯。"

师父:"现在只能祈祷啦,我们进退维谷,后面的车也跟上来了。"

差不多一个半小时后,堵起约两公里的车队才开始缓慢向前移动。可这种20公里每小时的龟速也没持续太久,因为交警关闭了三铝公路大风垭的收费站,车队又只能停滞不前。这个时候差不多已经是中午十一点了。看着前前后后不下30个司机熄火下车,师傅也熄了火。他下车走到后备厢想着找点吃的,但找来找去就只有一包土豆片。当他把土豆片递给我时,我指着不远处说:"要不我去看看小卖店有啥再买点。"得到师父允许后,我三步两跳地冲到小卖店里,买了两包火腿肠。

回到车上,原本不吃火腿肠的我一口气吃了五根,但师父却一口没吃。就这样熬呀熬,熬到中午一点多,很多司机开始放弃等待,往三铝公路折返。师傅可能已经饿到极限,也掉头跟着折返的车队行驶。直到下午两点左右,师徒二人才摸到一家山间羊肉馆。这是我这辈子到过的卫生条件最差的荒郊小店,苍蝇那个飞啊,蟑螂那个跑啊,但当老板娘将羊肉火锅端到桌上,原本挑剔的我眼睛一闭,吃得那叫一个香啊。

师父不停给我碗里夹肉:"快吃,吃饱了好赶路。你看,太阳出来了,气温会回升的,咱们吃完饭估计路也能解封了,咱们今天一定能到宜良的。"

说话间,小店里已经挤进了很多被堵在路上的人。

师父笑着说:"你看看,咱们刚才当机立断是对的。一不留神还引领了一次美食风暴。小店一下子挤满了人,后面的同志要吃上饭得且等咯。"

这时候,旁边等饭的一个司机突然大声叫着:"昆石放行啦!昆石放行啦!"

师父一听就用更加坚定的语气说:"我们今天能够完成任务啦。"

就这样，吃完饭后，我们沿着三铝公路从松茂收费站再上高速，终于在下午三点半的时候赶到宜良县法院。

我跟着师父进了执行局的办公室，师父找到办案法官时，他一脸惊讶："我以为你们今天来不成了呢。这几天随时在封路。"

师父："年终了，赶紧执行下来，对当事人也有个交代。"

办案法官："那是。你们喝着茶等会儿，我通知对方律师过来。"

不一会儿，从外面进来个脸色难看的中等个子男人。

才进门，男人就没好气地说："领棺材钱的来啦？"

办案法官："你怎么说话的？"

师父："有话好好说，都是同行，没必要把话讲这么难听。"

男人："难听？好听的话我不会说。装什么好人啊？官司赢了了不起啊？"

师父还是一脸淡定："官司输赢自有法院公断。现在都到执行阶段了，没有必要结怨。"

办案法官冲着男子厉声道："在法院还是要注意素质的嘛。律师要有个律师的样子。执行这个事情我可是早就通知过你啦，你的当事人还来不来？"

男人："来什么来，我来不就得啦。法官你又不是不知道，我当事人可是宜良数一数二的大老板，这种事不必他出面。放心，一分钱都不会少这些叫花子的。"

对于男人这样的侮辱，儒雅的师父终于动气了："你这个人说话请注意点分寸。本来你我都是律师，大家应该有个基本的尊重。可你却非要哪句难听说哪句，我不和你吵并不代表我怕你，做人还是留点余地比较好。"

办案法官："好了好了，两位大律师，不要再吵了，赶紧办理执行的事情吧。这样闹下去，我们没法下班不说，高速路又封路的话，你们昆明来的就回不去啦。"

最后，在办案法官的调停下，执行款项打到了我们律所的账户。

办完公事，因为担心封路，师父带着我买了点干粮就上路了。在回程路上我才知道,原来那个阴阳怪气的男子是宜良县“知名律师”,他代理的当事人是该县最大水泥厂的老板,而师父代理的当事人则是从M市来宜良县开渣土车的工人,该工人于2012年年初在为水泥厂拉渣土时,被连人带车埋进废渣造成二级伤残。官司因此而起,最后法院判决水泥厂赔偿伤者112万元。

我:“都是律师,说话这么难听?真过分。”

师父:“同行是冤家。他代理此案败诉了,可能被当事人臭骂过,自然要找地方出气。当然了,你将来可不能当这样的律师呀,否则和泼妇有什么差别?”①

---

① 时光如梭,一转眼那个风雪赶路画面已经过去近五年了,尽管师父只带过我三个月,但师父的话我却一直不敢忘记。

残酷的淘汰

2014年1月26日

今天是腊月二十六,因为春节调休,我们在昆明的律所总部和大部分单位一样都在调休上班。也许是春节将至,大伙儿都停下了手上的恩怨情仇,办公室里也一改往日的喧嚣热闹,可算有了片刻清净。

差不多九点多,前台的魏姐被主任叫去谈话。因为要找她填签章单,我就直接坐前台旁的位置上等着她。

快十一点,魏姐才从主任办公室出来,低垂着头快步回到前台。我笑着迎上去:“魏姐,我要用章,麻烦帮我找下签章单。”

魏姐依然低着头,用一贯轻柔的声音说:“好的。”然后就非常麻利地帮我办理了签章手续,但是整个过程中,她都没抬头,这一点,在我看来有些反常。

魏姐是国内知名法学院毕业的高才生,但是因为天生羞涩不善交际,在所里只能屈就于前台一职。别看她平日里只是给所里的律师做做后勤,很多疑难杂症一样的“死案子”(一审别的律所搞砸或一审法官裁判尺度有偏差,或陈年旧案需再审)交到魏姐手里,她定能写出漂亮的司法申请书——逻辑清晰,用词准确。所里有律师跟我说过,诉讼文书写好了请魏姐一改,就能更具神采。一句话,魏姐就像武侠小说里深藏功与名的“扫地僧”。

因为正式办案的时间较短,我还没机会领略魏姐的厉害,心里却一直盘算着将来一定请她帮着修改一两次诉讼文书,领略一下司法工作的笔下功夫。

没想到,我的愿望就在今天破产了——主任找魏姐谈话为的是劝退她在本所的工作。

下午四点多,魏姐收拾完后,带着她的私人物品轻步离开了律所,保持着她平日不事张扬的风格。而前台则被收拾得干干净净,就像从没有人在那里工作过似的。

我不知道魏姐出门后,会不会在刺骨的寒风中流泪。一个下午我都浑浑噩噩的,心里有种说不出的难过……

快下班前,主任把我也叫进办公室。

主任:"小杨,你刚来。今天我劝退的小魏,和你一样,都是高才生,她笔头功夫一流,但就是见人就躲,不喜欢与人打交道,在所里三年,好话鼓励没用,丑话刺激无效。今天劝退她,就是想逼一逼她,否则一个高才生做前台,大材小用不说,对她自己也是有百害而无一利的。"

我:"我刚来,听其他同事讲过魏姐的传奇。有点遗憾我没机会亲身体会。"

主任:"我上午找她谈,是希望她改变工作方式。只要她能走出去,和其他律师一样,学着与当事人打交道,学着从幕后走到前台,我们所依然是欢迎她的。"

我:"魏姐既然笔头功夫好,让她在幕后帮助大家也挺好的呀?"

主任:"干律师不是书斋搞创作。笔头功夫再好,实际上也只能是敲门砖。服务人的工作如果害怕与人打交道,怎么服务呢?尤其是在我们西部地区,暂时不可能像东部沿海发达地区一样形成高度专业化分工的律师团队。我们这里的律师必须是多面手,这种多面手不但要求业务上广博——刑事、民事和行政案子都得拿得起做得好;而且还要能够与当事人快速建立信任关系,要是三拳都打不出个屁来,当事人就会怀疑你的态度,甚至怀疑你的能力。"

主任说得极是,律师这个职业对从业者的综合素质确实有着高于一般工作的要求。主任对魏姐的残酷淘汰背后,又何尝没有对她的鞭策和鼓励呢?

祝福魏姐早日回归我们的战队;也祝福自己在新的一年里,早日脱去稚嫩,游刃有余地应对律师工作所带来的各种挑战!

同行是冤家

2017 年 7 月 12 日

上午到法院立案后，在立案大厅旁边的洗手间，我看到律师小广告居然成了法院洗手间的“牛皮癣”——律师名片被贴在了洗手间的隔断上。令人不禁好笑，却又五味杂陈。

尽管从业时间不长，案子办得也不算多，但粉墨登场的各种大状让我深感“律师行业就是个鱼龙混杂的大缸！”随着律师间竞争压力的日益增大，不仅招揽生意的渠道扩大到法院洗手间，律师之间的相互诋毁和拆台也屡见不鲜。最近，我们所里的龚姐和小夏两位年轻律师因为在法庭上表现出色，对方律师居然直接煽动当事人及其家属“就是这两个律师作怪，该动手就动手”，龚姐和小夏在庭审结束等签字时被对方当事人及其家属团团围住。要不是法警一边在场维持秩序，一边打电话给 110 前来处理，龚姐和小夏可能没出法庭大门就被对方当事人及其家属一顿乱揍了。小夏事后曾告诉我：“那天要不是 110 用警车把我和龚姐送回律所，可能真要出事。当天开去法院的车我也是过了一周才敢去取，就怕对方当事人想不开再找麻烦。”

“同行是冤家，律师为难律师”逐渐成了现实中的新问题。

大律师 vs. 小律师

2017 年 8 月 21 日

2017 年 5 月,当我将写办案日记的事儿告诉我们律所主任时,他在表示非常支持的同时,跟我讲了一个非常有意义的案子——我们律所老少两代律师合力帮助两名犯罪嫌疑人二审洗冤成功。他说:“你有空可以找大功臣小赵律师了解案情。律师日记么,不只是你自己一个人的日记,它应该代表着律师群体大致的行动模式和酸甜苦辣。”

我非常认同主任的看法。只是由于律师的时间基本上都是围绕着案子分配的,我有空的时候,小赵律师没空;他有空了,我又在外出差。就这样兜兜转转,直到今天下午,我才在昆明总部的办公室等到也正好有空闲的小赵律师。

小赵律师是 2015 年通过国家司法考试的,2016 年作为实习律师跟随主任学习办案,2017 年开始独立执业。尽管 2017 年已经独立执业,但他因为资历尚浅,多数时候还是只能给资深律师打打下手。

我:“听主任说,你在一个轮奸案的上诉中据理力争,帮助上诉人赢得了公平的判罚,今天难得你有空,给我详细讲讲。”

小赵律师抿嘴一笑,有些不好意思:“这个事情能有转机,关键在于二审法官能够听得进合理化的律师辩护意见。案情不复杂。2015 年 12 月初的一天凌晨,犯罪嫌疑人叔侄二人从 KTV 喝酒唱歌后驾车(微型车)回家,在 M 市主干道看到被害人醉酒后独自靠扶在路边,侄子下车将被害人拖上车,叔叔随即直接驾车驶向人烟罕至的偏僻小路,见四周无人,叔叔将车停靠路边,把被害人从前排拖到后排实施了强奸；叔叔完事后回到驾驶座位继续开车；侄子则从第二排爬到后排，也打算对被害人实施奸污，但由于遭到被害人激烈反抗(被害人咬伤了侄子嘴唇)，侄子只好放弃奸污的意图。然后叔叔停住了车，侄子将被害人赶下车，两人就一溜烟驾车跑了。被扔在荒郊野外的被害人清醒后，用手机打 110 报警，警察用了不到一天的时间就将叔侄二人从家里抓捕归案。生物物证检验鉴定报告、证人证言、被害人陈述、犯罪嫌疑人供述等从程序上看都没有问题，但是关于叔侄俩是否都构成强奸既遂这个问题，叔叔承认已经完成，侄子却坚持因为被咬而没有实施奸淫。被害人则声称自己当时是醉酒状态，记不清楚具体情况了。对于这个案子，M 市检察院退侦过两次，M 市公安局补充侦查后重新移送审查起诉时，M 市检察院每次均延长审查起诉期限十五日。"

我："这么说来，叔侄俩从被刑事拘留到一审判决在看守所差不多待了一年时间啊。"

小赵律师："是的。二人 2015 年 12 月 9 日被刑事拘留，次年 1 月 14 日 M 市检察院批捕。强奸案近年来发生率不高，该案又是两人共同涉嫌强奸的情况，检察院在批捕时肯定是慎之又慎，提请批捕的程序是按照《刑事诉讼法》第 89 条第 2 款处理的。[①] 后面的两次退侦，以及两次审查起诉期限的延长也都体现了检察机关对本案持有的谨慎态度。M 市检察院量刑建议书认为叔侄俩具有'轮奸'加重情节，同时又承认侄子在轮奸过程中奸淫行为未实施成功；给出的量刑建议是'叔叔处十年到十二年徒刑，侄子处十年至十一年徒刑'。一审中，尽管叔叔的辩护人对检察院所称'轮奸'提出了异议，认为叔叔强奸时侄子在睡觉，没有协助叔叔强奸，而侄子自己又没有强奸成功，因此叔侄俩的行为并不符合轮奸所必需的'连续性'要求。但是，一审法官最后并未采纳叔叔辩护人的辩护意见，而是以公诉人的意见为准，判处叔叔十二年有期徒刑、侄子十一年有期徒刑。"

我："那上诉怎么会找到主任和你的呢？"

---

① 《刑事诉讼法》第 89 条第 2 款："对于流窜作案、多次作案、结伙作案的重大嫌疑分子，提请审查批准的时间可以延长至三十日。"

小赵律师:"叔侄俩拿到一审判决后,文化水平较高的叔叔在看守所里自己写了上诉状申冤。等于说这个案子上诉程序发动时,二审的辩护律师还没落实。是叔叔的老婆一直在外面努力,我们最后才代理的。杨姐,你也知道,咱们主任是 M 市人,口碑很好。一开始叔叔的老婆找到我们主任时,办案经验丰富的主任考虑到刑事二审改判率不理想,就拒绝了她的要求。叔叔的老婆没办法,就找了昆明另一家律所的律师,但因为那家律所律师会见叔叔时,教他改口供,在看守所多少受了些法律熏陶的叔叔就请管教带话给老婆,必须换律师。然后他老婆又来所里找了主任好几次,主任才同意接手的。我呢,刚出道,主任说让我跟着做,我就跟着做了。办好手续后,我跟着主任去看守所会见过叔侄二人,再到中院阅卷时,我就觉得这个案子定性确实有问题,不构成轮奸。"

我:"那你和主任沟通这个事情了吗?"

小赵律师:"沟通了。结果挨了主任一顿臭骂,说我乱弹琴。"

我:"主任的心情可以理解。除非有十足的把握,否则对刑事案子一审判决定性的直接否定,会让大部分二审法官觉得律师是在捣乱,印象分不在了,那么改判的希望就更渺茫了。"

小赵律师:"杨姐,你说的对。主任就是有这个顾虑啦。那天下午,就在主任办公室里,我和主任僵持不下。主任做律师 30 余年了,特别谨慎。而我呢,就是个愣头青。主任认为二审辩护的思路应该从'认罪态度、一审判决没贯彻宽严相济的刑事政策'等方面进行;而我就是认为关键的问题在于'认定为轮奸背离事实'。自知资历浅,我专门搬出最高院副院长熊选国牵头主编的《〈人民法院量刑指导意见〉与'两高三部'〈关于规范量刑程序若干问题的意见〉理解与适用》[①],在这本书中,最高院量刑规范化改革小组对'轮奸'给出的定义要求'且均为既遂'。而这个案子中,从犯罪嫌疑人侄子的一贯供述和检察院的认定来看,侄子都是强奸未遂,这样一来,即便叔叔行为已构成既遂,

---

① 参见熊选国主编:《〈人民法院量刑指导意见〉与"两高三部"〈关于规范量刑程序若干问题的意见〉理解与适用》,法律出版社 2010 年版。

也不符合最高法对‘轮奸’的定义要求啊。”

我:“那你和主任当时就这么僵持着吗?”

小赵律师不好意思地回答:“是的。主任很生气,我也不好再讲什么,我和他就一直沉默到下午六点多,要不是主任家人打电话让他回家吃饭,说不定我俩会在办公室坐到天亮呢。当晚十一点多,主任打电话给我,确定解决方案——二审开庭时,各自按自己的思路辩护。就这样,庭审时主任和我的辩护各有侧重。而庭审结束后,二审审判长专门问了我辩护中关于‘轮奸’定性的出处,我给他解释后,顺便要了他的办公电话,然后在折返昆明的路上就赶紧在网店下单买了《〈人民法院量刑指导意见〉与‘两高三部’〈关于规范量刑程序若干问题的意见〉理解与适用》,并千叮咛万嘱托店小二一定要用最快的途径快递给我。两天后书到我手上,我专门用记号笔把涉及‘轮奸认定’的第244页标好夹上书签,寄给了二审的审判长。后来,二审判决明确‘二上诉人的行为不构成轮奸’,并将叔侄俩的刑期分别从12年改为6年、11年改为5年。”

我:“这个判决太震撼了。”

小赵律师收起了先前的克制,笑得特别灿烂:“是的,二审改判结果出来后,我还去看守所看过叔叔一次,他说监舍一起上诉的,除了他获改判较轻外,其他人最后都被维持了一审判决。他的成功上诉在看守所成为一个神话。后来我又陆陆续续接到过很多看守所在押犯人家属的上诉请求,但那些案件和此案有本质不同,都不存在叔侄强奸案这样定性错误的问题,我也就没有接受人家的委托。”

我:“确实,叔侄强奸案可以说是极其罕见的。一般来讲,目前的刑事案件经过公安和检察院两道程序后,法院一审判决的出错率极低。当然了,要是没有你当时就‘是否构成轮奸’的据理力争,这个案子即便在二审也很难有改变。”

小赵律师谦虚地回答:“主要是二审法官开明,他们的实事求是才是案子转机的根本。要是二审法官听不进意见的话,我说再多也没用。”

我:“嗯。二审法官能够放下偏见,从实际出发对叔侄俩的行为进行客观认定,确实非常难得。”

小赵律师:“是啊。所以最应该感谢的是二审法官才对。律师的合理化建议要是不被采纳,就是白搭。”

我:“嗯。不过作为刚出道的律师,你的表现真够勇敢的。”

小赵律师:“没有没有,主任当时严厉批评我那是爱护我。年轻律师刚上路,有时候难免不知深浅。一招不慎满盘皆输,不仅对当事人不负责任,而且也可能会断送自己的前程。”

我:“嗯,主任我还是很了解的,做事非常细微周到。想来当时你提出一审认定‘轮奸’不成立,他一定很担心初出茅庐的你年少轻狂的草率之举。”

小赵律师:“对呀。所以二审辩护时,主任和我各提交了一份辩护词,主任的辩护词中规中矩,围绕着量刑从轻的基本点展开;而我的辩护词则围绕‘轮奸不成立’展开,相当于给当事人来个‘双保险’。”

我:“嗯。这样自然是非常妥当的做法。刚才我看了卷宗中的二审判决书,法官最后改判的依据确实是你关于‘轮奸不成立’的辩护,主任的辩护意见并没有被采纳呀。”

小赵律师:“杨姐,你可别这么说。主任一开始虽然很生气,但最后却容许我按照自己的思路进行辩护,这确实是我的幸运。”

和小赵律师的谈话让我感触颇深。尽管我国律师行业的兴旺不过二十多年光景,但从实践来看,类似英美发达国家的“二元主义律师制度”已日趋成熟。即便是云南这样较为落后的省份,诉讼律师和事务律师的二元主义律师制度也已处于形成之中。然而,与英美国家不同,我国律师培养体系是分割的:理论教育主要在法学院校完成(非法学科班出身的律师可能只是在准备法律职业资格考试过程中完成),而辩护(代理)技巧等实战演练主要在实习律师阶段由指导律师进行点拨、训练。这样的律师培养模式,使得很多实习律师结束一年的实习期后极难独立,只能继续担任实习阶段指导律师的助手谋生。如此背景下,“服从”是作为助手最为基本的素质,一方面是保证法律服务质量的需要,另一方面也是尊敬前辈的要求。

小赵律师与主任这“一老一少,一主一辅”的搭配中,原本也是应当以“服从”为前提的。但是,在叔侄强奸案中,主任所代表的老律师表现得较为保守,而小赵律师代表的年轻律师则表现出以客观事实为基础的积极。新旧两种理念的碰撞中,老律师对年轻人既有爱护又有担心,而年轻人在激进的同时也体现出对老律师成全的感激和理解。律师行业的薪火相传,需要的不正是这种情感力量的作用吗?

事实上,大约四年前,我刚入行的时候,主任也是我的指导律师。主任交代什么事情过来,我总是速度很快就做完。而他总是说一句:“不要急不要慌,作业拿回去再好好考虑下。”一开始我对主任的这种谨慎非常不解,觉得主任有点故弄玄虚且浪费时间,时间长了,才明白主任是在培养年轻人的周全稳重。任务完成得快恐怕就很难保证质量,特别是对于律师这种必须具备全局性策略的工作而言,相比速度来说,步步为营的仔细和认真才是更为关键的品质,考虑不到问题的边边角角,就可能在实战中功亏一篑,大败而归。年轻人有冲劲是好事,但光有冲劲就可能自我陶醉于小聪明而丧失大智慧,最终给客户带来损失,给自己的职业生涯带来污点甚至自毁前程。

总之,小律师能在执业生涯的最初遇到个愿意成全同时又能训练节奏感的老律师“扶上马送一程”是福气。主任带过不下十个年轻律师,观察下来,在主任的严格训练下,大家基本上都养成了细致谨慎的好习惯。感谢主任!

做个有操守的法律工作者

2017年11月7日

格式化治理的根本在于规则明示且被遵守,其前提是“文字表达的被接受度较高”,因此教育的发展是实现格式化治理的基础。然而,中国教育的发展是不平衡的,在东部沿海,韦伯笔下的“文本法治”雏形已成;而在我们边疆地区,尽管早就普及了义务教育,但可以不客气地说是粗糙的普及(如卫校毕业的侄女找工作的自荐信上错字别字一堆,语句通顺都成问题),这就带来一个问题:年轻人识字又不“识字”,老一辈则基本上是“睁眼瞎”了。

在此背景下,当国家政权管理深入到农村基层时,表面的治理形式是存在的,但群众参与治理的渠道却是不够成熟的。特别是随着城镇化的快速推进,乡村中“长老”调解已经不再如苏力教授等学者认为的那么必不可少,甚至很多时候(特别是在刑事诉讼中)群众必须直接面对国家治理的要求。因此,在我看来,基层治理的科学化最为要紧的是强化培养基层群众对于行为法治化和规则化的“条件反射弧”。而在这一强化培养的过程中,最重要的在于加强对基层律师在内的法律工作者的管理和培养。诸如前文提到的欺骗当事人出钱、声称用于和法官拉关系的行为,不仅损害司法人员形象,而且对于按规则治理的养成极其有害。

尽管苏力教授在其调研后写成的《送法下乡——中国基层司法制度研究》中给我们描述了“刘大律师”的光辉形象,[①]但是从我这几年的

① 参见苏力:《送法下乡——中国基层司法制度研究》,中国政法大学出版社2000年版。

观察来看,包括基层律师在内的不少法律工作者事实上正在利用其对法律知识或强或弱的掌握,成为基层治理法治化的绊脚石——他们不但没能维护规则的严肃性,相反是在破坏规则治理的根基。比如,在侵权赔偿中,律师为迎合当事人多要钱的心理,罔顾法律规定,将赔偿数额无根据推高的事情屡见不鲜。我曾经代理过一个村道上牛车与三轮摩托车碰撞案,牛车主人作为原告在法庭上要求我的当事人(三轮摩托车主)赔偿牛车修理费。

法官问原告:“你牛车到底修没修?”

原告回答:“没修过,在家里。”

法官:“没修那你干吗写在上面?”

原告憨笑着说:“律师说可以赔的。”

诸如此类的情况不胜枚举。不能说我们的农民朋友不再质朴,只能讲贪婪这一人性的消极面往往会因为包括律师在内的个别法律工作者的失德而在诉讼中被不断放大。

事实上,不仅在民事诉讼中,在刑事辩护时,基层律师歪曲事实的胡说八道往往会让低文化群众产生“敢说敢讲”的幻觉。比如,一位检察官曾跟我讲过,在一个强制猥亵案的公诉中,被告人的辩护人居然在法庭上大谈“被害人的风骚是导致猥亵发生的根源”!又如,一法官在审理某盗窃案时,被告人因身处边远山区,活了三十多年居然都不知道“户口”是啥。于是,辩护人竟然以“无国籍人不受中国法律管辖”为由向法院提出管辖权异议!我自己代理故意伤害案的附带民事诉讼时,也遇过加害人代理律师以“山高谷深,交通不便,找不到受害人家属”来解释对受害人不闻不问的原因。

一句话,规范基层律师(法律工作者)的行为是基层治理中的迫切问题,正如我们日益关注医院的医生对病人过度医疗的问题一样,律师(法律工作者)在基层治理中的非正规行为也需要更多的关注和监管。毕竟并不是所有的基层法律工作者都能洁身自好,行为有德,因此唯有加强规范,才能引导律师在基层治理法治化中发挥正向作用。

市井烟火

德国著名法学家耶林的《为权利而斗争》，是我初入大学时挚爱的文章。身处象牙塔时我最喜欢文章最后的智慧的结论："人必须每天不停地开拓生活与自由，然后，才配有生活与自由的享受。"在没有调研实践之前，我以为"斗争"必须是"针尖对麦芒"般犀利。在进行调研、深入实践之后，我逐渐感悟出，诉讼中要相互斗争不假，但在纠纷处理时，同时也应有彼此成全。在西部边疆，特别是在民事纠纷处理中，更多的是市井烟火味儿。

清官难断的夫妻事

不管是在哪一层级的城市还是在乡村，家庭都是社会整体结构的基本细胞。自20世纪80年代起，离婚的人越来越多，社会基本构成单位的稳定性因此被大大削弱了。在婚姻关系稳定性降低的大趋势下，偏安西南一隅的M市也未能幸免。就我个人而言，除了日记中提到的典型性案例外，在调研期间，写诉状或直接代理的离婚纠纷不下40件。而从M市法院的统计数据来看，2011年至2016年的五年间，M市法院总共受理的3314件家事案件中，离婚案件就有2586件，占整个家事案件的78%还多。[①]

时间	离婚案件	家事案件	离婚案件所占比重
2011年	324	433	74.82%
2012年	396	511	77.50%
2013年	430	545	78.90%
2014年	445	574	77.53%
2015年	516	658	78.42%
2016年	475	593	80.10%

有学者将当下离婚率高涨的原因简单归结为："社会的经济、政治、文化的急剧转型导致社会利益重新调整、分配，导致个人地位升降或沉浮，于是原来家庭中夫妻相对稳定和平衡的关系被打破，从而导致个人解除原来婚姻关系、建立新的家庭的愿望的增长。而个人在政

① 家事案件的数据来源于M市法院的档案记录。2016年之所以出现家事案件绝对数量下降，原因在于该市民间借贷纠纷在2016年出现井喷，使得家事总数下降，但整体而言，家事案件(尤其是离婚案件)呈逐年持续上升趋势。

治和经济领域的成功,又会助长个人的自信心和欲望的膨胀,加剧了解除旧婚姻、建立新婚姻的意志和决心。”[①]这种看似符合“历史决定论”的观点是拥有众多支持者的。比如,有学者认为“个人主义的盛行,意味着在婚姻关系当中,当事人更容易对婚姻产生不满,进而出现结束婚姻法律关系的需求”[②]。在我看来,这些学者的分析确实在很大程度上能够解释城市离婚率逐年攀升的现象,但却无力阐明农村离婚率走高的原因。在我办理的农村离婚案中,女性自我觉醒的现象并不明显,更多的还是被动维权。这与边疆农村女性弱势地位密切相关。此外,极个别女性表演的“以弱制强”的闹剧虽时有发生,但此种行为只能归入女性自我觉醒的反面。

① 冉井富:《当代中国民事诉讼调解率变迁研究——比较法社会学的视角》,中国人民大学出版社 2005 年版。

② 刘敏:《二次离婚诉讼审判规则的实证研究》,载《法商研究》2012 年第 6 期。

“原罪”恐惧

2015年2月11日

因为与小姨饭店两隔壁，没事时，我会和来饭店打工的厨师、服务员聊聊天。“博士”头衔让我在他们中间成了那种似乎无所不知的高人。

今天一早刚开门，张厨师就急急忙忙跑过来问我：“杨律师，你今天有空吗？我有个朋友想找你问点事情。”

“可以呀，你叫他来就是了。”我爽快地答应。

“我这朋友也是个厨师，要中午一点以后才能休息的，我这么早跟你讲，意思是请你中午等他一会儿，要耽搁你午休了，没问题吧？”

“没事，我等他就是了。”

确实，对于厨师来说，早上七点到中午一点之间是繁忙的早市，一般中午一点到下午三点期间是休息时间，然后下午三点开始就又得颠勺颠到最后一名客人离开，时间可能是晚上八九点，也可能是深夜十一二点。

小姨家的早市一般是中午一点半结束，大约中午一点五十分，忙得厨师袍都没脱下的张师傅带着他的朋友来找我。张师傅的这位李姓朋友在不远处的另外一个饭店给主厨配菜，大约二十七八岁，从进门到坐下一直低着头看脚。

“杨律师，我这个兄弟人很老实，你好好跟他讲讲法律上的事情，我就出去了，否则他又不好意思。”张师傅的这种模棱两可的介绍给我传递出这么一个信息——李厨师可能遇到了什么难言之隐。

“李师傅，不管有什么，你都不必向我隐瞒。一来我会替你保密，二来我会从法律的角度帮助你的。不用担心。”①

听完我的鼓励后，李师傅仍然没有抬起头，但开始用极小的声音给我讲述他自认为很不道德且涉嫌犯罪的行为。

两个多月前，因为听朋友说“摇一摇”能够有艳遇，他就用攒下的三个月工资买了一个智能手机，下载安装了“微信”，下晚班后就躺在出租屋里玩“摇一摇”，排解整日劳作的辛劳和苦闷。使用“摇一摇”的第三天晚上，他真的“摇”到了一个女孩。一来二去两人感情升温极快，每晚都要定时聊一聊。差不多半个月后，两人就相约在李师傅的出租屋见面。见面后，女孩告诉李师傅自己婚恋不顺，没有遇到过好男人云云，而木讷的李师傅就像坐在我的接待室里一样话少表情呆。后来，女孩说自己累了，跟李师傅说想吃香蕉(性暗示)。李师傅为博美人心，起身出门就奔水果摊去。当时已经是晚上十一点多，李师傅几乎转遍了城里的所有水果摊，但结果都是铁将军把门——关张了。李师傅带着遗憾回到出租屋，跟女孩说“明天一早我就给你买去”。女孩听完又是一番感动加上心动，然后两个人就共赴云雨了。

没想到第二天李师傅醒来，女孩却坐在床边垂泪，说感觉两人不合适，但既然头天晚上两人睡过了，李师傅就得向她赔偿一万元的身体补偿费，否则就要去公安局告李师傅强奸。

李师傅听完女孩的话，冷汗都吓出来了。急忙穿起衣服打算跟女孩解释，但女孩什么也不听就是哭闹不止。最后，拿不出一万元的李师傅就直接跑派出所自首。派出所的干警听完李师傅的陈述后告诉他，涉事妇女并未报案，且恋爱中自愿发生关系也不构成强奸。

尽管派出所干警进行了细致的疏导，但女孩仍然通过微信不断给

① 当我在此记录处理李师傅的情形时，在一定程度上陷入了“伦理困境”，而且在以下的记录中我还会多次受此冲击。任何田野调查都免不了“伦理困境”的考验。比如，应星在写作《大河移民上访的故事》时，承认无法避免地伤害到某些被调查者。对此，他用“从求真务实的学术大局出发牺牲个体”来调和伦理困境的道德性。我认为，用学术价值高于受访者的个人际遇表达披露的可谅解性是远远不够的。

李师傅发消息，骂他是流氓，不给身体补偿费就要把他告进去坐牢等。如此反复纠缠了差不多一周时间，李师傅心里的“原罪”不断被放大，吃不好睡不好。于是，为了搞清楚自己到底是不是流氓，他利用中午休息时间问遍了城里的律所。问到我这儿，是最后一站了。

这真是一件令人哭笑不得的事儿。强忍着没笑的我给他解释道：“强奸是违背妇女意志强行发生性行为的一种犯罪。从你的描述看，我觉得你俩发生性行为不存在你强迫她的情形。如果真的是强奸，那就不是在你们之间用一两万元就能了结的事情，而是国家公安机关进行打击的犯罪。要是这女孩真觉得是你强奸她，她应该去报警，而不是整天发消息跟你要身体补偿费。你想一想是不是这样啊？”

“可是我真的和她发生关系了呀。”李师傅说这句话的时候，声音小得几乎听不清，作为听者的我仍能感受到他的羞愧和罪恶感。

“嗯，你当时是真心喜欢她的对不对？要是没有她的同意，你会去动她吗？”

“我是喜欢她的，我也愿意和她当男女朋友的。她不同意我也确实不敢动她。”

“那就行了。出门在外打工，空虚寂寞是客观存在的，两情相悦发生关系没什么可羞耻的。以后别‘摇一摇’了。男大当婚女大当嫁，在饭店找个看得见摸得着的女孩儿，好好处吧。你要把‘强奸’的包袱放下来，把这个女的拉黑，这个事儿在我这就翻篇啦。钻研烹调技术比成天觉得自己犯罪重要。”

听完我的开解，李师傅可算把低着差不多一小时的头抬起来了，但脸上却依然没有丝毫笑容。也许我给的解释他仍然是不信服的，他会继续轴轴地找其他律师求证他那一夜到底是不是强奸……

张师傅站在门外大喊：“杨律师，我这个兄弟的事情你跟他说清楚了没有啊？”

“张哥，我跟他说了，你进屋嘛。”我也喊了一嗓子。

“张哥，你好好给你兄弟做做思想工作，从法律角度来说，他没有犯罪，不能自己吓自己。吓出病来怎么办啊？出门在外谋生本来就不容易。”我希望结了婚的张师傅能够开导一下李师傅。

“兄弟,听人家杨律师的。你我都是小学文化,人家是博士,文化很高的,她说没事情就不会有事情啦。”张师傅边说边搂住李师傅的肩。

但是,李师傅却一直沉默着,没有接张师傅的话茬。

“杨律师,麻烦你了,你跟他说清楚了就是清楚了。他话少,我带他走了,你忙你的吧。”张师傅说完就拉着李师傅往门口走。

“杨律师,谢谢你,我回去再想想。”离别的话,李师傅说得很生硬。

两人走出屋外,我心里五味杂陈。受教育不应当仅仅着眼于“识字”,对于处于急剧变动中的社会,扫盲不仅仅需要立足于“识字”,更须推广基本的法制教育。传统思维中一些封建残余的恐惧感(如本事例中“睡了人家就给补偿,否则不道德甚至犯法”)对于乡土中国的前进没有推动,相反会有阻碍。

离婚的“经济账”

2015年3月4日

2015年春节放假一结束,来咨询离婚或者直接要求“写纸离婚”的女性就络绎不绝。从2月26日开始,基本上每天都会接待两到三人的离婚咨询。很多人期待的“阖家团圆”往往会因为打工或者干农活没赚到钱而变了味儿,本是团圆饭却吃成了“散伙饭”,甚至掀桌子摔碗筷动手掐架……基本的套路是娘家人陪着吃了苦头的闺女来寻求法律援助。直到3月4日周三这天下午,情况发生了变化。

我这儿来了一男一女,女的背着个空的大背篓,男的扛着根扁担,扁担下的麻布口袋鼓鼓囊囊的。看样子两人是刚从赶集的市场过来的。在M市这个农业为主的县级市,周三和周六是约定俗成的赶集日,在一周的这两个日子里,哪怕最边远的山民,只要有生产或者生活需要,都会想办法进城赶趟集,把事情办了。

坐下来后,女的先开腔:“律师,我们是想来问下离婚的事情。”

从口音判断,女的应该是少数民族。于是我问:“你是哪里的?和你来的这位是娘家人啊?”

女:“我们是江边乡的苗族,这个不是我的娘家人,我们两个是夫妻,就是我们两个要离婚啦。”

一听到“江边”两字,我脑海中就浮现出去江边的那条险路——狭窄的乡村公路围绕着一座座大山蜿蜒曲折,透过车窗就能看到环抱大山的南盘江的澎湃波涛。可以说,江边乡是M市最为边远且自然条件最恶劣的乡镇之一——望着水吃不到水,除了山还是山。

我:“两个人为啥不好好商量着过日子呀?”

男:“性格不合适。”

我:“两个都想好了吗?”

男:“想好了。我们苗族,讲自由的。合适就一起,不合适就分开。我们嘛是因为拿了结婚证了,所以才要来麻烦你帮忙写个纸。”

确实,包括彝族、苗族在内的少数民族对于婚恋的态度与汉族存在一定差异,很多男女都是因“山歌对唱”“摔跤斗牛”等民族风情活动而结缘,处得来就白头到老,处不来就分道扬镳。宣告男女成家往往就是宰头猪或杀只羊,请亲朋好友吃一顿;而到民政局办理结婚登记的则属于少数。

我:“既然是拿了结婚证,那么去民政所办理离婚手续就可以了呀。诉讼离婚的话周期比较长,民政离婚速度很快的。”

女:“律师,我们江边的民政所离我们寨子太远了,没有公共车过去,非常不方便。我们打听过了,江边乡归新哨法庭管。新哨法庭还方便点。”

男的接着补充:“是呢。我们两个也不争扯什么。今天周三赶集,我们一早就来了,事情办好才过来的。你就帮我们写个状纸递到法院,然后人家会通知我们去新哨法庭办理呢。寨子里有人这样办过了。”

听完两人的解释,我不禁感叹:离婚的“经济账”谁都会算啊。司法裁决能够免除他们选择其他手段带来的舟车劳顿。不仅如此,个人觉得这还从一个非常生僻的角度反映出我国的国家政权建设经过几十年的发展,正在逐渐改变着包括边远山区的少数民族同胞的思维方式,即当他们认为法院办理离婚手续效力更高、更有保障时,本质上是表达了他们对国家政权治理行为的认可。

这对江边夫妻的离婚“经济账”给我留下了极为深刻的印象。后来我专门去 M 市法院进行走访了解。从 M 市法院提供的数据来看,从 2011 年到 2016 年的五年里,在 M 市的 12 个乡镇中,江边乡的离婚案件最少。这不能说明江边乡的群众思想觉悟高或者爱情甜如蜜,相

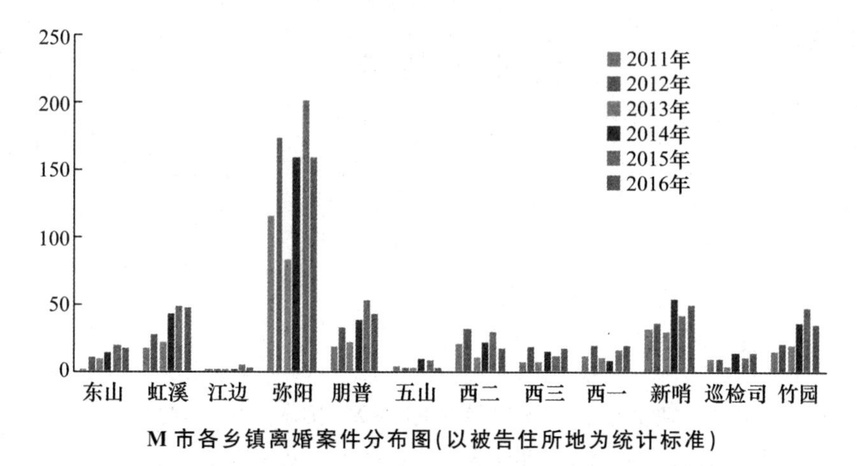

M 市各乡镇离婚案件分布图(以被告住所地为统计标准)

反,只能说明在经济欠发达的少数民族聚居区,一方面,很多婚姻是风俗婚,男女结合或者分离仍然没有纳入国家治理的范围之内;另一方面,边远山区少数民族同胞思维方式的改变是一个缓慢渐进的过程——学会对生活进行规划,懂得遇事算算“经济账”,还有很长的路要走。

分手协议

2016年1月9日

一大早小姨就给我打来电话:“你在M市吗? 有人要找律师问事情,今天周末,周围的律师都休息了,在的话快过来看看。”

恰好我头天晚上已从昆明回来。于是,放下小姨的电话,我就抓紧赶到我的小门面儿。门口站着两个二十七八的妇女,穿戴整洁。其中较为年轻者表情严肃且急切。开了门让两人进屋,还没等我开腔,年轻者就直奔主题:“律师,请帮我写份分手协议,可以吗?”

“分手协议? 你说的是解除同居关系吧? 一般情况下,只有涉及同居的非婚生子女抚养、同居析产等问题,才需要民事诉讼解除同居关系。你说的分手协议是不是与我刚才跟你解释的有关呢?”对于法律知识有所欠缺的群众,这样的解释和辅导工作占律师服务的很大一部分。

“我们没有娃娃,同居3年来也没有共同赚过什么钱,所以不是你说的情况。我就是要一个分手协议。”年轻女子很肯定地回答了我的问题。

“分手不需要协议呀,谈恋爱过程中发现不合适,大家好说好散就可以了。只要不打闹,你住他家你搬走,他住你家他搬走就行啦。”我又进一步把可能的解决方案说明。

“律师,我文化少,小学毕业的。我就是要一张分手协议,你帮我写写,我不会写。有了这个分手协议,以后去到哪儿都说得清楚。否则,分不彻底,对我不好。”

原来，对于这位仅仅称得上识字的女人来讲，她所理解的律师能够担当鉴证人的角色，可以支撑其行为的“合法性”。尽管其分手行为实际上并不需要律师的加持，但在她心目中这却是必不可少的程序。于是，憋住没笑的我还是按照她的要求帮她写了如下分手协议：

协　　议

甲方：××，女，汉族，身份证号________________，农民，家庭住址：____________________

乙方：×××，男，彝族，身份证号：________________，农民，家庭住址：____________________

甲乙双方自 2013 年开始谈恋爱，但是相处了两年多后，发现彼此性格不合，无法继续相处。现双方经过自愿协商，达成如下一致意见：

一、甲乙双方自愿分手，从此之后互不相欠，互不牵扯对方的生活；

二、甲乙双方在相处过程中发生的债务各自由本人承担，与对方没有任何关系；

三、本协议自甲乙双方签字摁印时起即刻生效，协议生效后，任何一方不得对另外一方进行骚扰等对方不欢迎的行为；

四、本协议一式两份，缔约双方各持一份。缔约双方必须按照协议认真履行，不得违反协议内容。

甲方：　　　　　　　　　　　　乙方：

签订时间：2016 年 1 月 9 日

当我写完协议并给她朗读后，她一直紧绷的脸才舒缓开来，露出了满意的笑容，对我再三言谢。

回头琢磨这事儿，我喜忧参半。马克斯·韦伯在《经济与社会》中指出：“现代的法理型统治（大致相当于法治）是通过公文进行的。”[①]对

① 〔德〕马克斯·韦伯：《经济与社会》，林荣远译，商务印书馆 1997 年版。

于受教育程度不高的农村群众而言,在城镇化建设的浪潮中,他们确实发自内心地感知着融入以“公文”为桥梁沟通的城市生活的重要性;但与此同时,他们却没有获得一种恰当的引导,以帮助其实现在生产生活方式、思维方式、价值观念等方面的根本性转变。在从“村民到市民”的转变中,渴望与无知的冲撞,害怕与谨慎的交织,必然带来远比“分手协议”更为不可思议的执拗。

棒打鸳鸯

“十五六岁摆酒成亲”是边疆基层农村婚恋状态的缩影之一。尽管国家在法律制度层面早已明确结婚的年龄限制，但越往落后地区走，国家制度的作用力越会逐层递减。在四年多的调研时间里，从对解除同居关系的一无所知到如今的驾轻就熟，我感受到边疆农村里“摆酒即为结婚”这一传统的强力；但同时也体会到传统中关于“嫁鸡随鸡嫁狗随狗”理念的日益式微——即便摆酒了也会因为家长的横插一杠等原因而走到“一别两宽”的分叉路。特别是当小两口有了宝宝后，长辈再无情，也必须回归到法律的框架内“善后”。从这个角度来说，国家对基层治理确实正在以一种“随风潜入夜”的方式逐渐改变着“家庭”这一传统乡土中国的核心要素。

缘起

2016 年 2 月 15 日

春节七天假一过，初八上班头一天，接待室就迎来了老青幼一家三代女性（外婆、母亲和刚满周岁的女宝）。可以说，在进行调研几年间，差不多每年的春节或中秋都是农村家庭硝烟频起的集中时点。阖家团聚，常常会演变为纷争爆发的序曲。

这不，走进接待室的这一家三代女性就是因为同居关系子女抚养纠纷而来的。没错，尽管随着婚姻法的完善，“事实婚姻”告别了历史舞台，但在云南边疆，摆酒即为成亲的风俗却仍然造就着无数被称为

“同居关系”的“事实婚姻”，并因此引发出许许多多同居关系子女抚养纠纷、同居关系析产纠纷等。

事情是这样的，按照老太太(外婆，五十出头的样子)的说法，为了在村里盖起三层小洋楼，除小闺女在家读书外，老公、自己和大闺女都在四年前就远赴广东打工。大闺女与同乡人(女婿)在深圳打工相识后暗许终身，但由于大闺女岁数不到法定婚龄，双方未能领证，只是在2012年春节返乡按农村风俗办了喜宴，等于是“合法”结婚了。2014年7月16日，身患先天性心脏病的大闺女在生产外孙女过程中旧疾发作，差点命丧黄泉，后经抢救保住了性命，但医生在她出院时明确说明她以后不能再生育。身体康复后，大闺女跟随夫家生活，不但要独自带孩子还要负责给公婆做饭，而女婿基本上不给她钱。2016年2月9日大年初二，她向夫家提出打工改善自己和孩子生活条件的想法后，即被夫家逐出家门。大闺女打电话给没有回家过年的父母，母亲急忙从广东赶回M市，收假第一天就带着大闺女和外孙女来寻求法律帮助。

许是常年在外打工的缘故，老太太思路清晰，说话要点分明。而她二十出头的大闺女则唯唯诺诺，基本上不说话，只是抱着怀里活泼可爱的女宝。

我：“阿姨，你的意思我大体上明白了。因为你女儿和女婿没有领过结婚证，所以这个官司呢叫‘同居关系解除’。你们对于这个解除有什么条件吗？”

老太太：“刚才说了，我姑娘生娃差点死掉，现在虽然医好了，但出院时医生已经说了以后不能再生娃娃，所以我的想法是我们什么都不要，只要外孙女。”

我：“一般情况下，按照我们本地的司法习惯，离婚类纠纷中，5周岁以下的小孩基本上归母亲抚养；5到10周岁的看父母双方的经济条件和照顾状况；10周岁以上的则以孩子意志为主。你家宝宝1岁多，按理跟妈妈没问题；但是你姑娘有心脏病，对方可能到时候会以此作为争夺抚养权的理由，认为孩子母亲身体差无法带孩子。”

老太太微笑着："我们不懂法，所以想着赶紧来找你们咨询处理。"

大闺女用颤抖的声音说："大姐，你帮帮我，我以后不能生娃娃了，这个娃娃我一定要的。"说完伤心得哭了起来，而她怀中的女宝也跟着哇哇大哭。

我："我先帮你写诉状，你把你身体条件的证明、你抚养孩子能力的证据准备一下。到时候拿给我制作证据卷。"

老太太抓住重点问："身体条件的证明有医院的诊断。抚养孩子能力的证据有些什么？你说详细点，我们去准备。"

我："比如你们有固定住所、工资流水等，意思就是要说明娃娃跟着妈妈不会吃苦受罪。"

老太太："我们这几年在外面打工的钱已经在村里盖起三层小洋楼了，只是还没有装修，整个寨子里，就我家的房子盖得最好了。姑娘这两年就是在女婿家带娃娃，没有工作。不过我家老两口打工的流水有的，我们愿意帮她一起带好小外孙女。"

我："嗯，那你们回去把小洋楼拍点照片，去银行打出老两口的工资流水，再写个愿意帮姑娘照顾小外孙女的声明。"

老太太："我下午就要上昆明坐车回广东了，请假的时间到了。我看着大妹子你人挺好的，姑娘的事情就全部拜托你了。一会儿你先指导我写下声明，剩下的工作你交代我姑娘，让她回去做。可以吗？"

老太太的安排让我有些惊讶，条理性和纪律性比一般农村老太太高出不少，这说明在外打工确实对增益见识大有作用。

我："好的，没问题。"

三天后，大闺女带着孩子将她拍的小洋楼照片以及孩子外婆离家前去银行打的工资流水送来给我。小洋楼确实盖得漂亮——白砖红瓦，室内楼梯全是花岗岩制成，窗明几净。可这么一栋漂亮的小楼孤零零地耸立在乱草地中，在我看来着实有些别扭。在广大农村，外出打工然后返乡盖栋大房子养老，是大部分群众的朴素想法，体现了本民族一以贯之的"乡土性"。可是，房子再好也就过年住几天，算不得幸福。随着"精准扶贫"不断深入，相信老乡们将不必再"孔雀东南飞”,而是在生于斯长于斯的土地上致富奔小康,天天住在自己的大房子里也能过上好日子。

庭审

2016 年 3 月 22 日

与其他离婚诉讼的庭审大同小异,该走的程序没有落下一步,当然该有的冲突和相互指责也没有缺席。

不过,被告的答辩状给出了故事的另一个版本:原来,原告家只有两个闺女,按照农村习惯性做法必须招个上门女婿,而被告就是这计划中的上门女婿。原告一家除了住校读书的闺女外,都在广东打工,然后将工钱寄回寨子盖房。老房被推平,新房未盖好,入赘的女婿不但没住进老丈人家,还为“建房大业”贡献了 52000 元(这在我们边疆基本上可算是一个农村家庭近三年的纯收入)。小两口和公婆挤在一起居住。2014 年原告生孩子引发先天性心脏病,而原告父母远在千里之外,照顾原告、支付医药费基本上是由被告一家完成;在原告转院至昆明的医院后,她的父母才陆陆续续支付了一些医药费。至于被告后来不给原告半分钱,确实也是因为无钱可给,凑房款和治疗原告已经掏空了被告一家。

被告的故事不一定真实,但在一定程度上合理解释了为啥原告给我提供的医药费证据一项只有昆明医院的单据。被告念完答辩状已是泪流满面,而我身旁的原告也默不作声。这一幕让我感觉原、被告之间是有感情的。

走完庭审流程,进入调解阶段,被告的父母也加入到讨论中,被告父亲说:“这个姑娘岁数小,很纯善,我们都很喜欢她,也没有为难过她。就是她父母完全掉进钱眼里,过春节人都没有回来,还不断打电话来要孩子去广东打工,实在是让我们全家都很气愤。我儿子现在没有工作,媳妇也没有工作,我们老两口养着他们一家三口,真是前世造的孽啊!”

法官语重心长地做工作:“你们之间有误会是正常的,舌头和牙齿天天在一起也会打架,如果是小问题大家回去好好商量,孩子这么小,离婚不是件好事情。”

因为涉及最私人的情感安放,离婚案件只能一般代理而非特别代理。庭审下来,我和法官的认识大体一致,小夫妻之间没有什么大问题,问题出在长辈操纵着两个年轻人的行动(尤其是原告母亲对闺女的控制)。

原告垂着头不停揪着衣襟,这时妈妈电话来了,她急忙跑出去听电话。不一会儿回到法庭,原告就说了一句:“我还是要离婚。”

听到原告的表态,被告也咬牙切齿地讲:“这个家,出去了就别想再回来!”

在这样的僵局下,法官深感调解和好的可能性不大,就进入“孩子抚养”环节。最后,还是被告父亲作出决断:“孩子你想领就领着吧,不管孩子以后在哪里,都是我家的血脉。抚养费我们每个月只能负责200元,这个不是针对孩子,是针对你欺人太甚的父母。你是个好孩子,今天你也喊我‘爸爸’啦,那么作为长辈我就最后再说一次,以后凡事你要自己动脑子,不能你妈让你干嘛就干嘛。”

法官制作了调解书,交由双方签字,这段同居关系宣告解除。于我而言,这不是一件成功的案子。适用于这一案例的相关法律规范很简单,解除原、被告同居关系的速度很快;然而,法律却改变不了案例背后折射出的消极农村思维:打工赚钱回家盖房子;更改变不了农村中受教育程度偏低、心智不成熟的青年草率婚恋的现实,以及父母对子女生活的无限制干预。比如,这案子里强势的母亲或许初衷是好的,但是她在无形中棒打鸳鸯,让1岁多的外孙女失去完整家庭,让做事缺乏主见的闺女独自承担生活之重。

大约在庭审后的一个星期,原告给我打来电话问:“怎么去把孩子从随父姓改为随母姓?”

我:“妹妹,你才21岁,但既然做了母亲,凡事要逐渐有自己的判断。即便你改了孩子的姓,她也留着父亲的血。得饶人处且饶人,这不是听谁的问题,而是为以后孩子成长考虑的问题。”我不知道她能否听得懂我的话,对于自己的多管闲事,我是心安理得的。

“黑户”孩子

2016 年 3 月 16 日

正如前面一个案例，在边疆农村“摆酒即为结婚”的风俗下，很多未达到婚龄的少男少女在长辈的催促下，稀里糊涂地走入婚姻的殿堂，但又可能因为心智不成熟半途而废。只是，相比其他事业的半途而废，婚姻失败往往带来一个严峻的社会问题——何处安放无辜的“爱情结晶”？因为没领结婚证，更因为生育年龄不到，在边疆的山寨里，爹妈达不到婚龄没有结婚证的“黑户”孩子不在少数。而当爹妈走向解除同居关系的岔口时，这些无辜的孩子就成了最可怜的弱势群体。

小姨家的饭店来了个年轻的女服务员。每天早上八点左右，穿着粗高跟鞋的她总是边拖地边唱歌。尽管我没有要求，她总是把我的接待室也打扫得干干净净。向她道谢，她总是笑着露出一排白牙，一甩辫子就快步跑了。

上午外出取证回来已经中午一点多，我正坐在接待室里闭目养神，这名年轻的女服务员跑了进来，说请我帮忙。

结果，她才做了个基本的个人介绍，就把我惊得目瞪口呆。原来，1995 年出生的她，已经有了一个 5 岁的儿子。我赶紧自行“脑补”——她居然 16 岁就生了孩子！21 岁的年纪已然是一个 5 岁幼童的母亲。

事情是这样的：她 2010 年从农村出来，在 M 镇打工过程中遇到孩子他爸,两人互生好感后就同居了。[①] 2011 年 7 月 19 日,16 岁的她生下儿子,然后这两个都不满 20 岁的少年就带着孩子回到男方家所在的山村。此后,她在家和婆婆一起带孩子,男人则下地干活。但是,没坚持多久,男人就厌倦了脸朝黄土背朝天的艰苦单调生活,经常偷偷摸摸跑到别的寨子玩乐。孩子长大些后,她下地干活,而男人则在家里带孩子。[②] 有一天,她种地回来发现,放在大盆里的孩子虽然没爬出来,但屎尿却搞得到处都是。那一回,男人三天后才现身。然后长辈们集体批判了男人一通,男人向她表示定要痛改前非。于是两个人又和好如初。

听到这里,我眼前浮现出两个既没有成熟的思想度,又没有照顾孩子能力的少年在玩"过家家"的游戏。

她接着说,2015 年 3 月,过完春节,两人将孩子托付给男人父母,一并赴广东打工。但是,在打工过程中,因为所在工厂不同,男人居然和他同工厂里的一个云南籍女孩儿又拉拉扯扯说不清楚了。2015 年年底,接受不了男人行为的她独自回到 M 市,先后在三个饭店当服务员。

了解完大致情况,我问她:"那你现在想要什么法律帮助呀?"

她一脸迷茫地说:"其实我和我男人已经各不相干了。我们之间没有什么的。只是来这里打工后,知道我的情况的洗碗阿姨说,有娃娃还是要分清楚到底娃娃给谁养,以后嫁张嫁李的才好办。"

我:"你说的是李阿姨吗?"

她回答:"是的。"

得知是有空就会来我这儿听点法律小故事的李阿姨给她普的法,我心里很开心。尽管同样来自农村的李阿姨表述得不那么准确,但她的热心却是难得的。

---

① 彝族的婚恋观较为开放,尽管国家普法多年,但实际上,只要同为本民族的少男少女,"喜欢就同居, 不喜欢就分开"的观念还是根深蒂固,男女双方的长辈也不会觉得有什么不妥之处。

② 在当地的一些彝族分支,干活是女人的事儿,持家遛鸟才是男人的"活儿"。

我耐心地给她解释:“如果没有孩子,同居不合适,你们自行分开就可以了;但现在有个孩子,确实应当就孩子的安排有个了断。这样是为了让孩子能够健康成长。”

她又道:“现在娃娃是他奶奶带着,我休息时才会去看他。前段时间他奶奶又生了个小叔叔,所以更加辛苦,但我也没办法。”

“孩子的奶奶又给他生了小叔叔,这是怎么回事啊?”我又吃了一惊。

“我婆婆才42岁呢,生孩子很正常啊。”

的确,在边疆少数民族地区,十六七岁就生孩子,四十多岁还和儿媳、女儿一起坐月子都不罕见。

我收起吃惊,接着问她:“那你这个法律帮助就是为了安顿儿子咯?”

女孩儿:“是的。还有我儿子一直是黑户,这个对娃娃有什么影响呢?”

“啊?孩子是黑户,以后身份证办不了,读书就有问题的呀。你们怎么这么不负责任啊?”为人父母却不尽责,让我有点失控,我声音粗暴地质问眼前这位所谓的母亲。

她若无其事地回一句:“有这么严重吗?”

“当然严重,黑户就是没有户口,没有户口连身份证都办不下来,不能正常就学,大多数人会没有社会保障,会失去正常的工作、生活和受教育机会。你不是才从广东回来吗,现在买火车票都实名制了。你们让孩子黑户,以后他连远门都没法出,怎么不严重!”考虑到她的受教育程度,我只能收起怒气,给她进一步解释着。

她:“主要是我生娃娃时的岁数太小了,而且除了没有结婚证,娃娃的出生证也不知道搞哪去啦,所以没有办户口。”

我:“这个确实是。所以当务之急就是赶紧通过诉讼解决孩子的抚养问题,然后拿着法院裁判文书去派出所给孩子上户口。”

她:“那我就为儿子打这个官司好了。只是儿子不能给我。”

我:“对于孩子的抚养问题,你有发表自己看法的权利。这个事情不复杂，我帮你写个诉状，不需要请律师了，你拿去隔壁法院立案，然后法官会处理的。到时候判决下来，你拿着去找派出所给孩子落户。"

交代好相应事宜后，我写好诉状递给她。

接下来我离开 M 市将近一个月。外出回来后，我发现这个女服务员对我总是躲躲闪闪。我照常八点半左右到接待室，尽管窗前屋外还是一如既往地干干净净，但她似乎提前了半小时搞卫生，于是我再也看不到她穿着粗高跟鞋拖地的身影。有时候实在避不开，她打个招呼就一溜烟跑了，没有给我任何询问起诉情况的时间。还是李阿姨洞若观火，某日中午偷偷跑我接待室讲："杨律师，这个憨姑娘没有去法院递纸。你说让人着急不着急啊？"

"难怪了！这是她的自由。其实大人无所谓，主要是这样消极的行为，对孩子将来很不利。"我感到有丝失落，但也无能为力。

又过了几天，可能是李阿姨又给她做了思想工作。碰到她我试图回避时，她居然主动来了一句："杨律师，对不起。我没有去法院。"

我微笑着告诉她："没事，这是你自己的选择。不需要对我道歉。我帮你也仅仅是希望能帮孩子早点落户而已。实在不愿意，就等下一次人口普查吧。人口普查的时候黑户也可以落户的。"

某种程度上，律师和司法共同体的其他成员一样，都具有消极性。可以给客户提供解决问题、处理矛盾的最优路径，但实际行走最优路径的是当事人自己，如若当事人放弃前行，身为律师的，除了深表遗憾外，别无他法。

如今，小姨的饭店关门了，李阿姨、女服务员都消失在茫茫人海中，我不知道那个可怜的小男孩是否已经上了户口，唯有在心中为他祈祷。

从法律角度来说，1958 年开始实施的《中华人民共和国户口登记条例》第 7 条第 1 款明确规定："婴儿出生后一个月以内，由户主、亲属、抚养人或者邻居向婴儿常住地户口登记机关申报出生登记。"但在实践中，特别是在中西部的农村，类似本案的情况确实大有人在。根据 2010 年全国第六次人口普查的统计，我国黑户人口超过 1300 万人,是人口总数的 1%,这些黑户中,除了 60%以上为超生人口外,未婚生育、户籍办理程序烦琐或基层部门不作为等原因亦为黑户产生的根源。

事实上,这不是我调研以来遇到的第一宗有关孩子黑户的案例。2015 年 5 月 7 日下午,曾有一对贫困父女在我的接待室讲述了一个令人气愤的故事:在边远山区生活的他们不知道新生儿落户的手续,就想着去问村里最有文化的村主任,结果被村主任给骗了——村主任忽悠说,孩子落户要拿着村主任盖上公章的介绍信才可以到乡里的派出所办理;而盖村里的公章就得交 2 万元的盖章费。这家人回去东挪西凑攒够了 2 万元交给村主任,村主任开了一张只写了"收到金额贰万元"的收据给他们。村主任的行为属于诈骗无疑,但是这种情形下,拿着这张收据的爷俩又能做什么呢?

分手快乐

2016年8月24日

下午三点多钟，进来一对有说有笑的夫妻，坐定后，妻子先开口："律师，我俩想来咨询下离婚的事情。"

"可以的。"难得见到两口子心平气和来咨询离婚的，我感到非常意外。

"是这样的，我们两个都不是云南人，在M市做生意好多年了，现在想离婚。但是，回我们老家去办这个事情来来回回太折腾了，影响生意。我听说离婚不一定要去办证的地方，所以来咨询一下。"妻子说话有条有理，我估摸着应该是家里的"No.1"。

"嗯。离婚确实不一定要回到当时领证地的民政局或者法院办理。根据《最高人民法院关于适用〈中华人民共和国民事诉讼法〉的解释》（法释〔2015〕5号）第12条的规定：'夫妻一方离开住所地超过一年，另一方起诉离婚的案件，可以由原告住所地人民法院管辖。夫妻双方离开住所地超过一年，一方起诉离婚的案件，由被告经常居住地人民法院管辖；没有经常居住地的，由原告起诉时被告居住地人民法院管辖。'只要你们在M市办理了暂住证，且暂住证能够证明已经在M市居住了一年以上，那么在M市法院进行诉讼离婚是可以的。"我在给出解释的过程中，心里也暗暗琢磨：生意人就是不一样，哪怕是考虑离婚这样的大事，对于成本控制也是做得很到位的。

"哦，真能这样最好了。"妻子冲我微微一笑，然后将头转向丈夫。

"喂,就按咱在家里说好的,我一次性给你30万元,你抚养孩子,[①]其他的都归我,反正你也没做啥。这样安排可以了吧?"

"你说啥就是啥吧。"丈夫苦笑着答复道。

"那这个事情就请律师多费心了。"如释重负的妻子又转向了我。

"你俩刚才讨论的是否作数?"双方如此冷静且女方又如此大方的离婚咨询,确实少见。听得目瞪口呆的我必须反复确认双方真的不是在开玩笑。

"律师,就这样。我想清楚了。"妻子的答复干净利落。

"律师,都到这种程度了,我还有什么好说的?她说啥就是啥。"丈夫答复得有气无力,但深感木已成舟的他,在我看来还是保留了最后的体面。

"既然二位已经想好了,那么真没必要请律师。我帮你们写好起诉状、整理好结婚证等证据材料,你们自己上法庭吧。从二位进来的全部谈话看,你们所咨询的其实就一个事儿——离婚法院地的选取要能够节约成本。现在我很明确告知你们,可以在M市法院离婚。这个问题清楚之后,你们就没有别的障碍了。"

说罢,按照夫妻二人对财产和孩子的处理意见,我以妻子为原告帮这对夫妻撰写了离婚起诉状,并整理了证据卷。

不出意外的话,这夫妻二人拿着整理好的离婚诉讼文书,应该能够得偿所愿。"分手快乐"不应该仅仅只在歌声里,当婚姻难以维系且无法修复时,作一个体面的道别,是对两人过往的尊重。

---

① 在M市办案几年中,一般来说,关于离婚后子女抚养费,农村户口的每月200元到600元不等,城镇户口的每月600元到2000元不等。本案中女方提出一次性给予男方孩子抚养费30万元,鉴于孩子已经8岁,这个数额已经超过了本地城镇标准最高值。相比很多离婚判决后,按月支付孩子抚养费以及可能出现的拒不支付情形,本案女方的爽快大方确实极少见。

啼笑因缘

“啼笑因缘”是现代文学史上号称“章回小说大家”和“通俗文学大师”第一人之张恨水给其代表作的命名,讲述的是北洋军阀时期一男三女的爱情故事。在此,我斗胆借用张先生之妙词,讲个边疆山寨一男二女的乡村爱情纠葛。在小山村里,人到中年之际,“上奉老人,下育孩子”原本是生活的主旋律。可偏偏有人夫按捺不住内心的悸动,想朝“围城”外跑,而在“围城”里的人妻为了阻拦想跑之人则死命地往内拽……当夫妻拉锯战反反复复时,“围城”外久等的那个人出乎意料地想到了法律这一武器,而且专门找来律师,祈求法律给能三个人一个痛快的解脱。

结果一趟婚离下来,从基层法院到中级法院,上演了一出出“钱要分,娃要争”的拉锯战,从前的海誓山盟早已变得一文不值,形同陌路是标配,你死我活闹得欢。

“代班”律师

2016 年 7 月 26 日

基层律师一般都是土生土长的当地人,其中不乏“法二代”(如父母在法院工作,耳濡目染后孩子也选择法律作为事业)。周一一早,一个法二代朋友给我打电话,请我替他开个离婚案件的庭。朋友之所以回避,主要是担心被告方请的当地律师可能会知道他的底细(母亲在法院担任某业务庭庭长),万一对方当庭向法官申请原告律师回避,就有点麻烦了。

在这样的背景下，我等于是临危受命，“替补”打上了“主力”。周一研究了一天的卷宗，从朋友准备的证据来看，感觉是一个再简单不过的离婚案件。值得注意的是，男方作为原告在2013年已经有过一次离婚起诉，尽管原告当年在开庭时拒不出庭，使得法院只能按“原告撤诉”进行处理，但仅这一事实就能在某种程度上证明原、被告之间确实有“感情破裂”之嫌。

案件的庭审被安排在周二下午，在一个远离M市法院的乡镇派出法庭进行。周二早上，正当我研究前往法庭路线之际，一个陌生电话打了过来。

接通后，一个声音甜脆的女性在电话那头说：“大妹子，我是下午要离婚的这个原告的朋友，小×律师说他不便出庭，请你代替，所以我要和你说几句。”

我：“是的，我下午代替小×出庭。你是谁？”

女子：“我是原告的朋友。三年前就已经到法院告过离婚，被那个臭婆娘愣是搞得没有离掉。这回请大妹子你多上心，办好这台事儿，我和×××(原告的名字)会感激你的。”

听到这儿，我蒙圈了，心里作出这么一个判断——她莫非是原告的“小三”？

我：“大姐，离婚是按照法律来处理的，要是真的已经感情破裂，法官自然会判决离婚的。我作为律师会依法向法庭展示证据、陈述本方观点的，但办好办坏不能以离没离掉为标准。当然，从我手上现有的材料看，三年前原告已经起诉过一次离婚，在法官的裁量中是会着重考虑的。”

女子：“好的，好的。大妹子，谢谢你了！”说完，女子挂了电话。

尽管以律师身份进行调研以来，我也算遇到过很多奇葩事，但今天这个开庭前的电话却是奇葩加奇葩。于是，我赶紧给小×律师打电话了解情况。

小×的说明证实了我的判断，来电者果真是原告的“小三”也。原来，大约四五年前，原告和这名女子在种植三七的过程中互生爱慕，背离了家庭伦理。一开始,原告只是想坐拥齐人之福(不离婚,但也不亏待外头的)。可女子不答应,毕竟她还没结过婚,偷偷摸摸过一辈子是自诩女强人的她所无法接受的。于是,在她的反复要求(甚至可能是强逼下),原告在2013年向法院起诉离婚,但开庭时原告却不见踪影。于是,法庭按照《民事诉讼法》第129条"原告经传票传唤,无正当理由拒不到庭的,或者未经法庭许可中途退庭的,可以按撤诉处理"的规定,裁定原告撤诉。

去年,原告的婚外女友又逼原告起诉离婚,原配妻子还是不答应。你想啊,原告身强体壮、有头脑,在村里是数一数二的爷们儿,原配怎么着也不愿意让外面的"狐狸精"得手。于是,原配多方打听找到了城里的资深律师,该律师给她出了个主意——怀孕。得知原配怀孕后,找了律师咨询的婚外女友只能偃旗息鼓。因为按照《婚姻法》第34条规定,女方在怀孕期间、分娩后一年内或中止妊娠后六个月内,男方不得提出离婚。

就这样三年过去了,原告仍然在两个女人中左右为难,原配咒骂"小三"不得好死,"小三"则需要为自己的"爱情"正名。后来,一心要转正的"小三"在2016年初几经辗转找到了我的朋友小×律师,觉得小×是省外名牌大学毕业的A证律师,[①]一定能办妥事情。

刚从朋友小×那里搞清楚事情的来龙去脉,原告的婚外女友又来电话了。

婚外女友:"大妹子,你一定要帮帮我们呀。我好紧张啊,心跳得砰砰砰的。"

我:"大姐,你不要紧张,刚才我已从小×那里了解了一些你们的情况,这次开庭请原告务必到场,若再像三年前一样开庭不照面的话,肯定是不行的。"

婚外女友:"你放心,我这次一定把他叫来法庭,不会跑的。"

我:"还有,你最好别去法庭。不然的话,容易起冲突,也不好。"

---

① 在包括M市在内的云南大部分基层县市,司法考试过360分的A证律师凤毛麟角,多数为地区照顾的C证律师(司法考试过305分即可)。作为A证律师,是一件非常荣光的事情。

婚外女友:“大妹子,我听你的,我不去法庭就是了。请你多上心,把我们这个事情办好。”

我:“我已经和你说了,这个事情证据说话,我会尽力,但不能保证一定是你要的结果。”

婚外女友:“我知道了,你们都很优秀的,我相信你们。”

放下电话,吃了点午饭,我就赶紧驱车前往派出法庭。路烂坑大,小车跳了差不多五十分钟的“迪斯科”才到目的地。

在法庭门口我终于看到了独自前来的原告——一米八的大个儿,黝黑结实。被告一方则组成了庞大的后援团(姐姐、哥哥等不下十个人)。原告和被告生育的一双儿女(儿子 17 岁,女儿 14 岁)也来到了现场。法警开了法庭大门后,大家各就各位,等待法官到来。不一会儿,审案的法官(代理审判员)进来了,是一个二十四五岁的小姑娘。

法官首先核实原、被告以及其他诉讼参加人的身份。朋友小×律师担心的情况没有出现:被告(原配)并没有请一年前给她出主意怀孕[①]的律师代理,而是请了她在小学教课的表姐代理。查明身份后,被告对着原告就来一句:“×××,你这个骗子,在家里不是说好的吗?我们都不请律师了,你怎么说话不算话,还是请了个正版律师来?”

坐我身边的原告低头不语。

法官询问双方的基本情况后,说:“注意法庭纪律,原、被告都有聘请律师的权利。没有法庭允许不要擅自发言。”

原、被告齐声回答:“知道了。”

法官:“原告起诉离婚,被告你愿意和原告离婚吗?”

被告:“愿意的。”

法官:“既然你们两个对离婚没有分歧,按照法律规定,我们就先进行庭前调解,对你们之间的财产分割和子女抚养进行协商,你们是否愿意?”

原告:“离婚么就离婚了。家里那栋房子给两个娃娃,我领着他

---

① 怀孕是原配的婚姻保卫策略,达到目的后,原配就去做了流产。

俩过。”

被告:“是的,家里那栋房子给两个娃娃我没有意见。”

法官:“孩子不是离婚的当事人,我们说的离婚财产分割只限于你们两口子之间。”

法官话刚落音,旁听席上的被告哥哥突然站了起来:“我反对,法律是人制定的,要通人情嘛。人家两口子都说了给娃娃,哪里不对?房子给两个娃娃就是最圆满的。”

法官:“旁听人员请注意法庭纪律。既然大家都先说到孩子的问题,那么就先说孩子吧。根据法律规定,离婚中年满 10 周岁以上孩子的抚养,必须征求孩子意见。我看两个娃娃都在现场,请你们两个说说你们想跟爸爸还是跟妈妈生活。”

儿子:“我要跟我妈。”

女儿:“我也要跟我妈。”

听到两个孩子都要跟母亲生活时,原告的眼泪哗哗流了下来,因为大男人出门未带纸巾,原告就用开庭前我交给他的预缴诉讼费发票抹泪,抹完便把发票直接扔在了地上。这突如其来的一幕让我有点措手不及,我给他递了纸巾后,又赶紧低头去帮他捡发票。[①] 一时间,原、被告和两个孩子在法庭内哭成一片。

法官再三制止,才基本上恢复了法庭秩序。原、被告双方开始就财产分割展开对决。原告在诉讼请求里提及的财产包括村里一栋价值 50 万元的小洋楼,三辆车子(价值约 30 万元的轿车一辆,货车及农用车各一辆)。被告则当庭口述夫妻财产还包括两个鱼塘、二十三亩左右的三七地,对外债权 100 万元及对外欠款 71 万元。

对于被告在庭审中讲到的额外财产,作为律师的我,以被告没有提供相应证据证明且已经过举证期限加以反驳。[②] 可没想到的是,坐在

---

① 对于独任审判的离婚案件,预缴的诉讼费一般会减半收取,且在原、被告之间按一定比例分配应缴数额。因此,发票作为判决(或调解)后退还预缴诉讼费的凭证极为重要,若丢失则会造成退费困难。

② 这里的额外财产,实际是指本案中原告在起诉状中没有请求法院裁判的财产。

我旁边的原告直接对法官说:“外面的债权归被告,外面的欠债我承担。”

原告的失控,让我们办案律师最担心的情形再次上演:离婚诉讼中,丧失理智的当事人往往会在法庭上不计后果,无视律师的专业帮助,等离婚后日子过不下去又来怪律师在法庭上不出力。

出于职业操守,我再次轻声提醒原告做决定必须三思。但是,估计是受到俩孩子都不跟他的刺激,原告完全不听劝。而被告的代理人(被告表姐)则冲我说:“这位律师,人家两口子离婚的事情,你插什么话?”

可即便原告已经如此大度,仍不解气的被告坚持认为原告只配开着轿车滚蛋。于是,原、被告双方(包括被告的后援团在内)又开始吵起来。法官看到这种情形,只好宣布庭前调解结束,进入正式庭审程序。

这时,坐旁听席第一排的被告哥哥莫名其妙地站起来指责法律有错误,好坏不分。当法官厉声制止时,他却反问一句“怎么刚才我发言就可以,现在发言你又不准啦?”法官耐心解释:“我刚才已宣布正式庭审,你没听见吗？请你退到第二排以后坐着。”被告的哥哥退是退到了第三排,但还没坐稳,他的手机又大声响起了《最炫民族风》的铃声。

接下来的庭审中,为调查夫妻双方是否感情破裂,法官询问双方是否共同生活时,我身边的原告表现得有些为难,想了半天才回答:“2013年第一次闹离婚后,我就和媳妇分居了。”结果这话刚落音,被告就恨不得跳起来要打人:“×××,你撒谎,昨晚我们是不是睡在一张床上?”此刻我瞄了书记员和法官一眼,感觉她俩和我一样都被这对欢喜冤家打败了。

就这样,原、被告就共同生活中的鸡毛蒜皮,扯来扯去,其间,被告代理人还插了一句:“妹夫,你觉得你今天是不是很搞笑,本来家里儿女双全,日子在村里也是最好过的,就为了外面的臭女人,你闹出这么多笑话,电视里也没这么演的啊。”这话一出,包括原、被告在内的所有人表情都很扭曲,想笑又强力克制得特别辛苦。

法官:“原告,你以什么为生?”

原告:“我除了种植三七、养鱼外,有生意的话全国各地都去做呢。”①

法官:“被告,你做什么呢?”

被告:“我主要在家照顾老小,所以他才会被外面的‘狐狸精’迷上的。以前我们感情很好的。”

就这样车轱辘话来回讲。原告对于房产、车子以及债权债务的直接表态,让律师基本上没啥可发挥的。我多说几句,被告就直接来句:“我们夫妻的事,我男人认可的,你多啥嘴?”

庭审一直持续了两个多小时,最后陈述时,原告说:“这个婚我还是要离,债我还,只要给我开着轿车出来就可以了。房子她可以住,我父母也住在这个房子里,她要照顾好。两个鱼塘是村上的,我家只是承包了养鱼,现在租期已经到了,对于这两个鱼塘的事情不管我还是我媳妇都没有权利要。三七地也不是我家的,是别人的,法院可以去调查。”

被告则气汹汹地讲:“离婚有什么了不起的,除了那辆烂车,家里的东西他一样不能带走。鱼塘和三七地都得归我。”

对于这样争执不下的情形,年轻的法官只好宣布休庭,择日宣判。

庭审一结束我就开车离开了,可还没走出两里地,原告婚外女友的电话又来了,还是老问题——询问这婚到底能不能离。考虑到庭审的局面,我对她说:“应该离得了,但是原告在庭审中已经表态把大部分财产给被告了。”

婚外女友一听,很慷慨地回答:“大妹子,谢谢你,财产没事,我们在一起五年多了,只要人能解脱,钱可以慢慢赚。”

这话让我有那么一丝的感动,虽说两人的爱恋不道德,但要人不要钱的态度在某种程度上却也很真挚。于是我多了句嘴:“你俩可不能在×××一拿到离婚判决就去领证啊,一定要等判决生效;否则原配可以告你们重婚,是要坐牢的。”

---

① 原告的这句话让我印象极为深刻,我心里一直纳闷:“这男的到底有什么能耐全国各地跑着做生意啊?做的又是什么生意呢?”这个谜底在一年后偶尔问起朋友小×律师才得以解开。

婚外女友笑着说:“大妹子,不怕,我那么长的时间都等过来了,我听你的,过个半年再去领。谢谢你了!”

结束与婚外女友的通话后,我反复地想:虽说没有爱情的婚姻是坟墓,可即将离婚的冤家却能在上法庭的头天还睡一张床盖一条被,这种举动说明,或许出于习惯,不爱的两个人对于这坟墓也是有依赖和不舍的。人到中年背一身债务出门的男人,真能给婚外女友所希望的快乐吗?婚姻是两个人的事,但在中国,特别是农村,有了孩子后,婚姻似乎不真正只是两个人的事,就像今天的原告,当孩子不愿意跟自己时,他基本上没有过多思考就决定将绝大部分财产给带着孩子的原配,这是否说明在他心里,和基因的向下传递比起来,爱情其实只是微乎其微。

领取判决书

2016 年 8 月 8 日

今天一早就按计划去顾问单位处理事情,结果屁股都没坐热,电话铃就吵个不停。接通电话听筒就传来急促的询问:“大妹子,×××的案子判下来了。离婚倒是离掉了,但是,鱼塘、三七地这些怎么会都判给那个烂婆娘呢?”因为×××的婚外女友声音极具辨识度,我立马反应过来,她就是我上个月代班出庭的“啼笑因缘”离婚案的利害相关人——原告的婚外女友。

我:“你别激动,你手上拿到判决书了吗?”

婚外女友:“没有,但是人家去拿回来的是这样说的。”

我:“人家是谁?×××去拿判决了没有呀?”

婚外女友:“就是那个烂婆娘了嘛,她拿到判决了,是她说法院全部判给她了。我才着急上火的。”

我:“她说什么是她的事,因为心中有气,故意乱说也不是不可能。你赶紧叫×××去领他的判决书。领到判决后看清楚判决内容再给我打电话,好不好?”

婚外女友："好嘛，好嘛，我已经催他去拿了。那个鱼塘和三七地分给小娃她妈不对。"

我："你听着，我现在可以很肯定地告诉你，鱼塘是不可能分给被告的。因为那个鱼塘的所有权在村上，法院不可能将夫妻俩没有所有权的财产分割给夫妻中的任何一方。"

婚外女友："真的吗？"

我："肯定是真的，你们赶紧去拿判决，不要自己吓自己。不看判决道听途说没意义的。"

本以为这已经解释清楚、安慰妥当了。没想到，这位"女英雄"反反复复给我打了不下六七个电话，主题就是一个——担心鱼塘和三七地被判给作为被告的原配。我实在受不了，打电话向朋友小×求救。结果小×说："你以为今天早上我这里消停吗？还不是八九通电话打过了？我现在外出差，跟她讲去拿了判决再扯，人家就是不听。"

下午一点多，婚外女友的电话又来了，一早上的折腾让我犹豫着到底接不接电话。想到躲得过今天躲不过明天，才又鼓起勇气接通电话，那头炮语连珠："大妹子，判决拿回来了。就是像你说的，判决没有说鱼塘和三七地的事情。我早上主要是被那个造谣的烂婆娘吓坏了。谢谢你啦。这回我就放心啦。"

我："嗯，以后不能听风就是雨。判决书没看就胡思乱想的不好。"

婚外女友："是呢，我主要是太紧张了。这个女人诡计多端，我是捏着把冷汗的，现在看到判决了，也放心了。"

我以为领取了一审判决，各方都会偃旗息鼓不再恋战，但事实证明，这段三人行的爱恨纠葛绵绵无绝期。不过，作为代班出庭的律师，后续的故事我是在 2017 年 4 月 12 日和小×闲聊中听到的。

二审周折

2017 年 4 月 12 日

今天一早在法院立案大厅遇到小×，在等待立案的大军中轻声聊天，聊着聊着就聊到了×××离婚案。小×说这个案子真的太奇葩了，对于一审判决，作为被告的原配觉得财产分割不公平（没分到鱼塘和三七地）上诉了；原告则不满被告拿到一审判决就将自己父母扫地出门，也上诉了。

更为奇葩的是，在双方上诉期间，原告×××因为拉烟叶到湖南倒卖，被当地公安机关以涉嫌非法经营罪逮捕了。听到小×这么一说，我心中的一个疑惑终于解开。原来一审开庭时原告说自己全国都做生意，真不是吹牛的。倒买倒卖从法律的角度来说触犯刑法，但在村民眼中确实是"能人"的行为。两个女人这是在进行"人才"争夺战啊。

朋友小×接着告诉我，为了让×××赶得上二审开庭，自己是跑了好几趟湖南才帮其办妥了取保候审。[①] 取保出来后男的就对小×说能不能不打官司，自己愿意拿出80万给原配"摆平"，毕竟一日夫妻百日恩。令人意外的是，原配不但不领情，咬死一定要鱼塘和三七地。

我代班出庭的一审中，儿子未满十八岁，二审立案后，儿子满十八岁了，因为没有继续念书，也就不再存在儿子的抚养问题。小×说二审中原配满腔怒火，言语激烈，任由二审法官怎么调解都一副油盐不进的样子。最后，二审法院裁定发回重审，等于是把这个特殊的烫手山芋又踢回了基层法院。

回望涉案三主角将近四年的折腾，原配由起初的不甘心转化为后来得不到就毁掉的决心，婚外女友抱定的是刀山火海也志在必得的信心，而×××心中幻想的"都不亏欠"的简单想法是无法实现的。法律能断曲直，但在离婚这类家事裁判中，法律带来的"安定"既可能是"一别两宽，各生欢喜"，也可能是"解不开的怨念"。

---

① 按照我国法律规定，婚姻类诉讼中，律师等代理人的代理权限为一般代理，开庭审理时，当事人双方除了法定情节外都必须亲自到庭参与庭审。

漫长的离婚

这是一个忧伤的案件。被家暴的妇人，蛮横的丈夫，自私得不可理喻的女儿，汇成了一幅阴暗的画面。

司法实践中被各级法院奉为家事审判法宝的“二次离婚诉讼”审判规则，是这件漫长离婚案的助推器。尽管法院在原告第二次起诉离婚后，判决婚姻关系终结，但对于原告而言，将近一年的折磨以及最后的净身出户，着实让人无限神伤。

培根在《论婚姻与独身》开篇即写道：“He that hath wife and children hath given hostages to fortune(凡结婚者，就已向命运交付了人质)”。向命运交付了人质之后，如发现这一交付有害自己的权益，甚至可能造成流血冲突时，解除与命运的协议才是善待自己，才不枉父母的养育。

下定决心

2016 年 6 月 29 日

下午两点多，一位五十多岁的母亲陪着女儿走进我的接待室，询问离婚事宜。这对母女是来自 M 市西二乡的苗族。

母亲先开的腔：“我闺女是嫁在盘溪的，这个月月初被她男人打得耐不住跑回来的。请律师帮帮我闺女离婚，保住她的命。”

我：“大娘，你的心情我理解。但是，你闺女才是当事人，事实的经过还是她自己说比较好。”

坐在母亲一旁的闺女这才小声小气地讲了事情的前因后果:

妇人原本在15年前嫁给了同村青梅竹马的恋人,没想到新婚才一年,丈夫就被一场车祸夺去了性命。后经媒婆说亲,再婚嫁到了隔壁县的盘溪镇。再婚的13年里,妇人生育了一儿一女,与男人一起养牛养羊,日子在当地比上不足比下有余。但是,这样一个外人看来幸福美满的小家庭却藏着男人家暴的恶行。也许是日子越过越好、没压力了,但凡喝上几口老酒,男人就会耍酒疯,要么打骂老婆,要么打骂孩子。2016年5月的一个傍晚,男人喝完酒又扯着老婆打骂,要不是哭喊声惊动四邻,众人前来劝架,男人可能就把老婆打残废了。也许是因为前来劝架的左邻右舍人太多,妇人觉得自己以后实在没脸见人,邻居们拉开男人后,这妇人居然冲进内屋拿起"敌敌畏"准备自杀。还好村主任身手敏捷,制止了这场悲剧。然后妇人就头也不回朝村外跑去。妇人就这样边哭边跑,不顾夜色渐深,一直顺着山里的小路朝娘家跑……[①]第二天早晨,娘家人打开大门,看见全身泥泞、一脸疲倦的闺女坐在家门口,心里是又心疼又气愤。娘家人边让受委屈的闺女好好养身体,边琢磨着怎么处理这个事情。一个月后,趁着赶集的时机,五十多岁的妈妈带着闺女走进了我的接待室。

我:"你男人打你,你去医院处理过伤口吗?"

妇人:"没有,我们在寨子里,没有医院。"

我:"那你向派出所反映过情况吗?"

妇人:"没有,他以前打我,我也不好意思出来说。上个月想喝'敌敌畏'那次,我是觉得太难过了,寨子里的人来了好多,村主任倒是骂我男人啦,但村主任越骂我越觉得难过,所以就想喝药死了算了。"说完又不停抹泪。

我:"那次他打你打得厉害吗?你身上有没有被打的伤痕呢?"

妇人:"厉害,但现在没有。"

---

① 盘溪镇虽说是M市隔壁县的镇子,但与M市的西二乡、五山乡比邻,不过从盘溪镇到西二乡的山路大概有10多公里。平日,摩托车是这些乡镇相互来往的主要工具,偶尔也有马拉车连通,一个女人深夜独自走这山路,是极为罕见的。

我:“那过去他打你,你有没有拍过照片什么的?”

妇人:“没有,我男人凶神恶煞的,我太恐惧了。而且家里还有两个娃娃,我怕影响娃娃。”

我:“嗯,你被家暴却没有拿得出手的证据,这事挺棘手的。”

母亲:“律师,你要帮帮我们啊,我们不识字。闺女被打了这么多年,她又不说,我们上个月知道后全家都很气愤,别的不说了,就为了保着她这条命,也要离婚呢。”

我:“你跟我说一下家里的财产和子女情况。”

妇人:“我什么都不想要了,只求他放我一条生路。”

我:“话可不能这么说,你们夫妻一场,而且你对于家庭也是有贡献的,你的权益法律会保护的。”

妇人:“可是就算我说了,法院判给我了,我也不敢去拿呀。”

我:“你敢不敢去拿是一回事,但是不去争取,万一真的判离婚了,以后你的生活怎么办?还有,你不是说有两个孩子吗?孩子怎么办?”

妇人:“好嘛,我家养着 39 只羊、3 头牛、3 头猪和 1 匹骡子。在镇里的银行存着 10 万元,还有 1 辆 1 万元左右的三轮车。不过,存款的事情都是我男人在办,他有文化,我没有,所以具体存在哪里我不清楚。儿子人家是不会给我的,女儿能给我的话我就带着。”

听完妇人的说明,我心里很难过,这都什么年代了,居然还有如此愚昧的女性!倘若不是被打得招架不住跑回娘家,这十多年逆来顺受的痛楚,远在外地的娘家人完全被蒙在鼓里;而且,当家人陪伴着她寻求法律保护时,还因为心存恐惧想放弃应得的财产和子女的抚养。

我:“情况我知道了,你们家的生活已经是农村的小康水平了。既然你不愿再过下去,那么根据你说的情况,我一会儿在你的诉状里想这样处理——羊你 20 只;牛和骡子价值差不多,要么你两头牛、他一头牛一匹骡子,要么他两头牛、你一头牛一匹骡子;猪么,他两头、你一头。存款这个事情,你连在哪里存的都搞不清楚,我可以帮你写上去,但到时候得看法院会不会去调查了。孩子就按你说的,他要儿子,你要姑娘。行吗?”

母亲:“律师,你这个安排挺公道的,就按你说的办吧。”

我:“大娘,这个事情不是我安排,我只是提供建议、方案给你们选择。作为律师我只能提出意见,选择权在你们手上。”

母亲:“就按刚才这个方案嘛。我们同意的。”

就这样,我用了大概三十分钟就写好了起诉状并制作了证据清单。其间有一个细节,就是当妇人把身份证交给我复印的时候,一看到她 1979 年生人,我就呆住了。这个大我两岁的人看上去却有超过我十岁的沧桑,身份证上的淡淡微笑和端庄变成了现实中的唯唯诺诺和精疲力竭。

虽然盘溪镇与 M 市的西二乡、五山乡山水相连,但盘溪镇所属的县城所在地与 M 市的行政中心却相距甚远。考虑到妇人的经济情况,为了给她省代理费,我提了个折中方案——起诉状由妇人自己向当地基层法院递交,我仅负责出庭代理。

第二天中午的时候,妇人打来电话说:“律师,我今早赶来这边县法院了,人家看了我的材料,在纸上写了字,然后管事的师傅说,要等到 7 月才好办这个事情。我有点担心,会不会是他们看着我不是本地人,就欺负我?”听到这样一个电话,我颇感意外。虽然从来没有到过本案管辖地的县法院办过案,但从我已有的办案经验来推测,这可能与该县法院的立案盘点有关。之所以作出这样的推测,原因在于云南省存在一个立案的默示规则——每年最后一周不予办理立案手续,以便各法院进行年度工作统计。也许本案管辖地的县法院除了年终盘点,还有年中盘点[①]?

我把这个推测说给了妇人,也不知道她理解没有,所以我又跟她强调:“这个不等于人家法院不帮你立案,人家有人家的规矩,说了让你 7 月再来,你就按人家的要求去,应该就能立案了。要是 7 月 3、4 号你过去他们还不给你办理,我就亲自帮你跑一趟,行了吧?”

妇人:“好的,律师。我听你的,律师。”

---

① 指每年 6 月底、7 月初法院对其上半年有关立案的数据进行的统计。

7月3日中午,妇人的电话又来了:“律师,我今天早上已经去办好了,人家还说我是外地的,连着单子都开给我了,我看不懂,你今天在吗？在的话,我晚上回来拿给你看看,行不行?”

我:“好的,我晚上等你。”

晚上大概九点多钟,妇人和她弟弟风尘仆仆地来到我的接待室。妇人从颇具苗族特色的小背包里拿出几张有些褶皱的纸递给我,我打开一看,除了诉讼权益告知书,还有传票,心里不禁为该县法院的效率和便民点了个“赞”。我接着说:“这个上面已经写了开庭的时间和地点了,就是这个月的20号、盘溪法庭,你记好这个时间、地点,到时候一定要去。”

第一次交锋

2016年7月20日

因为异地作战,加之对妇人讲述的种种老公家暴行为心有余悸,开庭前一天早晨我就打电话给妇人,告诫她不能只身前往,必须叫上娘家的兄弟姐妹。因为担心妇人稀里糊涂,我又给妇人的弟弟去了电话,表达了同样的意见。

上午十点左右,我的父母、“老司机”舅舅、放假在家的表妹和我一行五人直奔盘溪法庭。我们选择走与盘溪接壤的五山乡的乡村公路。在路上,父亲告诉我,盘溪与M市政府所在地的距离比其与所属县政府所在地的距离近不少,作为少数通火车的小镇,盘溪曾经比M市的许多乡镇都要发达,在20世纪90年代中期,M市一些乡镇的小商店甚至都是以盘溪作为进货渠道的。按照父亲的介绍,我主观地认为盘溪人受教育程度应该比M市更高些,毕竟在经济活跃的地方,人们受教育程度往往会高一些。

到达盘溪用了两个多小时的车程,离下午开庭还有将近两个小时。原本想把车停在法庭的小院里,但一看其大门紧闭,我就将车停在了法庭大门对面的路边。在小店里随便吃些米线后,我们五人都坐在车上养精蓄锐。因为和这个法庭从未打过交道,心里有些许紧张的我不停地朝法庭大门张望。也许是等待太无聊,在反复观察中,我注意到法庭门口停着的一辆三轮车:车上坐着位老者,两个男人在不时地交头接耳,而一男一女的两个小孩子则在车边跳来跳去。我心里不禁冒出个想法:“会不会是妇人的丈夫和小孩啊?”但实在是没法看清脸蛋,我对自己说:“不管是与不是,一会儿法庭上总能见分晓。”

两点左右,法庭小院的大门打开了,我和我的后援团步行进入法庭的院子。不一会儿,刚才隔路看到的五个人也进入法庭,看来这就是被告那边的全部人马了。被告到了,作为原告代理律师的我也到了,但原告却仍不见踪影。于是我拨通原告的电话,结果无人应答;又拨通原告弟弟的电话,也同样没有应答。“出什么事了,这到底还来不来啊?”我开始有点着急了。俩孩子站在法庭门口的台阶上朝外远眺,大一点的女孩对弟弟说:“有本事告,又不敢来,这种妈妈要了做什么用?”

一个中年男人走到孩子们面前说:“是啊,这种女人咋配当妈?造孽啦!”不用多想,听这口气十有八九他就是本案被告——那个家暴的丈夫。

另外一个年轻些的男人搀扶着老者,没有作声。

这时候,我终于等来了原告的电话,因为担心,也有些生气,我没好气地问:“你们到哪里啦?两点半就要开庭了,怎么给你们打电话也不接?”

妇人结结巴巴地回答:“律师,我们早就来了,看到我男人开着我家的三轮车堵在法庭门口,我不敢进来,怕被他打。对不起了,刚才电话被我调成静音,没听见你打的电话。”

我:“不管怎么样,你要来法庭啊,不来法庭这个事情怎么处理?”

妇人:“我知道的,律师。请你看看法官来了没有,法官不在我怕被他在院子里揪着打。”

妇人的一席话让我完全理解了她的苦衷:“那你们再等下,一会儿法官来了,我会跟他说你要稍微晚点到这个事情。到时候我给你打电话,你再进来。”

下午两点半,法官和书记员同时到庭。接到我电话的妇人一行八人晚到了五六分钟进入法庭。

本案由一位三十出头的男法官独任审判。宣布完法庭纪律以及回避等相应程序后,法官请书记员将被告的答辩状复印件递给我们。尽管字写得歪歪扭扭,但整个答辩状表达通顺且没有错别字。看完后,我轻声对妇人说:"你这男人文化不低啊。"妇人告诉我:"他很会说话的,是村里讲得头头是道的人之一,陶渊明的诗都会背呢。"

当我依程序念完诉状,法官宣布由被告进行答辩时,被告高声宣读了他的答辩状。大体意思是:原告不守妇道,勾三搭四,但为了两个未成年的孩子,他不愿意离婚。末了被告对着法官讲:"法官大人,我是个文盲,什么文化没有,也没钱请律师,而我媳妇他们全家请着律师来对付我,请法官大人秉公执法,为我全家做主。"

在接下来的双方举证过程中,原告这边除了结婚证、身份证这样的客观证据外,没有任何被告家暴的实质证据。而被告则当庭请求证人出庭。法官允许了被告的请求。于是一直沉默不语的老者被请到旁听席的第一排就座。但法官宣读证人作证规则后,老者非常礼貌地回答:"我七十多岁了,耳朵不太灵,没听清楚法官你刚才说的话。"

对此,法官只好要求书记员从被告席搬个凳子搁到法官台案旁,请老人家紧挨着台案就座。

法官提高音调:"老人家,被告请你来这里作证,你要实话实说,不能说假话,否则法律会处理的,听清楚没有?"

老人家不紧不慢地说道:"法官,听清楚了。我活了七十多岁了,有什么就说什么,不会偏袒的。这个女人从外地嫁到我们山里,持家有道,待人客气,两个娃娃也养得好。村头巷尾见着我们这些老人家也非常客气。能讨着这个妹子么,常兄弟(被告姓常)有福气啦。他们两口子今年农历四月的一天傍晚确实吵闹得很厉害,要不是村主任拦着的话,妹子就吃药啦。整个寨子都晓得这个事情。我是想着,夫妻在一起,吵吵闹闹不算什么,请法官今天给妹子和常兄弟好好做做工作,特别是做做妹子的工作,不要离什么婚啦。我就讲这些。"

法官问:“原告对被告证人证言有什么意见?”

我:“对于刚才证人证言的真实性、合法性均予认可,但这份证言不能证明被告对原告所谓出轨的指责;相反,该证人证言不但证实了原告结婚以来爱惜家庭、与人为善,还能够印证原告诉状中所称5月份被被告家暴、绝望得想喝‘敌敌畏’的事情是真实发生过的,即原、被告之间的感情确已破裂,应当支持原告的离婚请求。”

我本打算再说几句,被告却高声打断了我:“法官大人,你看看原告请的这个律师,白的能说成黑的,欺负我们这些文盲啊。”

这时候,旁听席上的大女儿也大叫:“我爸爸从来没有打过我妈,我妈被这个律师教坏了!”

法官:“肃静。这里是法庭,不是农贸市场,请遵守法庭纪律。我叫谁说谁再说。被告,刚才是原告一方发言,你不能插嘴。现在原告说完,你可以说了。”

被告不紧不慢地说:“这个婚我是不会离的。我是弱势群体,这种律师挑拨离间,专门教人家离婚,不道德。”

法官:“请律师是诉讼当事人的权利,被告,你要注意说话的分寸。”

被告:“这个女人在外偷人,在家偷钱,我不打她怎么能行呢?你看看,她拿着从家里偷的钱去找律师了。”

法官厉声呵斥:“被告,我刚才说的你哪一句没听懂?你再这样无视法庭纪律乱说乱讲,我就不客气啦。”

听到法官提高的音调,被告没敢再乱插话。对于原告诉状所称的财产状况,尽管被告表示全部认可,但他却一口咬定就是不离婚。[①]

坐在我身边的原告除了法官核实相关情况时会轻声回答“嗯”,其他时间一直低着头,不敢看坐在对方被告席上的男人一眼。

---

① 基层法院尤其是深入乡村的派出法庭,庭审程序往往会因为诸如本案被告这样的捣乱而变得不那么严格。从我的观察来看,可以说,法庭调查阶段出现如本案被告一样无理取闹、不举证的情况不在少数,结果往往导致法庭调查与法庭辩论混在一块儿;而法官对庭审局面的控制也多半表现为拿捏节奏,制止当事人不断重复对案子的抱怨和对对方当事人的辱骂。

庭审过程走完后,法官如释重负:“尽管你们分歧太大,但是按照程序我现在还是要问下,你们愿意调解吗?”

其实我知道调解是不可能的,但是出于对约定俗成的庭审模式的尊重,我代替原告回答:“愿意。”

被告那边说:“不离婚的话,愿意的。”

法官一听,面带愠色:“被告你咬死不离婚,而原告又坚决不愿意和你再过下去。你们之间的分歧太大,调解无法进行。庭审结束,择日宣判。原告我在这里特别向你说明一下,以后他再打你,你该报警就报警。被告现在你先出去,等一会儿我会叫你进来签字,我现在跟原告单独说几句。”

被告虽然出去了,但两个小孩却跑到原告席旁,法官说:“你们两个小朋友也先出去。”小一点的男孩儿很听话,径直走出了法庭,而女孩却嬉皮笑脸着试图留下来。法官再三说服,这个女孩儿才不情愿地走出门去。法庭里只剩下原告、我、书记员和法官。法官叹了口气,走近原告说:“今天你也看到了,被告抵死不离婚,而你又提供不了实质性的被家暴证据。在没有实质证据的情况下以‘家暴’为理由判你们离婚,确实有点勉强。所以你要有心理准备。以后他要是再打你,你一定要报警,保留证据。”原告听着法官的话,眼泪巴巴儿地淌了出来,也不说什么话。听出法官的言下之意就是“判决不予离婚”,我心里也很难受,预感这必然是一个漫长的离婚,看来得适用“二次离婚诉讼”的审判规则了。①

随后,法官又将被告喊进门来,对被告说:“夫妻应该和睦、恩爱,你今天叫来的证人都说你5月份打老婆确有其事,你这种行为导致自己今天成为被告。你要深刻反省。”而我和原告则在书记员的安排下,对庭审笔录进行确认并签字。当书记员将我们签好的笔录交给被告

---

① 所谓的“二次离婚诉讼”审判规则,指的是这样一种审判现象:当事人提离婚诉讼,但证据上未能达到离婚法定条件,法院一般判决不准予离婚。但是,在该判决过了一定期限(一般是6个月)后,若当事人再次提起离婚诉讼,法院则一般均认为双方已达到“感情破裂”之要件而准予离婚。

时,被告突然从座位上站起,疯了似的朝法庭的院子跑去。估计法官在庭审中就已经对被告的行为非常气愤了,现在见被告不但拒绝签字还想开溜,法官立即冲出法庭,站在办公楼台阶上对已经跑到院子里的被告大喊:"他妈的,你给我回来!"

法官的厉声呵斥,在法庭的三层小楼里回荡,连坐在法庭里的我都吓得够呛。过了大约两分钟,被告跟着法官回到法庭。

法官接着批评被告:"要求法院判不准离婚的是你,不守规矩的也是你。你跑什么跑?你到底还要不要你的婚姻啦?"

这时被告才试着压低吵闹了一下午的声调:"签了字不就是离婚吗?我不离婚,所以不想签字。"

法官:"这个是庭审笔录,谁说签了它就等于离婚的?它只是记录刚才你们在法庭上说的话而已。你怎么人话都不会听?"

被告终于垂下了头。

法官:"原告你们签好字先走吧。被告你等在这里。"

我仔细核对了庭审笔录,指导原告签字。原告签字前,将齐刘海拨开露出了脑门。一块明显的瘀青在脑门左侧,非常明显。我赶紧问:"大姐,你这头怎么回事?"

妇人:"我男人推我去撞墙造成的。"

我更着急了:"你第一次找我写诉状的时候,怎么不说?我反复问你有没有被告打你的证据,你怎么不说?"

妇人给我一个很无辜的眼神,说道:"我脑子有点糊涂。"

一时间我的心情糟透了——如此有利的证据没有提交,到底该怪谁?是当事人太愚昧?还是说对于边远山区的一些诉讼当事人,律师有必要进行身体检查?我赶紧告知法官,但已经被被告吵闹得头昏脑涨的法官,并没有恢复法庭调查,只是对原告反复强调:"被告要是打你,你就报警。"眼看事已至此,我只能和原告退出法庭。

原告一出法庭,事先出来把守在法庭小院正门口的两个孩子就围了过来。妇人看到两个孩子,本能地想抱孩子,结果女孩把弟弟拉到身后说:"妈,你回来吧,我们很可怜的。"妇人:"阿妹,你爹打我你又不是没看到,我实在是没有办法。”站在妇人身边的我想起小姑娘在法庭上作伪证说父亲没有打母亲,就对女孩说:“小朋友,你爸爸明明就是打过你妈,你在法庭上却撒谎没有打。这样做可不对。”小姑娘一听我说话,扭过头恶狠狠地对我说:“你这个坏女人,我家的事情不要你管。我爸爸打我妈又没有把她打死。我爸妈要是真被你搞离婚了,我不会放过你的。我妈走掉这两个月,我是家里唯一的女人,要做一大家人的饭,还要收拾、打扫家里。要是我妈在家,我就不会这么可怜。”这样的话从一个13岁小孩的嘴里说出来,听得我心里直发毛,要不是亲眼所见,我怎么可能相信一个13岁的小女孩会因为自己要吃苦而恶语中伤在诉讼请求里试图争取抚养自己的母亲呢?

小儿子只有七八岁,与姐姐的蛮横相比,他很安静。当他试着从姐姐身后出来拉妈妈的手时,被姐姐“啪”地打了一下,然后她又说:“你没听到妈妈在法庭上说的话吗?她不要你了,你还这样没有骨气。”

“阿妹,你别乱说,我咋不要小宝嘛,儿子人家不会给我的呀。”妇人已经哭得泣不成声了。

这时候,妇人的娘家亲属围上来说:“二姐,赶紧走了,不走怕是走不掉了。”

这话刚落音,一对儿女就急忙要蹦到妇人身边,打算一人拖住妈妈的一只手,等爸爸出来一起把妈妈拖回家。当然,妇人的娘家大嫂弟妹们反应也灵敏,毕竟平日都是干农活的好手,三下五除二就隔开两个孩子,拉着妇人就朝大门外面跑去。

这时候,我才明白主审法官的良苦用心——稳住被告,让原告先走,就是担心被告一家仗着“本土作战”趁机抢人。

看着妇人在娘家亲属的保护中全身而退,我又折返法庭里,等被告离开后,跟法官交换意见:“法官,你也看到了,这个男人就是凶神恶煞啊,这种情况已经完全符合感情破裂的标准啦。”

法官:“律师,你不要为难我了。家庭暴力的证据没有,就算我判离婚,男人上诉的话,我这里说不过去啊。二审法官也会觉得证据不充分而改判,不合适啊。”

至此,我已经猜到判决十有八九是“不准予离婚”了。为避免领取判决时再出现抢人行为,我在离开法庭前请求法官将来将判决邮寄送达。半个月后,一份从华宁寄来的 EMS 被送到我面前,打开一看,判决和我预想的一样——“原告证据不足以证明感情破裂,离婚请求不予支持。”

尽管很沮丧,但我还是第一时间联系了妇人:“大姐,判决拿到了。你来我办公室拿一下。”

妇人:“律师,我现在在 M 市打工了,在温泉小区。我马上来找你拿。”

一方面是好奇妇人的工作,另一方面正好离温泉小区非常近,所以我说:“那我在温泉小区门口等你,你来门口拿就好了。”

电话里说得好好的,但我去到温泉小区大门口足足等了半小时,人来人往之中独缺妇人身影。“大姐,你到底在哪啊?我都等你半小时了。”

“律师,我也在门口等半小时了,也没看到你。”妇人的语调有些局促。

“不可能啊,你是不是不在温泉小区啊?实在不行问问周围的人,你的位置到底是什么地方。”我隐约中觉得可能是因为刚进城打工,妇人根本就不真正知悉自己工作的地方。

“好的,律师,我去问问。你别挂电话。”妇人轻言请求。

大约十几秒后,“律师,是我搞错了,确实不是在温泉小区,是盛世嘉园这里。”也许是因为内疚,妇人的声音更轻了。

“那么你就等在门口,我五六分钟就过来了。”

当我驾车靠近盛世嘉园门口时,看到不远处的妇人正焦虑地走来走去。

停好车,我赶紧走向妇人:“大姐,判决在这里,法院没有判决你们离婚。”

“律师,我真的不想回去,在外面做活至少可以保着我的命。我还是要离婚的，就算告到玉溪市里，我都要告。"妇人轻声抽泣着。

"嗯，尽管可以上诉，但是从提起上诉到二审开庭起码要 6 个月，而且万一二审维持一审原判，那么，二审生效之后还要再等 6 个月后才能再次向法院起诉离婚，这样前前后后差不多一年时间。而如果你对今天给你的判决不上诉，那么这个判决生效 6 个月后，你就可以再次起诉了。"我给她解释了最基本的审限和时间要求。

也许是听不懂，她沉默了很长时间。

"大姐，这么着吧，判决你先拿着。就算你要上诉，也还有 15 天的时间呢。你先和娘家人说说这个结果，然后叫着他们一起来找我。"我安慰她。

第二天一早，妇人和她母亲、弟弟三个人来到我的接待室，我将审限和时限再次说给了她们，从效益的角度建议她们服从判决，然后半年后再行起诉。

妇人的母亲斩钉截铁地说："律师，我们不懂，但你说的我听着有道理，就按你说的办了。等下次我们还是来找你。我这个闺女是不能回去的啦，不管需要多长时间，我们都愿意等，这婚一定要离，离了才能保住她这条命啊。就算净身出户，也好过被那个男人打死。"

第二张诉状

2017 年 3 月 24 日

清晨七点多，电话就响了起来。

接通一听："律师，打搅了。我是去年盘溪离婚那个。我算着呢，上次的判决是去年 8 月 31 号的，应该满 6 个月了。能起诉了吗？"

"哦，大姐啊。去年 8 月 31 号下判，除去送达签收的半个月，再加上上诉期半个月，从 10 月 1 日开始算的话，到现在确实已经超过 6 个月了。你又要起诉了啊？"因为这个案子给我的记忆太深刻，所以一点也没发懵。

"律师，我是要起诉呢。我今天休息，不上班，我问问你有没有空，有空的话,我要来找你。”妇人还是那么客气礼貌。

“可以的,八点半在我的接待室见吧。”

“好的,律师。Byebye, 律师。”

妇人最后这个“Byebye”让我有些意外。想来在市里打工这半年多,她应该比第一次离婚时自信、快乐多了,城市人的用语也能用得妥帖生动。

八点半的时候,妇人和她母亲、弟弟三人准时来到我办公室。

“你这半年都在上次我见你的那个地方打工吗?”我先开腔。

妇人居然露出了笑脸:“律师,是的。我在卫生组给酒店打扫卫生。”

“你没有回去过吧?”我问。

“不敢回去,怕被打。”还是微笑,但说到“怕被打”时有点尴尬。

“律师,这回到底能不能离婚啊?我们组有个同事说要是男人死活不离,还是离不掉啊。”收起笑容的妇人接着又问。

“你不要担心,就像得感冒的人,情况不同治疗方式就不一样,恢复得也不一样啊。你已经离开家八九个月了,而且上次就起诉过离婚,符合感情破裂的条件啦。”我解释着。

说到诉讼请求时,妇人再次强调“只要能离婚,净身出户也没关系”,但我觉得该争取的还是不能放弃,所以向她提议财产问题可以按照第一次起诉的方案继续提出,因为第一次起诉时,被告对于财产状况是认可的;至于孩子的抚养,考虑到上次庭审前大女儿的种种行为,我提议她争取抚养小儿子。

“律师,小儿子人家肯定不会给我的。我男人早就说了,这个儿子是给他和他那个老光棍弟弟养老送终的。”妇人很为难。

“可是大女儿那个样子,法官征求她意见她十有八九不愿意跟着你;即便她跟着你,很有可能也是要跟你捣乱的。”也许我这样说,已经超越了律师办案的范畴,但面对这样一个当事人,多替她着想就成了自然而然的选择。

“实在不行,只要能离开那个家,我什么都不要了。”妇人又回到了去年第一次见我的状态。

“你现在也年近四十了,以后即便再成家,生孩子的可能性也不高,你一个孩子都不要,将来养老怎么办?”我继续解释着。

“律师,只要保住我姐姐的命,她老了没地方去,我们娘家人不会不管她的。”蹲在办公室门口吸水烟筒的妇人弟弟发声了。

“既然这样,那关于财产和孩子抚养,我就还是按照上次诉状的诉求写。”感动于妇人弟弟的担当,我的策略是按照第一次起诉的提法,由妇人请求两个孩子的抚养权,然后在庭审中进行谈判,争取获得其中一个孩子的抚养权。①

为了做实证据,一方面,我将妇人老公在春节前后发给妇人弟弟的威胁恐吓短消息截屏打印。另一方面,我还特意给妇人母亲做了一份证人证言。妇人母亲在大年三十接到过外孙女的电话,小姑娘威胁外婆:“要是不把妈妈送回盘溪,就要妈妈和外婆全家死翘翘!”

原本我还要妇人去她打工的宾馆出具已工作八个月的证明,但妇人有顾虑,担心工作证明被男人看到,那个野蛮男人可能会闹到宾馆,影响自己的生计。于是,这一条只好作罢。

诉状写好的半个月里,妇人打过好几次电话给我,就是担心离不掉。作为律师,本不能包打赢,但对于这个可怜的妇人,我还是破了例,向她保证这回离婚十拿九稳。

再次对战

2017 年 5 月 19 日

庭审前有一个插曲,昨天清晨七点多,办案的女法官给我打电话,

① 了解到妇人在盛世嘉园打扫卫生的月收入是每月 1800 元,我仅向她收取了出庭的车旅费。回到家和父母说起这事,父母都说同情归同情,但收费也不能太感情用事。毕竟对我来说,办案更多的是为了调研而非生计,收费多少倒在其次了。

说排案子的书记员出错了,在5月19日下午安排了两个案子,希望我通知原告把时间调整到19号上午,因为和本案审理时间相冲突的另一个赡养纠纷案的原告七十多岁了,让老人家大清早赶到法庭不太人道。听着女法官妥帖的安排,瞬间让我对她有了好感——难得如此周到贴心的法官。

我将改开庭时间消息电话通知了妇人,又反复强调一定得像去年第一次起诉那样,多带娘家人后援团。

我差不多清晨六点就从家里出发,七点五十分左右到达盘溪法庭。被告及其弟弟、两个孩子随后也到了。大家站在法庭的院子里,等着法院上班,也等着妇人到来。

八点半左右,法庭院门准时打开了,妇人一家也开着一辆小面包车来到法庭大门口。我赶紧上前将大门门闩打开,示意妇人一家把车开进法庭院子里。这回妇人娘家来了六个人:妇人弟弟、弟妹、哥哥、嫂子、表妹及司机。

停了车,除司机待在车里,妇人和娘家人一起跟在我后面进入去年审案的法庭。被告及其两个孩子、弟弟紧随其后。书记员正在进行准备工作,法官还没出现。这时,坐在被告席的男人突然大喊:“娃娃们,你们八九个月没见着你妈了,上去找她讨点钱买个包子吃吃。”话一落音,两个娃娃就围到我和妇人所在原告席,大女儿竟然直接对着我说:“你这个搅屎棍,搅着我家快有一年了,朝我妈这里骗了很多钱吧?来,给我点钱去买个包子吃吃。”这样一个本该活泼的花季少女竟作出如此没有教养的举动,更加重了我对被告的厌恶。而妇人则小声细气地摸着儿子的头说:“妈妈没有带着钱。”

差不多等了二十分钟,女法官现身了。这是一位大约四十五六岁的中年女法官,身材敦实,行事稳重。相比上次的青年男法官,光是这气场就让我们产生了更多的安全感。

程序和上次大同小异。在质证过程中,我方的证据原件传到被告手上,紧贴着被告坐在旁听席第一排的大女儿立即将证据抢走。女法官厉声呵斥:“请注意法庭纪律。那个坐在第一排的旁听人员,谁让你抢证据的？交回来！”

“我妈说谎话。”这女孩儿没有丝毫惧怕。

“大人的事情，你作为子女，不要插嘴。即便你是一个未成年人，但你要是再这样扰乱正常的法庭秩序，我照样可以请法警把你带走。”女法官中气十足的训斥终于让不安分的小姑娘安静下来。

然后，被告又开始胡搅蛮缠，大喊大叫地反复指责妇人为何上次法院未判离婚还要离家出走，而且还威胁原告如果不向自己支付 100 万元的精神损失费，婚他一定不离，哪怕上断头台也在所不惜。

对于这个坐在对面的无赖，我非常生气，在法庭辩论中放下了出道以来坚守的风度，严厉质问被告：“原告是一个活生生的人，不是你买来的猪狗！你打她、骂她，还要她回到家里伺候你？你这种人哪里配当人家的丈夫？”

尽管场面和上次一样几近失控，但掌控力超强的女法官还是能够及时调度，有效压制着被告及其大女儿的荒诞表演。妇人悄声对我说：“这个法官好，她说的话我都听得懂，上回那个法官讲话我就听不懂。”听她这么说，我心里也非常高兴。然而，当我扫一眼旁听席，发现陪妇人过来的娘家后援团此次集体表现低迷，看起来都有些心不在焉，开始担心庭审结束的撤退可能是个大问题。

果不其然，庭审结束才走到法庭的正门口，我们就看到院子里已经围了不少来帮被告抢人的群众。两个孩子直接拖住妇人，阻止其靠近小面包车。被告更是目无法纪，指着小面包车的司机大喊：“你要是敢开车，我今天就砸死你！”

女法官快步走到人群中，对两个孩子说：“你们的妈妈不愿意回家，这个是她的自由。案子已经审理了，最后什么结果过段时间就会知道的。妈妈生了你们两个，你们要尊重她。”

大女儿根本不听，边哭边闹。被告喊来的众人也跟着起哄。这个时候，女法官大喊：“这里是人民法院，不是公共广场，与本案没有关系的人请立即离开大院，否则一会儿派出所的干警来了，对于扰乱冲撞法院秩序的人是要处理的。”

女法官边说,边示意法警向派出所请求支援。

突然,“啪”的一声,大女儿将妇人的手机砸到了地上,然后再用脚使劲踩。女法官被这女孩的野蛮行为激怒了:“现在不是站在法官的角度,而是站在一个长辈的角度,我要说说你,你这个女孩浑不讲理,对待母亲没有起码的尊重和爱戴。你这样怎么长成人?”

接着,女法官转过来指着被告说:“你闹什么闹?!前天也是个离婚案子,打得头破血流最后只有进监狱。做人要讲道理,你再闹,再闹你也要进监狱啊?!”

正在乱成一锅粥的时候,派出所的两辆警车鸣笛而来。增援的十位警察齐刷刷地下车,驱散了被告请来帮忙的群众,锁上法庭大门。刚才的吵闹不复存在,只有大女儿还扯着妇人的胳膊大声哭喊。女法官用嘶哑的声音说:“小姑娘,你看见没有,警察已经来了,你妈回不回去是她的自由,你这样又摔她手机又限制她的自由,是犯法行为。要是你不放手,警察会帮你放手的。”

听完法官的话,女孩终于放下了手。女法官自己坐上其中一辆警车护送妇人走在最前面,妇人娘家的小面包车紧随其后,我的车第三,另一辆警车则负责断后。就这样,女法官和警察护送我们走了十几公里,目测没有任何不安全因素,才将妇人放下警车,让她上了小面包车。我跟在后面,心里满是感动。

一看手表,已经是下午一点四十分了。女法官和警察折返回去可能连午饭也吃不上一口,就得开始下午的工作了。我向法官、警察鸣笛致谢,然后各自走上了归途。

下午回到M市,妇人又给我打电话:“律师,今天谢谢你啦。”

“没有,你要感谢的是法官。没有她的帮助,你今天真是危险。你娘家的人怎么今天都昏昏沉沉的啊?”我说话直来直去。

“是的,法官在警车上已经说我了,嫁人不长眼睛,以后不要稀里糊涂过日子了。我娘家的人是被我男人吓着了,他妹子就嫁在法庭这个镇子上,他们约着二十多个人呢,我们早上在法庭外面就发现了。”妇人说话磕磕绊绊的,仍然没有完全摆脱上午开庭所受到的惊吓。

“不管了,这回就等着下判了。”我也非常累了,没什么更多的话想说。

净身出户

2017 年 6 月 20 日

虽然结束第二次惊心动魄的庭审已有一个月,但我心里一直为女法官的公正细致所感动。在某种意义上,她的形象甚至让我对基层法治建设有了更为乐观的期待。没想到,就在今天,女法官打来电话,要我劝说妇人放弃两个孩子、放弃财产分割,净身出户!她还反复强调这丈夫野蛮、未开化,能离开就离开得了!

确实,妇人之前也跟我说只要能离婚,愿意净身出户。但是,一个文盲妇女,24 岁嫁给那个畜生一样的男人,生了两个孩子,年近四十因为家庭暴力而被迫放弃家庭已经很悲惨了,还要她放弃两个孩子的抚养权、放弃她为之流血流汗的家庭财产,将来老了怎么办啊?

“法官,财产部分其实去年审理的时候已经很明确了,存款和羊、牛、骡子、猪这些被告都承认是和原告一起奋斗的,原告应该分到她该得的。”我争取道。

法官:“道理是这样,但即使分给原告她敢去拿吗?那天你也看到了,要不是警察来,她人肯定都被抢走了。再说了,牲口有大小,是要评估的,原告能领着我们去村里评估吗?”

我:“这些困难确实都存在,但大家都是女人,原告这样太惨了。还有孩子的问题,大女儿你也看到了,和她母亲水火不容,但小儿子还是纯善的,原告快四十岁了,应该有个孩子将来给她养老送终。”

法官:“你说的对,女儿肯定不会跟她妈,但是儿子也不可能给原告。农村里,男孩的重要性你应该知道。”

我:“现在新社会了,男女都一样啊。”

法官:“这就太为难我们了,被告的情况你又不是不清楚,他野蛮成这样,儿子判给原告到时候出人命怎么办?”

我:"既然要求原告净身出户,那么两个孩子的抚养费就不应该再让她负担了。"

法官:"这个不行,你也知道的,财产和孩子是两个事情。两个孩子的抚养费,原告多多少少的还是应当支付一点的,我到时候会按照最低标准裁判的。再说了,原告不在我们本地,最终执行还是到我们法庭,我们知道实际情况,不会跨州跨县地去找原告麻烦的。"

听到这,我已然无语了。

沉默片刻,法官接着说:"你好好做做原告的工作,审限也要到了。只要她同意净身出户,我这边也会做做被告的工作,不要再瞎闹了。你要是做通原告工作,就请原告写一张放弃权利的声明,寄来给我们,我们要下判了。"

我不知道怎么回答,只好苦笑着说:"我试试吧。"

挂了法官电话,我联系了妇人,说了法官的意思。她说只要能离开那个"魔鬼",她愿意的。于是我驱车到她工作的地方,帮她草拟了弃权声明,念给她听明白后,她签字摁印。而我,最终还是将这不平等的声明快递给了女法官。

7 月 1 日,我收到了法院寄来的判决——准予原、被告离婚,原告放弃全部财产,每月支付每个孩子 200 元抚养费直到成年。

联系了妇人,我将判决送到她手上。

妇人终于开怀而笑,露出了镶金的门牙:"律师,太感谢你了。不过万一男人还是不服气,会不会告到市里?"

我:"这个是他的权利,我不知道。希望他不要再折腾下去,毕竟你已经什么都不要了。"

将判决捧在怀里的妇人:"律师,要是他还告我,我就来找你。"

我:"希望不会再有这种事情了。整整一年了,太累了。"

妇人:"谢谢你啦,律师。"

我:"没事,这是我的工作。"

妇人:"'Byebye'律师。"

"Byebye"是妇人对我说的最后一句话。我打听过,妇人后来离开了打工近一年的宾馆。

三个月过去了,妇人再没给我来过电话。由此推断,漫长的离婚季后,她最终摆脱了恶魔般的男人,应该是开始了新生活吧。而我作为不愉快经历的参与者,忘记或许是更好的选择。

几点思考

过去一直不理解司法实务中"搞定就是稳定,摆平就是水平"的真正含义,直到办完这一漫长的离婚案。

在大陆法系的经典理论中,法官除了法律就没有别的上司。但是,理论与现实是有巨大差距的。司法裁判中,当事人的行为模式和道德水准,对法官裁量存在着非常微妙的影响。我至今仍记得女法官劝说野蛮丈夫的一句话:"你这样要打要杀的,解决不了问题。大前天也是个离婚案,判决下来还是要打要杀闹得不可开交,结果就是住医院的住医院,蹲班房的蹲班房。"的确,对于这种野蛮的人,法官内心也是惧怕的,也会有自保的需求。2016 年 2 月 26 日,北京昌平区人民法院回龙观法庭年仅 38 岁的马彩云法官不就是被一离婚案的当事人枪击身亡的吗?首都北京尚且出现如此蛮横残害法官之人,何况本案中几近疯狂的被告呢?

从现实主义的角度来说,法官并不是处于真空中进行裁判的,他们兼有"法律世界中的法官""社会结构中的法官""权力结构中的法官"三重身份。对于第一次诉讼中的男法官而言,裁判"维持婚姻"避免了可能的上诉改判,进而在倚重数字化管理的中国法院体系内达到相应的考核要求。而对于第二次诉讼中的女法官而言,不得不尽量满足那个野蛮男人的要求,避免其日后的纠缠,以及维护自身的生命安全。

当然,现实的遗憾,并不应当成为事外人指责法治现状的理由,相反,它在不断提醒着我们法治建设的道路仍然漫长。

重男轻女

出现在《林海雪原》里的“重男轻女”一词，高度概括了农耕文明在人口意识上的价值体系。尽管20世纪80年代以来，计划生育制度逐渐改变了人们的观念，但这种改变主要在城市。而在广大农村，尤其是西部边陲，在生产方式没有实现根本性变革之前，“重男轻女”观念就不会消失。于是，结婚围绕着生育男娃展开，离婚也围绕着争夺男娃进行……

诉讼准备

2017年1月18日

春节将至，M市的几家律所或前或后地都进入休假模式。整理卷宗成了包括本人在内的大部分律师的主要工作。

上午十一点左右，小叔带着十多个人浩浩荡荡来到我的办公室，说其中最年长者是他的初中同学，今天专为一行人中穿红衣服的女子(该初中同学的大侄女)寻求离婚法律支持而来。

循着M市山区婚恋剧情的基本套路，总结下来就是：红衣女与丈夫自由恋爱后，在红衣女未满18周岁的2004年就生下长女，二人于2007年7月5日补办了婚姻登记。2011年，红衣女又生下一对孪生兄弟，刚开始双方父母各帮忙带一个。2014年小夫妻共赴广东打工前，一对双胞胎都被送到红衣女的娘家进行抚养。同年底回乡过完春节后，红衣女仍打算去广东打工，但丈夫却不愿再去，于是红衣女就独自一人去了广东。两个儿子则仍由其娘家负责照顾。尽管丈夫中途接走了两个儿子,但因无力照顾,才两三个星期就又将孩子们送回外婆家。红衣女与丈夫因为理念不同,一个在寨子里蹲着,一个在深圳工厂里干着,差不多三年的时间里愣没生活交集,渐渐地也就失去了共同生活的力量。所以,红衣女在全家支持下来寻求离婚帮助。

事已至此,从我办案的经验来看,夫妻实际分居三年多,肯定是铁了心不想一起过日子了,离婚基本上没问题。但是,从红衣女的描述来看,我只听得到一对双胞胎儿子的生活安排,对于 12 周岁长女的生活学习,她这个做母亲的却基本上没提。

我:“你女儿跟谁生活啊?”

红衣女面无表情:“她大了呀,在学校住校读书,不需要大人特别照看的嘛。”

我:“就算她读书住校,周末呢?放假呢?跟谁生活啊?”

红衣女:“在她爷爷奶奶家啊。”

我:“你打工回来去看过她吗?”

红衣女:“她不爱来外婆家,所以我没看着。”

听完红衣女自以为完美的解释,我沉默了。

这时候,小叔的同学也就是红衣女大伯笑着接过话题:“律师,我们是这样想的,离婚不为别的,就为了这对双胞胎能给我侄女家养。我和你小叔是同学,这里也不怕你笑话——我兄弟家两个都是姑娘,穿红衣服这个是大姑娘,嫁出去了;坐在沙发上穿黄衣服的是二姑娘,她旁边的是招亲回来的二女婿,第三代中现在只有大姑娘生得两个儿子,二姑娘家是两个闺女。”

果然是重男轻女争夺儿子!大伯的言下之意就是,女儿给男方,一对双胞胎儿子由女方抚养,然后各自承担被抚养者的生活费。

我:“你在外面打工,孩子若真的分给你,你怎么带他们?”

红衣女:“我爸妈带呀。我在外面打工还给我男人寄过钱,让他去缴大姑娘读书的费用。”

至此,基本情况都摸清楚了,我着手草拟起诉状。当告知红衣女需提交结婚证时,她很沮丧地说:"结婚证被那个死鬼收着,我拿不到。"

我:"婚姻登记状况可以拿着身份证到领取结婚证的民政部门查阅档案并请求复印。另外,为了提高争取到两个孩子抚养权的可能性,你去娘家找村主任打个两个孩子长期由你父母抚养的证明。"

过了两天,红衣女把当地民政所出具的"结婚登记审查处理表"、银行打印流水以及娘家所在村民小组组长出具的"照顾证明"一并交来,我做好证据卷后,到法院顺利地立了案。

一周后,我去法院签收了开庭传票。

无人满意的审理和判决

2017 年 5 月 20 日

2017 年 2 月 24 日,我接到州中院一个 3 月 2 日开庭通知,考虑到自己分身乏术,无法继续代理红衣女的离婚诉讼,当即商请同为律师的高中同学代理此案的出庭等事务。对此,我在 2 月 26 日专门和红衣女一家进行沟通并征得了他们的同意。

2017 年 5 月 20 日晚上六点多,记挂着下午开庭的情况,我专门给出庭代理的老同学打电话询问庭审情况。

接通电话,老同学用四个字总结:"一言难尽。"

原来在庭上,双方不但在家庭债务的分担问题上存在重大分歧,关于一对双胞胎的抚养更是吵得鸡飞狗跳。相互间的指责甚至让庭审一度中断——作为被告的丈夫指责红衣女"家贼难防",2015 年裹跑[①]了他的妹夫,还偷走了家里的传家宝老银子;而作为原告的红衣女则骂丈夫游手好闲,嗜赌,酗酒。

确实,即使是边疆最基层的司法裁判工作,其司法程序与北上广深也并无二致,区别只在于,当事人缺乏对法律的正确认识,喜欢东拉

① 当地方言,指破坏别人家庭的行为。

西扯,因为对他们而言,“讲理”远比“围绕法庭争议焦点进行举证和辩论”重要。很多时候,在基层民事诉讼中,即便法官的法庭掌控能力再强、代理律师的庭前辅导再充分,也不得不在一定程度上向当事人的东拉西扯妥协。对于这些文化不高的基层群众而言,诉说委屈才是其庭审活动的中心思想,法律事实与客观事实的区分在他们脑中是模糊甚至是不存在的。

5 月 20 日下午,在整理文件材料过程中,我发现了这起案件的诉讼费预缴发票,于是又给代我出庭的老同学打了个电话,一来询问判决结果,二来了解一下红衣女预缴的诉讼费退了没有。①

老同学半开玩笑半生气地说:“哼,我打听过案子了,差不多一个月前就下判决了。当时说好的,派出法庭离他们住的寨子近,领了判决后,到市里赶集时把判决送我一份,可至今人家一个鬼影都没有送来。人家是冲你的大名来的,可能对我不满意啊。”

我很不好意思地接话:“这样啊。你等着,我电话问问她们到底怎么回事。”

放下老同学的电话,我挂通了红衣女的电话:“判决拿到没?”

红衣女:“拿到了。”

我:“庭审当天,代我出庭的律师是不是跟你们说过领到判决后要给他一份儿?”

红衣女:“好像是的。”

我:“那你为什么不给人家送去?当时我有急事要换律师你们是同意的呀。对帮助你们的人,咋能没点感恩之心呢?”

红衣女:“可我才判得一个儿子。”

我:“那是法官根据证据和实际情况作出的决断,并非律师不作为或者不尽力造成的后果。如果你对判得一个儿子不满意,可以上诉。但是,请你务必在进城赶集时,将属于律师的判决送给人家。否则人

---

① M 市预缴诉讼费的退还惯例以“便民”为原则,对于判决或调解中明确由被告承担诉讼费用或者原、被告共同分担诉讼费用的,即便原告丢失发票原件,法院也会按照办案法官手中存留的发票复印件办理退费手续。

家没法归档的。”

红衣女嘟嘟囔囔说了一句:“我们更相信你,但是你没有去法庭帮我们。”

我一下子恍然大悟,原来她们对于律师调换真的是心有不满呀:“妹子,这个事情当时已经跟你说了,我实在是有急事没办法出庭。而且代班律师是我的老同学,他做律师的时间比我长多了,对他的业务能力和人品我都能保证的呀。如果你们有意见,当时干嘛不直说呢?”

放下电话,我专门去了趟老同学所在律所,翻看了老同学整理的卷宗,他装订的卷宗非常专业:除了各种诉讼文书外,庭审笔记也记得极为细致。我刚做律师时曾专门研究各种卷宗长达一个月,可以说除了五十岁以上的老律师会认真记录庭审笔记外,大部分年轻律师的卷宗里是没有庭审笔记的。那么问题来了,是老律师迂腐呢,还是年轻律师过于毛躁?就我个人而言,记庭审笔记,一来可以固化庭审过程的细节,二来可以增强律师对案子的理解。这样的努力,对于一审就能结案的案子可能无关紧要,但对于一审后提起二审甚至出现再审申请的案子却非常重要。律师不能掌控案子最终结案的时间点,所以踏踏实实记庭审笔记绝不是多此一举。看到老同学并没有被律师圈里偷懒的风气带“坏”,我不由得心生欢喜。

最后,老同学拍着我的肩头说:“老班长,做基层律师遇到类似本案当事人这样的客户不奇怪,反正但求无愧于心吧。否则非得把自己气死不可。”

涉婚案件背后的两个问题

2017年8月6日

如果仅把办案作为工作的全部目标,显然有些肤浅。办案,应该被当成一种思考的渠道。在过去的几年中,身处最基层第一线的司法裁决场,目睹起诉离婚以及各种家事诉讼中的悲喜,我经常思考以下两个问题:

起诉离婚,是否真就意味着妇女的觉醒?

从M市法院的统计数据来看,2011—2016年,离婚诉讼中原告为女性的比例均在70%以上,且呈现出逐年上升的趋势。

M市离婚诉讼原告情况统计表

时间	原告为男性	原告为女性	原告为女性所占比例
2011年	94	230	70.99%
2012年	107	289	72.98%
2013年	119	311	72.33%
2014年	108	337	75.73%
2015年	105	411	79.65%
2016年	103	372	78.32%

上表中的数据与我的办案实践高度吻合。然而,该数据并不能直接证得女性社会和经济地位上升,权利意识和法律意识不断觉醒,封建思想对女性的影响正逐步减弱,女性对于婚姻的认识日趋成熟等结论。事实上,通过这几年在M市的办案和调研,我得出的结论恰恰是相反的:与较为发达的城市相比,农村女性的社会和经济地位的改善

出现了倒退;封建思想对农村女性的影响有减弱但力度不强;农村女性的权利意识和法律意识有所觉醒,但更多的是幻灭。

曾有不止一个农村妇女向我咨询,法院虽然判决离婚了,但前夫却仍然不断骚扰其生活,在街头遇到甚至还要将其暴打一顿。找派出所,派出所一句“夫妻的事情,我们不好管”就把人打发走了。尽管按照现代法律治理模式,对于侵害健康权和身体权的打人行为[1],完全可以通过民事甚至刑事诉讼来制裁打人者、维护相关权益。但是,在实践中,诉讼维权往往会招致暴力升级的更大危害。

不仅如此,近年来中国男女收入差大幅度拉开的现实也不容忽视,这在一定程度上反驳了“女性社会和经济地位上升”的论调。联合国妇女署中国国家项目经理 Julie Broussard 在中国第三届女性领导力论坛的发言中指出:“在过去 20 年里,中国男女平均收入差距正在扩大。1990 年,城市女性的收入是男性的 77%,农村女性的收入是男性的 79%,但是今天我们发现这个比例变得更低,分别下降至 67.3% 和 56%。”[2]也就是说,相比城市女性,农村女性的社会和经济地位是没升反降的。在这种情况下,嫁人就成了农村女性“较优”的选择。因为婚姻中的共同财产制度作为婚姻的基本制度可以起到夫妻(男女)收入再分配的作用。依上述数据可以推导出,假如一个中国农村女性婚前赚 56 元,和她对应的男性收入就有 100 元。两人婚后共同收入则为 156 元,平均下来,她的收入就有 78 元。这一直观的数字,使得在男女收入差越大的地方,女性早婚现象越普遍。但是,早婚往往与心智不成熟相伴,也就更容易被男性“物化”成生孩子、做饭、洗衣服的工具。这些都是滋生家庭暴力的温床,即在一家之主的男性看来,“吃我的用我的,打几下怎么啦”,比如前文《漫长的离婚》中作威作福、浑不讲理的丈夫。

---

① 打人,是法律上故意伤害的通俗表达,其法律后果以“轻伤二级”为界,“轻伤二级及其以上的”是涉嫌故意伤害等罪行的犯罪行为,“轻伤二级以下的”则是民事侵权行为。

② 《过去 20 年中国男女收入差扩大 10% 女性高管稀少》,http://finance.qq.com/a/20120329/005614.htm,2012 年 03 月 29 日访问。

此外，惯性思维让我们想当然地认为：离婚率的高低，除受情感因素影响外，还与当地的经济发展水平、群众生活习惯和居住人口特点有着密切联系；离婚案件大多集中在该市政治经济文化最为活跃的市政府所在乡镇，以及人口较多、经济发展较快的“先进”乡镇。事实上，较发达乡镇比落后乡镇离婚率高只是一种表象。如前文《离婚的“经济账”》说明，即便是经济欠发达的乡镇，群众在“成本核算”方面也不输其他乡镇的群众。

曾经遇到过一个来自 M 市最贫困乡镇之一五山乡的当事人，没考驾驶证的他居然通过种地买了一辆小汽车。若是来城里办事，他就请同寨子有驾照的同伴当司机，平日在寨子里，就自己开车。我问他，既然同伴都考了驾照，你自己也去考一个呗。他很腼腆地说，现在驾驶员培训又贵又严，反正主要在寨子周边活动，就不折腾了。就考驾证这个问题，这个欠发达乡镇的小伙子是明知“驾驶机动车必须获得驾驶证”这一国家强制性治理规则的，但因为生活在国家强制性规则鞭长莫及的山区，小伙子就坦然地在山里无证驾驶。

进一步说，即便是在较为发达的乡镇，经济落后的村子也会呈现出与欠发达乡镇一样的局面。比如，有一个村叫“红塘子”，是一个苗族村寨，该村妇女首次生育的年龄大多在 13 周岁左右。新哨镇派出所的户籍民警曾经给我描述过这样的场面：“一群大娃娃抱着小婴儿来上户口，稚气未脱的小妈妈们叽叽喳喳的，吵得人脑壳疼。”

因此，对分析数据需要保有一定的克制和谦虚。就拿 M 市法院的统计结果来说，看到“70%以上离婚由女性一方提出”时，并不能武断推测“妇女已觉醒”，而应当更为细致地挖掘数据背后的个案事实。

“二次离婚诉讼”审判规则

受传统文化观念“宁拆一座庙，不悔一桩婚”以及司法实践中“夫妻感情确已破裂难以判断”等因素的影响，“二次离婚诉讼”规则成了法官处理离婚诉讼的非制度性规则。

在前文《漫长的离婚》中，“二次离婚诉讼”规则的存在，使得被家暴的妇女不得不耗时一年多，且付出了净身出户的代价才得以摆脱恶魔般的丈夫。

从法律本身来说,“二次离婚诉讼”规则与《婚姻法》对离婚采取“限制主义”态度以及对离婚标准的模糊化表达等息息相关。《婚姻法》第32条第2、3项对准予离婚的情形采取的是“例示”表述,即在概括性标准“如感情确已破裂,调解无效,应准予离婚”之后,明确列出夫妻感情破裂的四种情形:“重婚或有配偶者与他人同居的;实施家庭暴力或虐待、遗弃家庭成员的;有赌博、吸毒等恶习屡教不改的;因感情不和分居满二年的。”事实上,这四种情形在举证上仍然存在操作性不强的问题。在我调研期间,很多前来咨询离婚的妇女都谈到丈夫有酗酒、赌博之类的恶习,但多为口头说明而无任何可用于司法之证据。

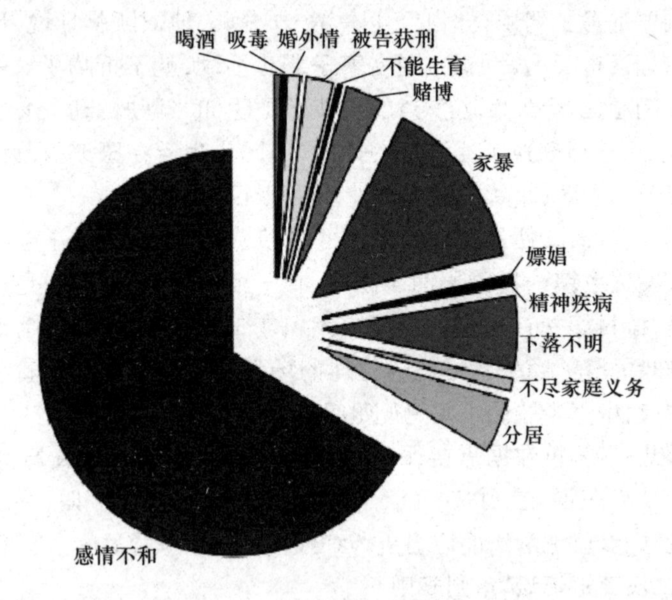

2015年M市法院离婚案件起诉理由图

此外,随着时代的不断进步,离婚原因也日趋多元,立法中列明的四种离婚情形并不能完全概括感情破裂之原因。数据显示,20世纪八九十年代,导致中国城乡居民离婚的三个因素分别为“性格志趣不同、家务矛盾、草率结婚”,占到离婚案件的72%。[①] 又如中国政法大学巫昌祯、夏吟兰等学者进行的《婚姻法执行的问题》课题组调研发现,在北京,60.5%的被调查者是因为性格不合而分道扬镳的。[②] 事实上,从M市法院的统计来看,以该市2015年离婚起诉原因为例,表现为感情不和的性格志趣不同就是离婚的最重要理由。

《婚姻法》中离婚标准的立法表述与现实的偏离给基层家事审判的法官和代理律师都造成了极大困扰,不管是裁判的法官还是代理的律师,在成文法体系内都找不到相应的处理标准。“清官难断家务事”成了家事法院和代理律师共同的难题。于是,对于法官来说,适用“二次离婚诉讼”规则就成了相对安全的选择。然而,对于婚姻中弱势的一方当事人而言,此规则意味着更长时间的折磨。

2016年,最高人民法院在全国选择了100个左右基层、中级人民法院开展家事审判方式和工作机制改革试点,期待这次改革试点能够就“二次离婚诉讼”等家事审判的潜规则提供新的变革思路和实践模式。

事实上,家事审判改革中还需要注意这样一个问题,即“维护婚姻家庭稳定”的司法政策与“离婚自由”的婚姻立法之间并不冲突。正如前文记录的“分手快乐”案件一样,诉讼离婚,也可能是夫妻双方基于“方便、经济”考虑之后的选择。如果过分强调“维护婚姻家庭稳定”,可能会导致对婚姻这一私域的过度干涉。

---

① 陈宝忠:《透视离婚案件——来自湖北云梦县的调查报告》,载《人民日报》2000年2月17日第10版。

② 巫昌祯主编:《婚姻法执行状况调查》,中央文献出版社2004年版。

芸芸众生相

在云南边疆，随着法治观念的增强，“厌诉”“怕诉”等老想法对群众的影响正逐渐减弱，权利意识在群众中觉醒的标志就是基层法院民事诉讼收案率的大幅攀升。可以说，我见证了 M 市法院收案数不断翻倍的过程。不管是恶人先告状，还是有冤屈找法院，抛开案件的最终评判，群众对于法院定分止争的认可和信任，确定表征着依法治国方略已经深入祖国的大江南北。

一位朋友曾对我说，医院和殡仪馆是最好的人生课堂。在医院能够体悟新生与重生的喜悦；在殡仪馆可以感知死亡的解脱。事实上，法院又何尝不是最好的课堂呢？悲欢离合在这里上演，惩罚与救赎在这里实践，芸芸众生在小小法庭上的表现往往比医院和殡仪馆更丰富，也更令人感伤。

然而，不管是贪婪还是狡诈、落井下石还是宽宏大量、误会还是委屈……法律的光辉总能复原最本初的珍贵——公平。

庭审“后援团”

2015年6月23日

我作为原告代理人的一个机动车交通事故责任纠纷案下午开庭。

没想到，中午十一点多，三辆手扶拖拉机拉来了包括原告及其亲属在内的大大小小二十余人。这些人呼啦啦全进了我的接待室，小小的接待室顿时就呈现出满负荷的景象。站我面前的原告一脸微笑地说：“杨律师，走，跟我们一起去吃饭。吃完饭下午才有精神打官司呢。”

推辞不了，我只好和他们一起到法院门口的一家饭馆共进午餐。二十多人分三桌入座，坐下来后，不停地有亲朋跑去点菜……边吃边有新菜上桌，直到每个人都吃饱了，菜还在源源不断地上上来。不出所料，原告一算账，三桌人居然吃了将近2000元，相当于寨子里普通人家一个季度的收入。贵得咂嘴却只能咬牙支付，看着原告脸色的细微变化以及餐桌上一个个吃得滚瓜溜圆的亲朋，我不知道说啥好。

下午两点左右，大家一起排队通过法院安检大门，虽然我事先已提醒原告务必告诉带着小孩的亲朋不能进场，可不知道怎么回事，仍有个二十出头的妈妈背着两岁多小宝宝排队准备安检，结果当然被法警拦住了……二十多个旁听亲朋的安检前前后后花掉约有三十分钟(因为是彝族同胞，基本上每个男性都挂着个小刀，解下小刀给法警保管就花了不少时间)。

二十多个旁听的亲朋基本上坐满了小法庭的旁听席。

尽管独任审判的法官在开庭前再三强调在场人员必须关闭手机

或者将手机调至震动模式,但后来的事实证明,这些旁听的亲朋根本没有理会法官的要求。庭审过程中,好几个人的电话铃先后响起,分贝极高的音乐让严肃的庭审现场产生一种荒诞的感觉。

而最让人受不了的是,在被告宣读答辩状的过程中,旁听席上的亲朋听到不满意的内容,总会自告奋勇地直接站起来"反对"。尽管法官多次制止,但是对旁听的亲朋毫无作用,他们给予原告的不仅是壮胆,还有自以为是的"仗义执言"和"拔刀相助"。

总之,这是一场因亲朋"声援"而被搅得不太流畅的庭审。我从审理法官的脸色中读到了"无奈"和少许的"愤懑"。也正是因为这些意外的干扰,调解没能成功进行,法官后来只好宣布休庭,逃出法庭。

结束庭审后,我和原告走在最后边,我问:"你怎么叫这么多人来旁听啊?这又不是比哪边人多的事儿。"

脸上有丝歉意的原告解释说:"杨律师,你不知道,我们彝寨就是这种习惯,哪家有啥事,就要通知寨子里的每一家人,然后在办事当天各家都要出一个代表参加。我家这个事情,也必须遵守寨子的规矩。不通知或者只通知几家人的话,寨子里会说我家看不起人,闲话一讲我们不好做人的。"

原告这么一说,我才恍然大悟。与城乡接合部或者经济较为活跃的农村不同,原告所在的寨子是M市两个较为落后乡镇中的"尾巴"村寨,加之又是彝族聚居区,"有事大家一起上"的传统仍在该寨子的社会活动中具有非常重要的作用。

我:"晚上不要再去馆子吃饭了啊,中午那么贵,还浪费掉许多。一会儿,你就带着他们去吃大碗米线得了。"

原告"嘿"的一声,边摸脑门边说:"谢谢杨律师,中午确实太贵了,够买三头大胖猪啦。确实是吃米线实惠。你和我们一起去吃嘛。"

我笑着说:"不用了。赶紧带着亲朋去吃吧。早点吃完好回家,拖拉机不安全,乘天没黑赶紧回去。"

"急诊律师"

2016年1月6日

与城里人遇到官司会早做准备不同,边远山区的群众对待官司的心态基本上是围绕一个"躲"字展开的——能躲就躲;实在躲不过去了,才会在"神秘和恐惧"的裹挟下"临时烧香"以期躲过一劫。

昨天下午三点多钟的时候,接待室里来了一个二十出头的小青年,一脑门子的着急上火。

我:"你有什么需要帮助的?"

小青年:"我被人家告了,明天就要开庭了。刚才我去找了法官,原本打算跟他解释清楚,但结果说不清楚,他要我找个律师。看你这开着门,所以就进来问问。"

我:"什么官司啊?"

小青年:"种三七引出来的祸事。我是远近闻名的种三七能手,前几年三七价格好的时候,个个巴结我,要和我合股。现在三七掉价了,亏损了,他们就怪张怪李找我麻烦。我和到法院告我的人是一个寨子的,但是我和他没有签过种三七合同。现在他却跑法院告我差着他7.5万元的三七款。"

我:"怎么明天就要开庭,你今天才来找律师?"

小青年:"三七掉价,我整天忙得焦头烂额的。本来想着我自己找法官说清楚算了。谁知道说不清楚。也怪我自己没文化,读书少。"

我:"你把起诉状给我看看。"

小青年:"什么叫起诉状?"

我:“就是人家写到法院要你赔钱的那个状纸。”

小青年:“哎呀,那个找不到了。我这三四个月都守在三七地里,状纸塞哪都不知道了。”

我:“这么着吧,咱们先签委托书,乘现在法院还没下班,阅卷和查看诉状我去一次办了,你在办公室等着我回来。”

小青年:“好好好!你怎么说我就怎么办。”

办完手续后,我直奔法院找到办案的张法官。

张法官:“刚才在我办公室里说又说不清楚,东拉西扯的。让他赶紧请律师,他这动作还真是快。”

我:“快是快,但还是说不清问题。这不才办完委托手续,我就赶紧来找您阅卷啦。”

张法官:“卷宗在这儿,证据、诉状都在里面。”

我:“那我去复印一下,再给您送回来。”

获得法官允许后,我赶紧将卷宗送法院二楼的复印室复印。

回到接待室,一脸焦虑的小青年仍然坐立不安地走来走去。

小青年:“律师,这个事情不会真要我赔钱吧?要是真要我赔钱的话,我是不是应该把车子房子都过给我媳妇呢?”

我:“你不要胡思乱想。情况我还没来得及看呢。再说了,明天八点半就要开庭,你现在去转移财产不是搞笑吗?”

小青年:“那我怎么办啊?”

我:“既然你委托我当你的律师,首先,你要信任我,相信我会按照法律规定给你想办法;其次,你在这儿焦躁不安的会影响我工作,你先回去吃饭,等我捋顺案情,晚点儿我给你打电话你再来,好吗?”

小青年:“意思是我可以先走了,回去等你电话?”

我:“对的。”

小青年:“要是你不打电话给我呢?”

我:“刚才已经说了,请了律师就要信任律师。你这样疑神疑鬼的,我怎么帮你啊?明天就要开庭了,今天这个时候你才过来,就像去医院看急诊,你还老是干扰医生诊断,怎么得了?”

小青年："好嘛。你务必记着给我打电话啊。"

终于送走了啰里八嗦的小青年，我开始分析证据和诉状的内容。

原告提供的证据包括三个合同：第一个是原告与案外人高某、熊某于2013年6月19日签订的《三七苗买卖协议书》(以下简称"合同一")；第二个是案外人高某与被告小青年于2013年7月15日签订的《三七苗买卖协议书》(以下简称"合同二")；第三个是被告小青年与原告于2014年1月4日签订的《三七欠款协议》(以下简称"合同三")。

原告认为，由于三个合同的标的物相同，故合同三构成对合同一、合同二中权利义务的概括移转，因此，案外人高某、熊某对原告的付款义务应当由被告小青年履行。

仔细分析证据中的三个合同，原告的主张是无法成立的。在合同一中，各方没有约定原告和案外人高某、熊某各自所占的三七份额；合同二中同样没有约定案外人高某和被告小青年之间各自所占的三七份额。合同三作为原告与被告签订的附条件合同，约定的条件是在被告支付原告9.25万元的三七籽条钱款后，相应的三七籽条归被告所有。三个合同彼此独立，不存在合同权利义务的概括移转。

捋清证据(三个合同)的关系后，当晚九点多钟我打电话让小青年来接待室，核实我从证据中推导出的原告、被告和案外人高某、熊某的关系。

听完我的分析，小青年说："律师，你太厉害了！就是你分析的这个了。我表达不好，你说的都是对的。三个合同是三个事情，原告故意搅在一起陷害我，我向他买三七籽条这个事情是他骗我的，我已经付给他5.1万元了，但是他一根籽条都没给我。他现在还恶人先告状，我可不可以也告他？"

我："先把明天的事搞清楚再说吧。"

与小青年见面核实情况后，诉讼"急诊"的准备工作我一直做到深夜十二点多才完成。

法庭上，我的代理思路主要围绕着"合同相对性原理"展开——三个合同彼此独立，不存在相互牵连的情形。原、被告之间的附条件合同因为条件未成就,所以合同成立但没有生效;至于原、被告与案外人之间的合同,合同一与被告无关,被告与案外人之间的合同二则与原告无关。

庭审结束后,跟着我回到接待室的被告小青年问:“律师,你和原告律师之间打嘴仗,我听不懂什么意思。这个案子到底会怎么判啊?我是不是应该下午去把车和房子转给我媳妇呢?”

我:“从庭审和证据的情况来看,我觉得法官驳回原告诉讼请求的可能性很大。你这个人真是的,怎么老是想着转移财产,说句难听的,只要你和你媳妇没有离婚,转给她或者在你自己名下的效果都是一样的。而且房子只有你一个人的名字,是婚前买的,你转给你媳妇,万一她真的嫌弃你,那你就真的一无所有了。”

小青年:“我还是怕啊。”

我:“有啥好怕的?赶紧去种你的三七吧。判决下来,我再通知你。”

小青年:“哦,确实是要去看看我的三七啦。这两天因为官司的事情,我都没能好好管理我的三七。”

小青年对三七的热爱把我逗乐了:“那还不去。胡思乱想什么呢?”

小青年憨憨地回了一句:“律师,你不知道,就是因为种三七,我才能讨城里人做媳妇的呀。”

第二天,办案法官通知我去领裁定。原来庭审结束后,自觉理亏的原告就申请撤诉了。

鸡飞蛋打

费孝通先生在《乡土中国生育制度》一书中关于乡间无赖借助现代法律告状的结果是破坏农村社会秩序的分析，一直被奉为当今农村法社会学的经典教义。[①] 事实上，这恰恰是误会了“现代法治”的精髓。比如，轰动全美的辛普森杀妻案，作为借助现代法律规定逃脱法律制裁的有钱无赖的经典案例，能说它破坏了现代法治吗？

现代法律作为格式化治理的核心，提供的是整体性的公平正义，个案的偏颇并不能否认现代法律的价值。如下面这个案件，原告用殴打的方式逼迫与其恋爱的女子将恋爱期间获取的好处折价为借款，然后将女子告上法庭，从情感上来说，确实很恶劣；如此恶劣的行为最终按照民事诉讼“盖然性”证明标准却获得胜诉，更令人沮丧。还好，四海为家的被告令原告无法申请执行，这种鸡飞蛋打的结果，或许是现实对法律在某种意义上的修正吧。

收案

2016 年 8 月 16 日

差不多整个下午，接待室门口总有一个五十出头的矮个男子走来走去，偶尔与我四目相遇后就慌慌忙忙朝大街走去。约莫下午四点多钟，他还是走进了我的接待室，气鼓鼓地问：“律师，打个简单的官司多

---

① 参见费孝通：《乡土中国生育制度》，北京大学出版社 1998 年版，第 58 页。

少钱?”

我:“怎么个简单法?你不说清楚,我没法回答你啊。”

他坐在沙发上,用手使劲儿地拍掉被高高卷起的左裤腿上的红土,然后向我讲述了这个一直困扰他的特殊“民间借贷”。他姓谷,按他的说法,有个小姑娘为了骗他的钱,就假装和他谈恋爱。发现苗头的他,算来算去让小姑娘签下一张金额为“贰万”元的欠条(出借人是谷某,借款人是小姑娘)。现在小姑娘不和他谈恋爱了,所以他想要回被借走的2万元钱。

听完他的故事,我问:“恋爱和借款是不同的法律关系。欠条是不是你逼迫人家签的呢?”

谷某拿出欠条原件搁我面前:“没有,这个欠条是我们在外面请打印店给打印的,我和那个小姑娘只是在出借人和借款人的地方签字摁手印了,‘贰万’那里的手印是小姑娘的。”

我:“从你讲的情况和这个欠条来看,起诉没问题,你提供的欠条能够证明你想证明的事实。但是,如果你对我有所隐瞒的话,官司打起来,人家小姑娘有证据证明你这个欠条不实或者有别的问题,那么对于你所期望的诉讼结果我是不能保证的。”

谷某:“这个问题别的律师也是这么说的。跟你直讲吧。我现在主要是考虑律师费的价格。这一个下午我走出走进,为的就是请律师这个事情了。”

我:“这个案子很简单,其实你只要请律师代书起诉状就可以了。”

谷某掏出一叠纸,边给我展示边说:“律师,你看,街对面律所的律师半个月前就帮我写好诉状啦,案子我都去法院立案庭立好了,但是自己出庭这事儿吧,想想还是觉得不稳妥,所以今天就是想着找个律师帮我出庭。”

我:“那你怎么不去找给你写诉状的律师呢?”

谷某狡黠地来了这么一句:“我是去找他来着,他要我6000元。太贵了。”

在M市,6000元大概是民事诉讼代理费的中位数,从我私下了解的情况来看,律师基本上"看菜吃饭"——遇到有钱人或者案件办理难度系数大的就在此价位基础上相对上浮,遇到贫苦人或者案件难度小的就相对下调。

平心而论,谷某的案子收6000元确实太高,毕竟立案等前期工作他自己已经完成了,说白了留给律师的唯一任务就是代理出庭。因此,权衡再三我给他的最后报价是2000元,这并非我意图扰乱当地市场搞不正当竞争。

谷某一听这个价格,喜形于色:"律师,你这个收费就比较合适了。看来我今天抽出一个下午没去做活是对的呀。"

办理完委托手续后,谷某把他手上的全部材料都交给我,还反复叮咛开庭时间就在三天后的周五上午。

出庭

2016年8月19日

一大早,换了一身干净西服的谷某站在法院大门口。我以为他是在等我这个代理律师,快步走近他,客气地说:"咱们进去吧。"

结果他来一句:"律师,你先进去,我在这等那个死婆娘呢。音信全无五六个月了,去她家寨子里找了好几回也没见着人。我得在这看着她到底来不来会我。"不一会儿,从远处朝法院方向走来了三个男子和一个女子。谷某指着女子大叫到:"终于来了,你这个不要脸的女人!"尔后又轻声对我说:"另外三个男人都是我的亲家。"[①]我就更纳闷了——怎么会有亲家帮衬对手的道理呢?

在法庭调查中,当独任审判的男法官拿着谷某出示的欠条询问被告女孩时,这个大约二十四五岁的彝族女孩支支吾吾地回答:"我是被人介绍了跟他的。钱是拿了些,但都是谈恋爱的钱。欠条上的字是我

---

① 在包括M市在内的不少边疆地区,"亲家"和中原地带"拜把子兄弟"是同一内容的不同表达,体现的都是农耕文明中对"人多力量大"的渴望。

签的，可我没办法，不签字他就打我。"

这时，旁听的谷某亲家们也跟着起哄："亲家，你领着人家小姑娘人前人后地显摆，该给人家的还是要给点，做人不要太差。你又不是没有钱。谈恋爱还要人家小姑娘倒贴，难怪嫂子会跟你离婚。"

法官："肃静，旁听人员不得干扰法庭审理。"

谷某听到这里，突然起身径直朝法庭大门走去。

法官："谷某，你要干什么去？没有法庭的允许，你跑出去就等于是不要我们法院给你处理问题咯。"

谷某很尴尬地说："我想出去买包烟来给大伙儿抽。"其实，这种场合下，谷某想以"买烟"为借口开溜，绝大部分原因是亲家们的起哄让自己脸面全无罢了。

法官："请注意法庭纪律。谁说开庭能抽烟的？"

至此，我心中的谜团也解开了大半：原来，这谷某靠着带领农民"游击队"给建筑工地拉沙灰，算是村里比较富裕的那一拨人。有了钱之后，他就学着社会上的不良风气，开始"包二奶"，后来索性和老婆离了婚，长期在外面花天酒地。这次被他告上法庭的女孩就是拿了他的钱跑路的"姘头"。

谷某到底没有敢擅自离开法庭，少了刚开庭时神气的他慢悠悠地说："反正欠条已经打在这了，欠债还钱天经地义。"

法官："被告，你说说你的看法。"

女孩："法官，这欠条是在他打我之后，我没有办法才签的。"

法官："你的意思是这个欠条是被胁迫签的吗？"

女孩："是的。他打我，然后逼我签字的。"

法官："你有什么证据吗？"

女孩："没有证据，他就是农民街的出租房里打我的。"

法官耐心地向女孩解释："没有人证或者物证的情况下，我们不能光凭一方的说法就否认对方证据的合法性。"

女孩："我认着呢。可我也没有钱还他。"

谷某："你这个卖屁股的，到处骗钱。还好意思装可怜？!"

事已至此,除了履行律师在庭的程序外,我基本上没发言。因为女孩在法庭上的陈述和表现让我相信她说的欠条由来不假,但作为谷某的律师,即便是特别代理,我也不能在法庭上做出对被代理人有害的举动。

长期在基层一线裁判的老法官火眼金睛,自然也能洞察到事情真正的来龙去脉,到了调解阶段,他先问女孩:"你现在做什么工作?一个月拿多少钱?"

女孩:"我现在帮人家做米线,一个月1500元。"

法官:"原告,你看,被告的收入不高,所以你这边能不能让着她一点啊?"

谷某:"我被她坑死了,让不了。一分都不能让。"

法官:"被告,对于原告欠条上的钱,你能还多少?"

女孩:"我没有花过他那么多钱,我和他在一起差不多三个月,我认着还他一万块。"

法官:"原告,你看被告已经表态了,全部偿还有难度,但是被告还是愿意还一半的,你看行吗?"

谷某:"不行,就是要一分不少。她做什么米线,就是到处裹(勾引)男人。"

法官看到原告没有任何可以商量的余地,只好宣布休庭,择期宣判。

出了法庭,我的心情依然不好,不是为自己的被代理人,而是为坐在对面的被告:年纪轻轻的小姑娘就混迹社会,成为男人的玩物不说,因为文化少和地位尴尬的关系,被玩弄、被打骂之后还面临着赔偿糟蹋自己的男人钱的境地。

申请执行

2016年9月13日

上午十点左右,差不多一个月没来找过我的谷某,裤脚一只高一只低地走进我的接待室,抬起门后的水烟筒,在门口边吸烟边气鼓鼓地问:“杨律师,判决下了之后,这个死婆娘音信全无,一点还钱的意思都没有。你怕是要帮我想想办法。”

我:“什么时候下判的,我咋不知道?”

谷某咧嘴一笑:“早就下判了,当时审案的法官叫我去拿的判决。我连你的判决也一起领了。忙忙碌碌中就忘记把判决送来给你啦。”

我:“你倒是会说话。什么叫忙忙碌碌的忘记送判决给我,我这接待室和法院离得这么近,你多走几步不就送来了。你知道不,不给我判决,我就归不了档,我们律所可是会处罚我的。要是被告赔了你的钱,你怕是不会再来找我了吧?”

谷某:“杨律师,你不要这么说嘛。我现在不是来了嘛。怎么执行,你可要帮我想想办法啊。”

我:“想办法?当时我就劝你了,你和被告也算是恋爱一场,她愿意还你一半你接受就得了,可你偏要一分不少。她一个四处流浪的打工者,上哪去弄判决上的那么多钱啊?抛开法律来讲,你也是自作自受。”

谷某:“唉,事情到这一步了,你别再说我了。帮我想想办法吧。”

我:“有什么办法?最多就是给你写个执行申请,能不能执行得下来就很难讲啦。”

谷某:“那么你就先帮我写个执行申请吧?走一步算一步吧。”

我:“你判决在哪?不拿判决来我怎么写执行申请啊?”

谷某:“还要判决啊?我没带来。你等着,我回出租屋去取,半小时后就送来给你。”

还不到半小时光景,满头大汗的谷某就奔回了我的接待室,气喘吁吁的他手里攥着已经被揉得皱巴巴的判决书。

谷某:“杨律师,判决书给你。暂时就只找到这一份,一会儿写好执行书,这份就搁你这啦。给我复印一份就成。”

不一会儿,执行申请就写好了。

谷某冷不丁来了一句:“多少钱?”

我:“不要钱啦。我估摸着交过去也基本上要不回钱来。”

谷某:“唉,我这两年倒霉啊。被这个小婆娘骗点那个小婆娘骗点的,确实遭罪。”

我:“你咋不找个正经人结婚呢?”

谷某突然大笑起来:“我都是当爷爷的人啦,可不是什么老光棍。这两年干建筑赚了些钱,然后灯红酒绿的心玩野了嘛,就把家里的老婆离掉了。”

我:“原来如此。这回吃亏吃够了吧?一大把岁数的人了,别在外面瞎折腾啦,买点水果,回去给家里的原配老伴儿认个错,好好过日子吧。”

这时候谷某低下头微微地说:“也是。”

给谷某写完执行申请书后,他就走了。我后来去 M 市法院开庭什么的,偶尔还会看到他在法院附近出没,只是每次远远地看到我,他就躲开了。不知道他的钱讨到没有,更不知道他有没有回家给发妻认错……

“朋友圈”里的名誉侵权案

智能手机的普及,改变了中国绝大多数人的生活模式。过去,村里小青年之间闹个意见,只能在房前屋后造成影响。但是,有了微信“朋友圈”功能之后,芝麻点儿的事情在网络“现场直播”所造成的破坏力往往是传统“骂战”的数十倍。从前,小青年们闹意见后,村里的长者出来主持公道便可化解。而今,一方面,很难理解“朋友圈”意义的长者无法处理这种新时期的新矛盾;另一方面,维权意识强的“80后”也更乐见司法救济的权威性。于是,更需要理解“乡土中国”且能“恩威并用”的法官来化解小青年之间的纷争。

人在店中坐,祸从门外来

2016年5月23日

今天一早,小学同学杨某带着姓王的小兄弟来找我求助。事情是这样的:

小王在M市远近闻名的葡萄之乡经营一个农资店,头一回学种葡萄的同乡汪某一直在小王店里赊购农药、农肥。上个月,汪某从小王这里赊了五六瓶膨大素,但由于给葡萄上药没有把握好用量,先涂药的葡萄(大约有2亩多)农药浓度畸高,导致葡萄生长过快、过大而相互挤压、开裂甚至掉果。于是,2016年5月19日上午(镇子赶集日),汪某纠集其他两人堵住小王的农资店大门,拉扯出“出售假冒农药农肥、造成果农损失惨重”的横幅,且用电动喇叭滚动播放小王“售假”信息,干扰赶集群众到小王店内购买农资。对于汪某的无赖行径,小王拨打110报警,警察来到现场劝解汪某等人后便离开了。而警察一离开,汪某等人又将横幅拉出、喇叭打开,继续诋毁小王,导致当日没有一个客户敢进小王的店里选购产品。当天中午十二点四十八分,汪某还在其朋友圈发出第一条诋毁小王名誉的图文,将小王合法经营的农肥污蔑为“工商部门鉴定是假东西,受害者要讨个公道说法”。此后,该不实消息立即在朋友圈迅速传播。当天下午三点零一分,汪某的亲兄弟也在其朋友圈转发汪某发的图文并配上文字“假假假,你让我葡萄无果,我让你店里没人……一不做二不休,看见的赶紧转发”。第二天(5月20日),汪某诋毁小王的图文在网络继续发酵——网民“乡哥”也在其朋友圈以“某某假农资店”为标题转发汪某诋毁小王的图文,并将小王的店址“农贸市场口口处”也贴出来;网名为“失”的女网友在“滇东葡萄健康栽培联盟葡哥萄姐群”(群成员100人)贴出汪某拉在小王店门口的横幅……受不了汪某的诋毁,小王主动联系了农业部门和工商部门的执法人员,执法人员检查并认定小王经营的农药、农肥符合国家相关标准,不存在销售假冒伪劣农药、农肥的行为。但是,汪某仍不依不饶,一方面对小王漫天要价,要求赔偿30万元弥补其葡萄掉果的损失,另一方面则要求小王免除其赊欠的农肥、农药款。小王实在是不堪其扰,这才想着通过法律维护自己的合法权益。

了解完小王的悲惨遭遇,我给出的司法解决方案是:名誉权案子和欠款案子同时进行,必须把有意刁难者的气焰打下去。小王也认同我的思路。

我:“下午我跟你到镇里取证,因为汪某不仅仅只在虚拟世界侵犯你的名誉权,他在现实中也侵害了你的名誉权,拉横幅、放喇叭……这些都是已经发生的事实。既然你的店在镇上的显眼位置,那么左邻右舍也一定都看到或听到些内容了。”

小王:“是的,当天是赶集日,人非常多,而且我也报警了,警察都来处理过的。”

我:“嗯,那好,咱们下午就去取证。”

小王:“姐姐,现在就动身吧,吃完午饭,精气神好,干活有劲儿。”

我:“不需要了,你别客气。”

这时候,一直低头玩游戏的小学同学杨某开腔了:“老同学,你别假清高呀,请你吃饭你就去,客气就是见外啦。我带着小兄弟来找你,就是因为不和你见外。”

就这样,挂不住老同学的面子,我和助手直接坐上小王的车前往葡萄之乡。

吃完午饭后,取证开始。我们询问的第一个目击证人是小王农资店隔壁蛋糕店的老板娘。老板娘边低头用奶油裱蛋糕,一边慢慢悠悠地回忆了 5 月 19 日上午汪某大闹小王农资店的情况。当助手完成询问笔录的制作,请蛋糕店老板娘签字时,老板娘笑着对我说:“你怕是记不得我啦,咱们在一中是一届的。你现在当律师啊?”

说实在话,我确实记不得眼前这位巧手老板娘和我同过学,但是在这儿居然能遇到认出自己的同学,我心里还是很高兴的。急忙说:“是呀!时间过得太快了,都十多年了,确实没认出来。”

老板娘:“你会读书,是学霸。”

我:“你也很厉害呀,蛋糕做得这么好看,我就不会。读书又不是生活的全部,现在大家都生活得好就够了。”

老板娘:“你说的也对。你先去忙你的吧,饼干也快烤好了,我一会儿给你装点回去吃。”

接下来,小王带着我们去了斜对面的另一家农资店。说明来意后,老板非常热情地又是倒水又是看座:“唉,小王他卖的那个膨果素我这也在卖,卖了五六年了。明明是汪某自己用的不对,还倒打一耙赖小王。律师同志,说出来恐怕你不信,我们这些卖农肥、农药的,在农村才是真正的弱势群体啊。从春耕开始,农民买农药、农肥赊账,一般要一直等到秋收卖钱后才来结账。有时候有的农户一赊账就是两三年,我们这些卖农药、农肥的只能约起来组团去要债,有的农户家养只恶犬,甭说要账,跑慢点就可能被咬伤。其实,汪某搞小王就是想赖账啊。”

说完,这老板还走进柜台给我递来一本记账本。翻开一看,我被惊呆了:在特定的人名下 50 元、30 元甚至 10 元的赊账纪录,密密麻麻的,代表着相应农户的赊账情况。

第三个“证人”——小王门店正对门小卖铺的奶奶不但拒绝作证,还专门对我开展了批判教育:“汪某和小王都是这条街上我看着长大的孩子,不管我说谁、怎么说都是错,你这就是别为难人了。小同志,我看着你也是个通情达理的人,听我这老婆子一句吧——凡事多搭桥少铺刺!”

撤诉的背后

2016 年 7 月 1 日

2016 年 5 月 30 日,我去 M 市法院就小王诉汪某合同欠款纠纷和侵害名誉权纠纷进行立案。立案庭刘法官办理好相关立案手续后,忧心忡忡地说:“杨律师,名誉权官司可不好打啊。侵权行为和损害后果之间的因果关系证明太困难了。我当年在业务庭办案的时候,就一直觉得名誉权的官司非常伤脑筋。”

我:“谢谢刘法官!名誉权官司的确不容易,而且本案还牵扯到虚拟世界中的侵权行为,是很考验人。”

刘法官:“希望有个好结果。”

6 月 15 日,我到 M 市法院 X 派出法庭签收审案时间地点的送达文书——开庭定在 7 月 1 日 X 派出法庭。

6 月 29 日,小王给我打来电话:“杨姐,汪某昨晚上叫着村主任来我家道歉了,欠我的 2 万多元农肥、农药钱昨晚上也还给我了。他说希望我不要告他了,而且他还说明天(30 号)之前一定给我写一份书面的道歉书。”

倍感意外的我愣了半天:“有这样的好事?欠你的农药、农肥钱都还上啦?”

小王:“杨姐,是的,全还上了。我也纳闷呢,不知道他葫芦里卖的什么药,上个星期从我们门前过还趾高气扬、骂骂咧咧的呢。”

我:“既然他已还了你钱,如果明天再真的给你书面道歉的话,那咱就真去撤诉得了。”

小王:“好的,杨姐,那你明天等我电话吧。要是他真的写来道歉书,我就撤诉。”

6 月 30 日一早,八点不到,小王的电话就来了:“杨姐,没想到汪某昨晚就给我送来书面道歉了!而且,他把朋友圈里诋毁我的内容都删除了,书面道歉也挂在朋友圈里呢。”

我:“嗯,那一会儿我写好两个案子的《撤诉申请》,明天带去你那里给你摁手印,然后就送 X 派出法庭撤诉去。”

就这样,今天一早我带着写好的两份《撤诉申请》先去小王门店找他签字、摁手印,然而直奔 X 派出法庭。

X 派出法庭设在 M 市经济较为发达的 X 乡,是一个独立的小院落,在 X 乡的水塘边上。赶到派出法庭时,我向保安打听:“请问,张法官在哪间房呀?”保安手指着一楼大厅里正在跟群众说事的一位女法官说:“张法官就那一位。”

于是,我走到张法官跟前,客气地说:“张法官,我想找您撤诉。”

张法官笑着说:“嗯,你先去我办公室喝杯茶,我一会儿就来了。”

尽管初次见面,但张法官却让我觉得非常温暖。恭敬不如从命,我走进这座两层小楼,先是进一楼开着门的一间办公室,里面有个小伙子正在写东西,听说我是找张法官的,小伙子抬起头来说:“你找我们张庭长啊,她在外面给当事人做工作呢。”

我:“嗯,我进来之前看到了,张法官叫我先进来坐着等她。”

小伙子:“哦,那我带你去她办公室等吧。”

小伙子带着我去到二楼楼梯口第一间办公室,给我沏了杯茶。我等了差不多一个小时,张庭长才回到自己办公室,微笑着问:“你来撤诉吗?”

我急忙起身:“对的。原本今天下午开庭的两个案子——一个名誉权纠纷、一个合同欠款纠纷,被告昨天之前就全部履行了相应义务,所以我的当事人请我来撤诉。”

张庭长:“哦,看来,被告还是听得进劝了啊。”

张庭长这话一出,我有点发懵。

张庭长接着解释:“那天汪某来领传票的时候,我教育了他一个下午。好话丑话都说啦,看来还是有效果的。”

我忍不住笑了起来:“原来是您给他做过思想政治工作啦?”

张庭长:“对啊,作为最基层的法官,处理的十有八九是村邻之间的纠纷,张家长李家短的,必须以说服教育为主,否则即便判决下了,执行怎么办?原告、被告常常都还是一个村的,尽管现在是市场经济时代,人情薄了不少,但人情再薄也不等于就完全消失了是吧?在基层,化解矛盾最重要的是让冲突各方都‘服气’。”

张庭长的一席话虽朴实,但很深刻。从某种意义来说,尽管城镇化发展不断加剧,但在乡土关系没有完全瓦解的前提下,基于地缘和血缘关系的传统作用,基层法官的职责并非如大陆法系理论下所讲的“机械地适用法律”;相反,其工作性质,更多是以道德、伦理观念为支点,通过法律这一工具,实现教化群众之目的。

田地里的厮打

尽管城镇化的推进日益影响着 M 市这一边陲县市，但从整体来看，占人口总数 80%以上的农民仍是 M 市的关键多数。与城中村以及城边村的农民开始转型为城市人不同，在山寨，种地仍然是大家的主业。吃饭、睡觉占一天中 1/3 时间，在田地里干活则占到 2/3。回到家关起门出来问题了，叫“家事纠纷”；下地干活如出问题，则多为争地抢水闹出的“侵害健康权和身体权纠纷”。闹得轻的，如下面这个案子，在民事诉讼里就能解决；闹得不可开交的话，则有可能“涉嫌故意伤害”被“官办”。

“就为争口气”

2016 年 11 月 8 日

一般来说，乡村纠纷中，除了离婚、赡养外，最多的就是争田霸地或者堵路截沟引发“大战”而造成的侵害健康权之类纠纷。[①]

今天下午这个案子就是两个妇女因田间地头打架所引发的。本来，侵害健康权纠纷只要依法按照固定的伤害计算标准进行计算，围

---

① 有时候，甚至因为争斗过于激烈而使得普通侵权升级为“故意伤害”一类的刑事犯罪。有一回，M 市法院刑事审判庭的法官给我讲了一个真实案例：两个农村妇女因为争抢两家山地分界线上长出的一朵鸡枞菌，打得头破血流。其中一个被另一个打成轻伤二级，最后被刑事起诉，以 4 万元求得对方谅解，方得适用缓刑而避免牢狱之灾。一朵鸡枞菌不过十几块钱，最终却付出了千倍的代价，可悲可叹。

绕计算得出的应赔偿数额自我代理即可。但是,在基层,尤其是少数民族集聚的乡村,汉语都讲不太利索的少数民族群众却离不开律师的专业帮助。这不,就拿下午出庭的这个案子来讲,彝族奶奶(1964 年出生)和彝族少妇(1990 年出生)因争执田地归属,一言不合打起来,奶奶和少妇扭打成一团,惊动了派出所,警察到场才将两人分隔开。最后,奶奶的伤情被鉴定为轻微伤,而少妇则没达到伤残级别。派出所曾主持调解,提出让少妇承担奶奶治疗费的 30%,但少妇一家却死活不肯。于是,奶奶一家为了获取赔偿,只得驱车 80 多公里进城托人找律师代理。

大约一个月前,彝族奶奶通过熟人联系到我,当时我建议他们请律师写好状纸后自行出庭。[①] 但是,带着奶奶找到我的一位大伯却说:"小杨,她汉话都不太会听,法庭上说不来的。昨天我和你爹还在一起喝酒呢,都不是外人,你还是要帮忙的。代理费用不会少你一分,再说这个不是钱不钱的事,哪怕倒贴,我们也要打这个官司。不为别的,就为争口气。"[②]

案子由派出法庭的女庭长独任审理,在法庭调查阶段,代表原告的我出示了包括 W 乡派出所对被告作出的行政处罚决定书、伤情鉴定意见书、住院记录、复查病历及两次治疗的收据等,对此,被告代理律师认为打闹不可能导致脑震荡,只认可治疗嘴部和鼻部损伤的内容,且认为己方仅需对嘴部破皮和鼻子流血承担 40%的责任;对于被告出示的两份证据,我代表原告只认可 W 乡派出所对原告作出的行政处罚决定书,对于村主任写的一张证明(证明争议土地为被告所有)

---

① 被打者的全部合理损失在 3 万元左右。对于田间地头的打闹,往往婆说婆有理、公说理更多。实践中,除非有特别证据证明打闹双方力量过于悬殊,否则法院的处理原则一般就是"各打五十大板"。如此算下来,被打者可能也就只能得到 1.5 万元左右的赔偿。按照律师市场收费标准 3000 元一个案子的话,被打者最后到手的钱也就 1 万元出头而已,从经济的角度来讲,请律师确实不太划算。

② 在 M 市找律师,除了饭局外,攀关系也是一种常态。城镇化在快速推进,但乡土中国的人情往来却仍然发挥着一定的作用。尽管我从未见过说话的大伯,但他说头天还和我爸喝过酒,即便是没有的事儿,我也得表现出熟人之间应有的尊敬。

则没有认可,因为村主任的证明与本案没有任何关系。法官则当庭宣读了其依职权从 W 乡派出所调取的对原、被告和在场人所做的询问笔录。①

进入法庭辩论阶段,被告律师一会儿批评原告的主治医生没有医德,出具虚假诊断结论(就是鼻子和嘴巴出了点血,怎么可能是脑震荡?),一会儿又说治疗费用有问题(CT 片子拍多了)……"90 后"被告则辩称原告打她甚至把她压在身下,至于派出所接警到现场所见到的原告躺在旋耕机前的情境则是原告摆拍的。

对于被告律师的胡搅蛮缠,我从两个方面进行了反驳:第一,律师并非医生,在没有证据证实的情况下不应当对治疗疾病的专业人士医生进行不恰当的揣测和贬低。被告在答辩中承认"无意中用放羊棍戳到了原告的嘴部、鼻部,导致嘴部和鼻部流血"。可见被告放羊棍戳力之大,除造成看得见的鼻部和嘴部损伤外,造成轻微脑震荡是有可能的,而医生的诊断不过是明确了被告对原告所造成的肉眼看不见的损伤——脑震荡。第二,治疗中 CT 片需要拍几次,是由医生来判断的,作为非专业人士的律师无权对医生的治疗方案指手画脚。

就因为我在反驳的结尾用了"指手画脚"四个字,被告律师居然以我对他进行人身攻击为由,要求法官制止我的反驳。当然,法官并没有对我的发言进行制止。

对于被告本人的辩解,我只说了一句话:"被告你身为'90 后',和大你将近 30 岁的'60 后'老奶奶打架,尊老爱幼的美德哪去啦?"

原告因为听不太懂汉语,整个庭审中就耷拉着脑袋很安静地坐在我旁边。

最后当法官询问是否接受调解时,我向法官申请将原告的儿子叫到离原告最近的旁听席第一排,请他为其母亲翻译法官的意思。通过

① 法官当庭宣读的 W 乡派出所对原、被告和在场人所做的询问笔录,是一个非常漫长的过程,我私下看了看表,用时大约 45 分钟。作为基层派出法庭的法官而言,这种看似浪费时间的行为却是解决问题非常必要的手段。唯有如此,才能让都觉得委屈的原、被告重温事发时的各自所为,他们才会有所反省。

翻译,儿子代表母亲说同意调解。于是,法官宣布休庭,进入调解环节。我们原告一方继续留在法庭,而被告一方则走到法庭外商量。

当法官将原、被告双方再次召集在法庭时,原告一方提出以诉讼请求的 60%作为调解基础,而被告律师的最后一句“最多赔 400 元当作治疗鼻子和嘴部的补偿”,使得法官无奈地宣告调解失败。

同年 12 月 22 日,我收到一审判决,法官最终还是按照“各打五十大板”的原则进行了处理。而原被告对此都没有再行上诉。

“拖牛拉马”的执行

2017 年 3 月 8 日

案子是判下来了,“90 后”被告没上诉,但同时也没按照一审判决的要求在判决生效之日起三日内一次性向原告赔偿损失 16584.84 元。原告的儿子在 2016 年的最后一天来请我写了执行申请,并于同日交到了 M 市法院执行局。

2017 年 3 月 1 日左右,“60 后”原告的儿子给我打来电话,说是收到法院寄的文件,但因为其所在村子离乡政府所在地特别远,邮戳上显示的是 1 月 15 号寄出来的,到手上已经是 3 月 1 号了。会不会因为拿到太晚了出麻烦啊?电话听起来很着急,但问他到底什么文件,他却因为不识字,支支吾吾说不出来。我只好告诉他,带着文件来城里一趟,我带他去找法官问问。

3 月 8 日下午三点左右,原告的儿子打电话说到法院大门口了。我赶到后,一看他手里的文件,原来是“执行线索说明书”。

我:“这个文件就是执行局给你们申请执行人发出的一种协助执行的表格,要是你知道被执行人也就是打你妈妈这个女人家里可以被执行的财产情况,就在上面写上并交给执行法官,法官就能提高执行效率,帮助你妈妈早日拿到赔偿款了。你今天既然来了,咱们就去找找执行局问问相关情况好了。”

执行局人来人往很热闹。我带着他进了执行局的第一间办公室,询问“执行线索说明书”上落款的主办法官在哪间办公室。

坐在最外面桌子的女法官说:“不好意思,这个案子的主办法官出外勤、追执行去了。你们啥事?”

我:“是这样的,我是律师,旁边这位是我一当事人的儿子,1 月份的时候执行法官给当事人去信询问被执行人可执行财产的线索。由于当事人家路途太远,他们上周才收到信。”

女法官:“这没事。你们有没有什么线索呀?比如被执行人家有没有牲口之类的。”

原告儿子:“有的。打我妈这家人在我们寨子里开着唯一的小卖铺,还有两头耕牛。”

女法官:“要是她不愿赔医药费的话,把牛牵给你家你们愿意吗?”

原告儿子想了一会儿憨笑着说:“愿意是愿意的,但都是一个村的,我们牵了她家的牛,她还会再来打我家人的,怎么办?”

女法官愣了一下说:“你不要担心。在另外乡镇的执行案子中,我们曾用羊抵过执行的。既然你母亲的代理人来了,你可以请她在这个执行线索表上把你刚才说的这些都写下来,方便我们将来执行。”

听完女法官的解释,我就按照原告儿子的口述,在“执行线索说明书”的“举证内容”部分写道:“在法院一审判决生效后,被告家就把家里养的约 60 只羊全部卖掉了。被告家还开着一个养鸡场,鸡也卖掉了一批。现在被告家还有耕牛两头、母猪两头、农用车一辆;被告家在寨子里开着一个小卖铺;此外,被告家还将好几亩土地租给了老板种三七……”

因为法官办公室非常拥挤,所以当我在里面写执行线索时,原告儿子退到办公室外面等候。当我写好线索并向女法官道谢出来时,发现原告儿子手里多了一张名片大小的纸片,上面歪歪斜斜地写着一个电话号码。他指着不远处一个身着保安服的五十岁左右男子对我小声说:“那个人硬塞给我的,说是执行有问题可以联系他;交通事故案子也可以找他。他认识人。”

我说:“这些都是骗子,你不能上当。自己有理有据,法院就会为你主持公道。当然了,外面的世界非常大,什么人都有,你还年轻,不能成天的就只知道家里的一亩三分田地。”

也不知道是否听懂了我的话,他咧嘴笑着走出了法院大门,说早上他妈妈去地里摘了两袋子豌豆,要他一定送给我。不由得任何拒绝,他非要带着我走到法院外停车场上的一辆小轿车旁,看到车里没人,很着急地拿出电话联系起来。我说:“心意领了,不用了。”

原告儿子:“不行,我阿妈天不亮就去地里摘啦。她说必须送给你的。”

我:“你是搭别人车来的县城吗?”

原告儿子:“没有,这个车是我家买的。因为我不识字,考不起驾照,所以车买来只敢在村子周边开开,进城的时候就请同村有驾照小伙子帮我代驾。”

不一会儿,一个年纪和他相仿的小伙子大步朝我们走来,两人用少数民族语言进行短暂沟通后,小伙子用车钥匙打开了小轿车的后备厢,原告儿子则将两大袋豌豆交到我手上。

每袋子起码有七八公斤,沉得我呀,又不好意思咧嘴。强忍着沉重不停感谢的同时,我告诉他执行中有问题还是要第一时间联系我。

目送着他们离开后,我也赶紧打的回家。当晚就叫我妈煮了满满一锅豌豆给我吃,这可能是我吃过最甜的豌豆了,因为新鲜,更因为其中的情谊。[①]

① 大约5月份的时候,原告儿子打电话问我:“法官说执行到了一半的赔偿款让我去法院拿,怎么办啊?”我:“那你赶紧去拿呀。执行有个过程,不一定是一次就能执行到位的。”9月份的时候,小伙子又给我打来电话,只为告诉我剩下的一半也执行下来了。

小状纸,大名堂

起诉状是民事诉讼的缘起。就像打仗中的头阵,起诉状最能体现起诉者的气质。是无理取闹,还是有理有据,都通过起诉状来表达。很多时候,起诉者甚至是律师为了心中虚幻的贪欲,在小小状纸中就先输人输势。有的时候,即便律师秉持公正之心,试图修正起诉者心中的贪欲,也可能因为起诉者的执迷不悟无功而返。

写纸

2016 年 8 月 8 日

昨晚上,一个远房姻亲打来电话预约今早找我写纸。

大约十点左右,两口子笑盈盈地来到我的接待室。妻子拎着一只鼓鼓囊囊的化肥口袋,对我说:“表妹,这个是自家养的走地鸡,炖汤特别好。我就搁门口啦,不然要弄脏地板的。”

我:“大姐,你们客气啥啊。有啥事我能办一定办,这可太见外啦。”

丈夫:“家里养着五六十只呢,又不是啥精贵东西。”

我:“以后真别这么客气啦。”

丈夫:“好好好,我就说正题吧。去年 9 月 28 日晚上,我在火木龙幼儿园附近的戈建德烧烤摊上喝酒,被几个小青年打伤了。打人的都被抓起来了。上个星期接到检察院通知,让我找律师写一份赔偿要求交给检察院,等候处理。”

我:“大哥,你说这个我明白了,等于是现在这个案子已经到检察院的审查起诉阶段了,人家让你找律师写的这个赔偿要求叫作‘刑事附带民事起诉状’。”

丈夫:“是呢,检察院跟我讲的就是这个。我们不会整,所以就来找你帮忙啦。”

我:“没问题。医疗的费用清单和医院的诊断证明带来了没?”

妻子:“带来了,都在这里,你看嘛。”

我仔细翻阅了诊断病历和费用单据:

第一次是事发当夜送医至中国人民解放军第五十九医院(以下简称“五十九医院”)治疗和费用情况:全身多处刀砍伤(鼻开放性外伤、前臂开放性外伤、背部开放性外伤、眼睑开放性外伤、多处软组织挫伤)和胸腔积液,住院治疗 7 天,医疗费总计 8151.18 元。

第二次是从五十九医院出院回到火木龙卫生所治疗和费用情况:砍伤恢复性治疗 10 天,医疗费 560 元。

第三次则是在 M 市医院治疗及费用情况:治疗肺气肿,医疗费 5034 元。

看完这些材料后,我说:“大哥,第一次和第二次没有问题,都是和治疗砍伤相关的。不过第三次有问题啊,肺气肿与被砍伤没有直接关系,不能算在因被砍而支付的医疗费里。”

丈夫:“表妹,要不是因为打我的那些人用刀背戳着我的胸部,我的肺也不会疼呀。”

我:“我们是亲戚,说话没有必要藏着掖着。我已经跟你讲明了,肺气肿和被砍没有关系,你还要在这儿跟我辩论就没意思了。写纸也就是半个小时的事情,很简单。但是,这个纸不是你我之间的事情,它是要上法庭接受法律检验的。撇开实际瞎扯,不但会让法官对你没有好印象,而且说出去世人还会讥笑写纸的律师为了几个钱就胡说八道。所以,我得跟你讲清楚,要我写,那么有关肺气肿的就不能出现在状纸上;要是你坚持把这个写上,那么对不起,你还是另请高明吧。”

妻子:“表妹,你说的有道理。就按你说的写好了。”

我:“还有一个问题我也先讲在前面。因为这个案子是公诉案,是非曲直以公检两家的查证为准。所以今天咱们写的附带民事起诉状不管写成什么样子,最后的赔偿还是以公检的调查、法院的判定为准。也就是说,虽然你现在说完全是‘祸从天降’,你没有任何过错,但除非打你的人没异议,否则最后法院的判决可不是完全依你的说法作出的。”

丈夫:“明明就是‘祸从天降’,我喝酒喝得好好的,莫名其妙被砍了。”

对于他的振振有词,我没有任何反驳,尽管律师的直觉告诉我民间斗殴一般并不存在绝对无辜的涉事者。通过对两次合理医疗单据的核算,医疗费、陪护费、营养费等直接费用共计 14444 元。然后,我又加上 3 万元的精神损失费,最后的赔偿请求总额为 44444 元。

对于 3 万元的精神损失费,我跟两口子反复解释并强调,严格意义来说,刑事附带民事诉讼中,精神损害费等间接费用不在赔付范围内,之所以加上是为了将来在庭审时掌握达成被害人谅解的主动性,促使犯罪嫌疑人适当向被害人多赔偿费用来换取刑罚强度的减轻。

我:“3 万元的精神损失费就好比是菜场卖菜人的标价,买菜人可以对此还价,通过讨价还价的若干回合后,买卖双方达成一致,于是双方的利益都得到最大化的保障了。所以,你们不能一口咬定全要。”

看着夫妻二人频频点头,我以为问题已经讲明白了。

事实证明,我错了。

贪得无厌与自找麻烦

2017 年 1 月 26 日

2016 年 11 月中旬,我在北京开会期间,这宗故意伤害案的一审开庭了。妻子曾给我打过不下五个电话,理直气壮地宣称“调解破裂了”,因为他们的底线是获赔 4 万元,而犯罪嫌疑人只愿意给 2 万元。唉,这贪得无厌的两口子将我写纸当日的苦口婆心忘得一干二净。失望的我也只能电话里冷冷回一句:“我在外地出差,爱莫能助。”

没想到的是,今儿晚上两口子居然拿着一审判决到我家里来“申冤”了。

丈夫:“我们太冤枉了!这个法官不公正,你看看嘛,才判决加害人向我赔偿两次医疗费用的80%(11555元)。徒刑也才判了一年半。太冤枉了!我们是想着要上诉,即便一分钱拿不着,也要让打人者把牢底坐穿!”

我:“在我看来,法官并没有什么有失公正的地方。你们有没有好好看过这个一审判决?首先,当时你们来找我写诉状时,我就反复强调3万元的精神损害赔偿是种策略,为的是让你们在赔偿调解中掌握主动。加害人说愿意给2万元,已经高出治疗费用6000元左右啦。可你们却死死咬住要4万,这实在有点离谱了。第二,一审判决中,烧烤摊老板的证言说当日你出口伤人在先,小青年借着酒气砍你在后,当日你却只说是‘祸从天降’。所以调解不成,法官按照过错程度划分责任——你承担20%,加害人承担80%,完全是依法行事。哪来的司法不公?不是我说,现在搞成这个样子,判决赔付你不到1.2万元的赔偿也很难拿到了。加害人当时提出赔2万元,就是为了不坐牢。现在丁是丁卯是卯的,已经无解。”

夫妻二人听完我的分析,陷入了深深的沉默。没多会儿,就起身离开了。

贪得无厌的小聪明,往往发不了财,反而容易自己挖坑埋了自己。

建筑农民工的恩怨

市场指挥棒的作用，不但改变了很多农民朋友的谋生方式，更为基层司法带来了源源不断的官司：从中央到地方都高度重视的“农民工讨薪”官司层出不穷，自不待言；“提供劳务者受害”的民事侵权纠纷也不可小觑，因为大部分农民朋友安全意识不高、工作规范性不强，在建筑施工中发生事故而受伤甚至死亡的事件屡见不鲜。从我调研四年多的实际情况来看，在基层司法实践中，一方面“农民工讨薪”官司出现了“欺压老板”的势头；另一方面“提供劳务者受害责任纠纷”也反映出“讹诈老板”的苗头。基于现实情况的考量，我将“建筑农民工的恩怨”单列，因为此类纠纷属于中国特定历史时期的特殊民事纠纷，在司法实践中展现出与普通民事纠纷不同的特质，也是特别值得学界和实务界仔细研究的领域。

“农民工讨薪”的异化

尽管生于 M 市长于 M 市，且在 M 市的农村度过了“下河摸虾、稻田里抓(鸟)蛋”的童年，但自 18 岁离家北上求学后，我对于农村和农民的印象却是日益疏远的。记忆中、书本上农民都是憨厚淳朴的形象，于是，对农民信任有加，就成了一种惯性思维。

毛主席说过：知识青年接受贫下中农再教育很有必要。在深入最基层多年之后，我突然觉得，也许我们误会了毛主席的意思，贫下中农对知识分子再教育的目的在于——打破知识分子在象牙塔里养成的自以为是，贴近大地，真正地认知农民朋友，然后才能真正地帮助他们，而不是用自以为是的想象，出于好心却可能将需要帮助的农民朋友惯出新的毛病。比如，对于农民工讨薪，直接画一根红线“只要农民工讨薪，老板就必须偿付”，如此机械司法，不但没有维护法律的严肃性，而且还异化了国家保护农民工权益的初衷。

讨薪猫腻

2016 年 8 月 10 日

大概在 7 月 21 日，接待室里来了个咨询讨薪的农民工。虽然从未办过农民工讨薪案，但我长期以来一直关注媒体对农民工讨薪的报道，所以不假思索就收下了这个案子。

按照委托农民工 A 的说法，小工头在两年前找他到工地砌砖，而工程完工验收后，小工头却迟迟不愿支付工钱，只是在今年初写了一张简简单单的欠条，在上面记明“因某某工程施工，拖欠 A 的砌砖工钱 10 万元”。

A：“律师，我就只有这张欠条，小工头赌博借了高利贷，现在跑路了。但是，这个工程是政府工程，我能不能从总包单位和作为业主的 J 乡政府讨得工钱啊？”

我：“欠条上已经讲明了工程名称，至于是不是政府工程，可以去查询的；工程如果是经过招投标而选定建筑公司的话，那么按照我国人社部等相关部门规章的规定来说，小工头跑路了，确实可以找总包单位承担连带责任；至于作为业主的政府部门是否承担责任的问题，要看它与总包单位签订的合同。”

听完我的解释，A 可怜地眨巴着眼睛问我：“什么叫连带责任呀？我不太懂法律。”

我：“司法实务中，处理农民工工资支付的依据主要是 2004 年 9 月 6 日由劳动保障部和建设部联合出台的《建设领域农民工工资支付管理办法暂行办法》（以下简称《办法》）。按照《办法》第 10 条‘业主或工程总承包企业未按合同约定与建设工程承包企业结清工程款，致使建设工程承包企业拖欠农民工工资的，由业主或工程总承包企业先行垫付农民工被拖欠的工资，先行垫付的工资数额以未结清的工程款为限’的规定，只有当业主也就是你刚才说的政府部门，没有履行它和总包单位的合同，拖欠总包单位工钱，那么作为业主的政府部门才有偿付责任。‘连带责任’讲的是小工头赔不出来的时候，找总包单位赔偿的问题。这个要求被规定在《办法》第12条：‘工程总承包企业不得将工程违反规定发包、分包给不具备用工主体资格的组织或个人，否则应承担清偿拖欠工资连带责任。’小工头肯定是没有资质的，所以总包单位的连带责任是跑不脱的。”

说到这，A一连答了三个“好”，然后声音提高八度：“律师，那么就拜托你了。”

我：“嗯。交给我没问题，但是你的证据只有这一份欠条是不够的。你得带我去看工地现场，另外还得找到几个当时和你一起做活的工友，我需要进行一些调查。”

A：“工程在J乡呢。那里很艰苦的，坡陡谷深，不安全。”

我：“没事。这是我的工作。”

A：“这两天我还在做着活计呢，要不下个月10号可以吗？”

我：“没问题，那我们就定在下个月10号。”

以上就是今日工作的由来。

中午十二点多，我坐上A的面包车前往J乡看现场。也许是考虑到“孤男寡女”不妥，A还专门叫着他老婆给我做伴。

尽管我是M市人，但从小到大却从未去过J乡——M市经济最为落后的苗族乡镇。面包车在二级公路上跳着“迪斯科”，一蹦一哒地沿着蜿蜒山路行进，南盘江水在山谷里咆哮而过。差不多一个半小时惊险刺激的旅程后，我们来到J乡政府。

原来A参与砌砖的工程是J乡在乡政府对面兴建的廉租房工程。我在廉租房墙面的竣工牌上看到建筑面积情况后，心里就生出一个疑问来：乡镇里这样规模的三层砖混结构房屋，不可能使用超过35万块砖的,假设砌砖单价为0.4元/块,则砌35万块砖的工钱为14万元。但是,M市建筑市场上的砌砖单价从来没有超过0.4元/块。[①] 而且完成这项工程,又不是只有A一个砌砖工人,他的砌砖工钱怎么会达到10万元呢?这明显不合常理。

带着这个疑问,我和A到了J乡乡政府进行了解。出示我提供的律所介绍信后,乡政府管基建的副乡长很热情地接待了我们。

副乡长叫一位工作人员从档案室里找来了兴建廉租房的合同以及支付工程款的相关凭证。合同上的总包公司名称和我刚才在廉租房竣工牌上看到的一模一样。整套材料看下来,在兴建廉租房过程中,J乡乡政府的行为合法合规,不存在任何问题。

离开乡政府后,A在我的要求下,带着我去找在乡政府附近居住的工友了解情况。

爬过三四个小坡,我们来到一个农户家门口,院子里的狗叫声不断,主人随着狗叫声出了堂屋,到门口迎接我们。

见到我们一行三人后,这个三十出头的苗族阿哥来了一句:“是不是记者来调查情况?”

我忍不住扑哧一笑:“没有,我不是记者,是律师。就是来了解下两年前给J乡乡政府盖房子时,你们砌砖的情况。”

“哦哦哦,进来嘛。”我的笑声让这个阿哥有些不好意思,他的声音明显比刚才小多了。

我指着A问苗族阿哥:“你认识这个人吗?”

苗族阿哥:“认识呢,给乡政府盖房子的时候我们都是一起砌砖的。”

我:“你们当时砌一块砖的单价是多少?”

苗族阿哥:“好像是0.3元/块。时间有点长了,我只记得个大概。”

我:“从你的专业角度来看,盖这样的房子大概要用多少砖?”

---

① 之所以对M市建筑市场砌砖价格如此清楚,是因为我家在2015年底刚翻新过村子里的祖屋,所以对于建筑市场的各项开支比较了解。

苗族阿哥:"我是使苦力的,不太会算这些。小工头给我砌砖的钱是2万元。别的我不清楚。"

我:"你和A砌砖的数量差别大不大?"

苗族阿哥:"我不清楚。反正我们砌砖的一共有5个人。"

我:"小工头有没有结清你的工钱?"

苗族阿哥:"结清了。我们是本地人,所以小工头在活计做完的时候就把钱给我们啦。"

问到这,我心里基本有数了:A的10万元欠条有猫腻!因为按照苗族阿哥说的砌砖价格0.3元/块,那么10万元就是砌了33万多块砖的工钱。而砌砖这个活计实际上是由五个人共同完成的,按照廉租房建筑面积估算及苗族阿哥的说法,10万元的砌砖工钱差不多是整个工程总的砌砖工钱。这与砌砖工作由A、苗族阿哥等五人共同完成的事实不相吻合。

捋清了这些关系后,我心情奇差。自己的一腔正气居然被看上去"人畜无害"的农民工兄弟给利用了。A不是不懂什么叫"连带责任",相反,他懂得很。

尽管我不知道小工头为啥会给A写下对己不利的不实欠条,但是小工头跑路后,按照国家对农民工讨薪的倾斜政策,A确实能够轻而易举地从总包单位那里拿到10万元的"欠薪"。

离开苗族阿哥家后,A又带着我去了另外一个本地砌砖师傅B家调查。B的说法和苗族阿哥的大同小异,只是他说了一句看似玩笑的话:"我的工钱结清了呢。我拿了2.4万元,这个收入比种苞谷可多多了。种苞谷要一年到头在田里忙,这个砌砖就干了两个月不到。不过我很珍惜呢,不像A师傅,都敢和工头'斗地主'。还好A师傅厉害,赢了工头不少钱。"

这时候,A赶紧打断B的话:"可以了,不要笑我啦,老哥。杨律师,差不多咱们该走了。一会儿天黑了,路不好走。"

不一会儿,A带着我和他老婆迅速离开B家,坐上车返回县城。在车上我一言不发,仔细斟酌苗族阿哥和B的证言后,我得出了一个大胆推断:工头之所以写下拖欠A在J乡廉租房砌砖工钱10万元的条子,这里面可能包含其"斗地主"输给A的赌债。

这样的推断让我极为沮丧。回到我的接待室外的停车场时,我对着A两口子说:"对不起,这个案子我不做了。明天你们来我接待室退掉代理费吧。"

A:"杨律师,怎么啦?"

我:"没什么,不好意思。你们找别的律师一样做。我不太舒服。"

就这样,我主动拒绝了一件看似稳赢的农民工讨薪案,因为从当律师的第一天开始,我就告诉自己:"有价值的干净钱可以赚,昧良心的作恶钱不可以赚。"

讨要“欠薪”的诉讼马拉松

社会进步是包括农民工在内的全体社会主义建设者共同实践的结果。保护以农民工为代表的社会弱势群体,体现了社会主义法治的优越性。但是,国家关于农民工权益的保障,必须注意“特殊性与一般性”的有机统一。倘若不从实际出发,一碰到农民工讨薪问题就预设“农民工有理、老板有错”的立场,撇开法律条文及法理精神之要求“拉偏架”,其结果很可能会助长少数农民工恶意讨薪之不良风气。下面记录的就是我经办的某工程涉事13个农民工状告总包老板拖欠工钱的讨薪诉讼马拉松。我将跟踪此案的全部日记一并奉上,请各位看官细品其中滋味。

诉前准备

2016年8月10日

2016年8月初,接待室来了一个包工头,说是手下泥工班组的组长卷工程款跑了,导致十余名农民工因拿不到工钱起诉到M市法院,要求泥工班组长、包工头以及一家建设工程公司共同承担连带责任。

操重庆口音的包工头郑某约莫四十出头,个子不高,但做事有板有眼,不像是偷奸耍滑之人。一下子被十几个农民工告上法庭,换谁都不好受。

郑某一脸无奈地说:“杨律师,我也是民工出身。15岁出来干活路,马上三十年啦。我从没拖欠过谁的工钱,这回出这样的事是被我师父坑咯。卷款跑路的不是别人,是我当年出道时跟着做工的师父啊! 我感激他当年在工地上找书给我读,所以看到他走投无路就想着拉他一把,没想到到头来竟整了出'农夫与蛇'的故事来。"

事情是这样的:2014 年 10 月 14 日,在响应政府号召进行"美丽家园"建设过程中,以张某为负责人的某村 43 户农民考虑到自建房比工程公司统建房要便宜,就发扬了民主集中精神,从 43 户人家中选出户主代表 5 人与郑某(个人)达成施工合同,约定由郑某以 498 元/平方米的价格,通过包工不包料的方式建盖 43 户农民的"两层半"小洋楼。① 之后,郑某分别找来水电工组长李某、钢筋工组长黎某、基础工组长严某,而工程大头的泥工组长则迟迟没有特别合适的人选。这时候,郑某听说自己刚出道时跟着学习的师父王某落魄失意,便心生怜悯,打电话请王某来当泥工组长。王某从外地赶来 M 市,与郑某达成了口头承揽协议,约定郑某以 200 元/平方米的价格将 43 栋"两层半"小洋楼的泥工(包括开挖基槽地梁、室内回填夯实上部结构所有砼浇筑砌砖、内外墙抹灰、小青瓦及外墙砖施工等)包给王某,由王某组织人员施工。

考虑到师父落魄,郑某每次都先给王某拨付工程款。在整个施工过程中,郑某前后分 20 次付给王某共计 2326300 元的泥工工程款。在建筑面积给定(43 栋"两层半"小洋楼的总面积为11317.08平方米)的前提下,按师徒事先协商好的 200 元/平方米的泥工单价,师父实际上从徒弟那儿多领走了 62884 元。然而,王某并没有将领到手的泥工工钱按其请工时的许诺支付给农民工。

于是,12 个农民工找到 M 市法律援助中心的法律工作者,一纸诉状将师父王某、徒弟郑某以及 F 公司全部告上法庭,要求三者承担连带责任。

12 件案子不但"承包"了 M 市法律援助中心的全体法律工作者,甚至惊动 M 市司法局分管法律援助的王副局长亲自带队处理,而 M

---

① 所谓的"两层半",是在社会主义新农村建设中,在政府给予一定补助的前提下,农民按照城建部门统一规划建盖的新居样式。

市法院分管经济类纠纷的民二庭亦是出动了全体法官(四名)。各法官以合并审理的方式对案件进行相应排期,最早的在2016年8月19日,最晚的则安排在2016年11月3日,跨度长达近3个月。

原本专心于建筑施工的郑某因为这纷沓至来的案子成天往法院跑,或领传票,或提交答辩……终于,2016年8月10日这一天,身心俱疲的他找到我,这才有了本文开头的一幕。

郑某非常委屈地说:"真搞不懂,怎么把F公司也告在里面,这就是我自己帮朋友盖的房子嘛。都是私人对私人的事情,怎么就扯到公司啦?我一个外乡人,来到M市快二十年了,F公司这种大角色,我咋得罪得起呀。"

我安慰道:"F公司和你没有关系,你不用担心嘛。"

郑某:"咋可能啊?人家公司知道根子在我这,我必须要了清这些事的。你看看,杨律师,我帮F公司写了答辩的。"

说罢郑某递给我一张A4纸,上面的字好像是小五号,密密麻麻的,看着很是费眼神。

"郑师傅,既然F公司和拖欠工程款没关系,和你也没关系,那么这个答辩不应该你来写,否则搅在一起更说不清楚了。"边看着郑某自己替F公司写的不专业的答辩书,我边给郑某解释。

郑某一脸为难:"唉,俗话说'强龙压不过地头蛇',我还要在这块地界上讨生活,因为我对人家F公司产生了影响,自然必须我来处理的。"

F公司无故被牵连进来这件事,按照江湖道义和规矩——"谁拉的稀谁弄干净",确实该郑某负责处理妥当。我只好对郑某说:"这样吧,你去找F公司说说情况,请他们公司自己找个伶俐点儿的员工来出庭应诉。否则,你不是他们公司的员工,在自己和F公司都是被告的情况下,替F公司辩解不妥。"

郑某:"杨律师,我就请你当我的代理人,麻烦你在不违反法律的前提下联系下F公司,做生意的人都很少和法院打交道,你给F公司说明利害他们可能就理解了,我自己一知半解,说不好。"

我:"好吧。一会儿办好委托手续后,你要记得在这两三天内将王某从你这预领泥工工钱的单据找来,并把知道你和王某口头协议泥工单价 200 元/平方米的证人也找来。”委托手续办好后，我立即安排他配合我做好相应的取证准备工作。

第二天一早，我还在早点铺吃着米线，手机就响个不停，接通后只听电话那头郑某声音洪亮地讲：“杨律师，我们已经在你办公室门口啦。证人和王某的领款收条我都带来了。”

听到当事人已经在等着了，我三下五除二吃了几口米线就撂下碗，边给助手打电话(要求其二十分钟内赶到)边朝接待室狂奔。快到接待室，远远看见郑某和五个人一起蹲在门口的大树下。一看到我，郑某就先迎了上来：“杨律师，这三个人就是和王某一起干‘美丽家园’43 户房子的其余三个组长了。我每次开会都是全部组长都喊来一起的，所以情况他们还是比较清楚的。另外这个师傅嘛，当时王某找他谈过砌砖单价，但嫌贵没要他做。但是，从现在告我这个情况来看，王某找了一个开价更贵的来砌墙，说不过去呀，明显是要坑我哟。还有一个是 43 户建房者推举出来的建房代表中的一位，建房合同是代表们和我签的。”

我一边开门一边回话：“好的，进来慢慢说。还有就是你昨天说王某分 20 次向你预领泥工工钱的，收据带来没有？”

郑某：“带来了。20 张收据都是我媳妇开给王某的。合起来就是 2326300 元的钱。”说罢，他就将一小沓收据单递给了我。

仔细核对收据单上的各项记载事项准确无误后，我开始进入询问证人、制作询问笔录环节。

五个证人中的三个证人分别是建房基础工组长严某、水电工组长李某和钢筋工组长黎某。他们均证实郑某没有拖欠过各小组的工钱，且发工钱的时候，各组的组长都是在场的。其中，李某在接受询问时还专门提到：“郑师傅叫我们全部组长一起开过会，会上说了各个班组的施工单价，王某泥工的单价就是 200 元/平方米。”可以说，这是我获得的最有力量的证人证言，因为询问其他两个组长关于各组单价时，一人直接说记不住了；另一个则吞吞吐吐，说得不清不楚的。

第四个证人樊某是 M 市里比较有名的砌砖组长，尽管他并没有参加涉事工程的泥工工作，但是王某曾经找他商议过砌砖工作，他证实的是，当时因为他开出的砌砖单价为 0.35 元/块，王某认为价格偏高就没有要他来砌墙。

第五个证人张某是 43 户建房者推举出来进行建房管理的五个代表之一，他带来了当时郑某和五代表签订的施工合同。按他的说法，当时 43 户“美丽家园”建房者为了省钱，没有参加政府组织的招投标活动，而是商量着请在建筑业小有名气的郑某单干。

当天下午，乘着送委托书给 M 市法院民二庭的四名办案法官之机，我顺便将 12 个原告的证据各复印了一份。说起来，12 个原告的证据都只有一页纸，内容大同小异，基本上都是王某手写给相应农民工的结算单（主要记载了工钱单价、做工量，以及最终拖欠的工程款额）。

从法院回到接待室，我认真对比了 12 个农民工的结算单发现，除最大共同点——全部结算单都是由王某个人出具给农民工之外，在李某承、杨某生、谢某的结算单上，王某不但签下自己的名字还加上了“F 建安公司”几个字，试图表明他是 F 建安公司的员工。这种结算单使得从形式上看，F 公司与郑某、王某之间似乎具有某种关系。不仅如此，在李某承的结算单上，砌砖的工钱居然还分出所谓的师傅工与小工，出现了不同的砌砖单价（0.3 元/块和 0.4 元/块共存），结合上午证人樊某的证言，李某承的起诉可能存在猫腻，不但结算单不符合 M 市实践中建筑施工的砌砖计价方式，而且还报价虚高。[①] 同样的问题还出现在杨某生的结算单上，建筑市场上外墙漆的工价一般不超过 0.2 元/平方米，但结算单上的单价却达到了 0.28 元/平方米。此外，结算单上的工友是杨某和蒋某，但起诉人却是杨某生，杨某和杨某生，相差一个字，是否为同一个人，也存疑。

鉴于此，我又打电话给郑某向其说明在研究证据中发现的问题。他听完我的分析，很激动地说：“杨律师，你等我一会儿，我来当面找你谈。”就挂了电话。

---

① 由于和农民工游击队打过交道，我本人非常清楚 M 市建筑市场砌砖的行情：砌一块砖的价格即为砌砖单价，不分师傅工与小工，搬运砖和搅拌运送水泥灰浆的工钱均含在砌砖单价中。砌砖小分队从组长处领取砌砖工钱后，师傅和配合砌墙的小工之间会按照市场行规再进行劳务工钱的分配。

不一会儿,郑某就到了我的接待室,才进门他就急急忙忙地讲:“杨律师,这个李某承和杨某生就是王某一直带着的徒弟呀。你发现的这些问题我也觉得肯定有猫腻。我这个师父王某真是越来越不成形啦,别个工人的工钱王某可能会扣着不给,但李某承和杨某生的他是绝对不会欠的。他们肯定是联手来骗我的钱啊。”

我:“你的意思是:其他10个农民工的结算单不假,而李某承和杨某生的有假吗?”

郑某边摇头边说:“应该是这样的。‘农夫与蛇’的故事呀。”

我:“郑师傅,事情基本上还是比较清楚的,你也不要太着急,我们大家一起想办法应对就得了。F公司我没有打过交道,你在建筑行业这么多年,要不你和公司管事的先说说情况,然后我再去找他们,可好?”

郑某:“好的,这个事情和F公司没有任何关系,我人缘也可以,我跟他们联系下,然后你再跟他们再讲讲法律。”

我:“确实,刚才去法院复印证据时,我就知道农民工将F公司也列为被告之一的原因就在于王某在其中三张结算单上写了‘F建安公司’这几个字。F建安公司根本没有工商登记,F公司和F建安公司不是一回事,这个很清楚的。”

听完我就F公司不涉案的解释后,郑某的心情似乎好了不少。的确,一个外乡人来到M市讨生活,确实不能给本地的行业龙头惹麻烦,否则就等于是自断前程。

郑某紧接着给F公司的老总打了电话,将我的意思转达后,老总直接在电话里告诉郑某她会叫公司招投标部的杨姐[①]负责处理这个事情。

---

① 一年后,我的侄女嫁给了这位杨姐的侄子,我们成了亲戚。这就是边疆小城市的生活,人与人之间看似离得很远,但兜兜转转就有可能成为熟人,甚至成为亲人。

一审较量

2016 年 8 月 19 日—2016 年 11 月 3 日①

因为这些案子涉及的法律事实是相同的，打头阵的案子就显得尤为重要，因为这涉及通常所说的“定调子”。于是，在首批三件案子的合并开庭（包括了李某承案、杨某生案和罗某案）中，法院派出了民二庭女庭长挂帅，而代理三原告的法律援助中心亦由 M 市司法局分管法律援助的王副局长领衔。被告席上，代表 F 公司的杨姐和我则有点“杨门女将”的味道。

庭审程序和其他庭审的程序相似，但自杨姐举证说明 F 公司与本案无关，且强调要追究王某侵害 F 公司名誉权的责任开始，波澜不惊的庭审就开始进入了新阶段，而五个证人出庭作证更是将庭审推向高潮。

因为五个证人都是我事先做了询问笔录的，所以当庭作证的情况基本良好，比如作为 43 户“美丽家园”建设者代表的张某向法庭作证，43 栋小洋楼已经建好并通过了验收。郑某妻子作为王某预领泥工工钱的经办人也说明了总计 2326300 元的 20 张收据的情况。可是，到水电工组长李某作证时，却发生了个小插曲，李某否认了做询问笔录时讲过“郑师傅叫我们全部组长一起开过会……王某的泥工单价是 200 元/平方米”。这事让我措手不及，毕竟证人的突然变卦，在阻断我庭审思路的同时，在某种程度上也削弱了我方证据的证明力。这意料之外的插曲在两个多月后最后一个相关案子的审理中又出现了，只是

---

① 这些农民工讨薪案，由 M 市民二庭的四名法官分别审理，前前后后经历了将近 3 个月时间。其中有 1 个农民工并没有和其他 12 个人同时寻求法律援助，而是在 2016 年 10 月中旬获悉在先起诉的工友全部获胜后，自己直接起诉到法院的（没有向法律援助中心寻求帮助）。

有了头阵经验、教训的我在之后相似情况的处理上就显得从容多了。[①]

一方面,水电工组长李某作证中的变卦,让我措手不及;另一方面,F公司代表杨姐的答辩则给了原告代理人司法局王副局长致命一击。从法理的角度来说,如果F公司不是涉事单位,那么原告诉求的三被告(郑某、王某和F公司)共同承担连带责任就没有法律基础。因为司法实务中,处理农民工工资支付的依据主要是《办法》的规定。[②]但该《办法》第1条就开宗明义:"本办法适用于在中华人民共和国境内的建筑业企业(以下简称企业)和与之形成劳动关系的农民工。"如果F公司不是涉事单位,就郑某和王某这样的个体来说,不符合适用《办法》的主体要求。

显然,原告的代理人也注意到F公司强有力的证据可能让《办法》无法适用的事实,因此,王副局长考虑通过询问参与工程施工的水电工组长李某、基础工组长严某和钢筋工组长黎某的方式来坐实"43户'美丽家园'的建设总包就是F公司"的证据。

王副局长:"严某,你认识被告席上的杨某吗?"

基础工组长严某:"不认识。没见过。"

王副局长:"你这里说的'不认识'请详细说清楚点。"

基础工组长严某:"什么叫说清楚啊?我就是不认识她嘛。"

王副局长:"你在干43户'美丽家园'的工程时,有没有看到F公司的标志在工地呀?"

---

① 在2016年11月3日,最后一个农民工诉王某、郑某支付工钱的审理中,钢筋工组长黎某出庭作证时,又说出了与询问笔录相反的证言,他一反被询问当时所讲的"不知道郑某给王某的泥工单价",在法庭作证时说"郑某在开会时讲过王某的泥工单价是200元/平方米"。一个证人在开头第一批案子的审理中否认了询问笔录的内容,另一个证人在系列案的收官之战中,在没有任何人引导或者发问的情况下又否认询问笔录的内容。两个证人对于询问笔录中同一问题的否认,在本质上都指向同一个事实"郑某和王某口头协议的泥工单价就是200元/平方米"。这么一个案子所反映出的"证人作证随意且不严肃"的现实,本质上是国人"事不关己,莫要得罪人"的心理作祟,其危害不但会造成司法活动的低效,更会导致裁判公正的折损。

② 我国的民事诉讼中,对于民事法律没有明确规定的事项,可以参照国务院部门规章进行裁判。

基础工组长严某:“没有看到过。”

钢筋工组长黎某进来作证时,王副局长又问了类似的问题,答案照样是没有任何可以牵连 F 公司的地方。

而到水电工组长李某作证时,王副局长问:“你知道 F 公司吗?”

水电工组长李某:“知道的嘛。”

水电工组长李某对王副局长问题的肯定答案,让我的心提到嗓子眼儿啦,心里不禁发毛“怎么回事? 李某什么意思啊?”

王副局长面露微笑接着问:“你是在哪里见到的 F 公司的标志? 是不是在你们干活的工地看到的?”

水电工组长李某:“工地上我没有看到,F 公司是我们 M 市最有名的地产建筑公司,大街小巷搞棚户区改造的地方都有他们的标志,一出门逛街啥的就能看到。”

听到水电工组长李某对王副局长问题的这番回答,我差点没忍住笑出来,而王副局长方才的高兴劲儿则消失得无影无踪。

随后,F 公司的杨姐发表意见时,很明确地讲:“我们公司是本市最大的建筑公司,现在,非本公司员工的王某侵犯我公司的名誉,而原告没有仔细调查就将我公司拖入不必要的诉讼,这些行为都应受到法律的制裁,维护我公司的合法权益。”

对此,被告王某赶紧辩解:“我在结算单上写的是‘F 建安公司’,又不是‘F 公司’,和你们公司不一样的,我没有侵权。”

王某辩解完后,刚才对证人循循善诱的王副局长更加觉得脸上挂不住,当庭代表原告请求撤销对 F 公司的诉讼。至此,三被告就变成了两被告,争议的焦点亦随着变为“两被告是否应当对原告承担支付工钱的责任,两被告所承担责任的划分应当怎样”两个方面。[①]

具体而言,从第一个案子到最后一个案子将近三个月的庭审中,所有原告均承认,与他们直接打交道的是王某,是王某找他们来做泥工的,整个施工过程中并没有和郑某有过任何接触或者

① 在此后的 10 个案子中,具有特别授权代理的法律援助中心替全部原告撤销对 F 公司的起诉。

洽谈。

按照合同相对性原理的一般规定,除非是经过第三人承诺的涉他性合同,否则合同当事人不得向合同之外的第三人主张权利。13件农民工讨薪案中,13个农民工原告将郑某这一非合同当事人的第三人告上法庭,所依据的主要是《最高人民法院关于审理建设工程施工合同纠纷案件适用法律问题的解释》(以下简称《建设工程施工合同解释》)第26条第2款。

从法理上讲,合同以相对性为原则,仅在合同当事方之间产生约束力。建设工程施工合同作为有名合同,也必须符合该原则之要求。因此,适用《建设工程施工合同解释》第26条第2款这个突破相对性原则的规定是受到严格限制的,即原则上不准许实际施工人提起以不具有合同关系的发包人、总承包人为被告的诉讼;只有在实际施工人的合同相对方破产、下落不明等难以实现权利的情况下,才准许实际施工人提起以发包人或总承包人等没有合同关系的当事人为被告的诉讼。

事实上,最高人民法院民事审判第一庭编著的书中收录的《实际施工人原则上不应向与其没有合同关系的转包人、分包人、总承包人、发包人提起诉讼》一文中讲到:"《建设工程施工合同解释》第26条第2款赋予实际施工人向没有合同关系的发包人、总承包人、转包人、违法分包人提起诉讼的权利有其历史背景,随着建筑市场发生的客观变化及农民工工资问题的解决,人民法院应当严格适用该条款,不能随意扩大第26条第2款的适用范围;且在适用时,应当注意以下方面:一是起诉人不属于《建设工程施工合同解释》中'实际施工人'的,不予受理;二是实际施工人原则上应向与其有合同关系的施工人主张权利,突破合同相对性原则行使诉权的,应提供起诉证据证明发包人可能欠付工程款,其合同相对方有破产、下落不明、法人主体资格灭失等严重影响实际施工人权利实现的情形;三是实际施工人向发包人主张权利的款项应当限于工程款及'欠付工程款范围内',不能作扩大解释;四是实际施工人与他人虚构建造涉案工程情节,伪造证据,构成犯罪的,及时移送有关刑事侦查部门,不构成犯罪的,应当按照《民法通则》第134条之规定,予以民事制裁,所述请民事实体请求,坚决予以驳回。”换言之,最高法院明确了《建设工程施工合同解释》第26条第2款与该条第1款的不可分割性,即原告必须有证据证明两个事实:第一,转包人、分包人没有能力支付工钱;第二,发包人(包括总承包人在内)拖欠违法分包人或者转包人工程款。[①]

从十二件案子的庭审来看,一方面,12个原告并没有证据证明作为发包人的郑某拖欠了泥工组长王某工钱;另一方面,尽管郑某与王某还没有结算泥工工钱,但郑某实际支付给王某的泥工工钱已经高达2326300元(王某是认可的),王某不存在没法向做工泥工支付工钱的情况。

从法理上来说,当不存在合同相对方有破产、下落不明、法人主体资格灭失等严重影响实际施工人权利实现的情形时,13个农民工作为原告将非合同当事人郑某列为被告,是不合适的。最高人民法院审判委员会副部级专职委员、二级大法官杜万华在2011年6月24日《在全国民事审判工作会议上的总结讲话》已经明确指出:“关于施工人权利的保护问题,最高人民法院《建设工程施工合同解释》已经有明确规定,实际施工人可以向发包人主张权利,但这是有限度的,在理解执行司法解释规定的时候,一定要准确,不能任意扩大其适用范围。除非转包人和分包人没有向实际施工人支付工程款,也没有能力支付,而发包方还有其他的工程款没有支付,在未支付工程款的范围内,可以向实际施工人支付工程款。当前,有的地方没有准确理解执行司法解释的规定,允许实际施工人要求发包方无条件地承担工程款给付义务,有些甚至要求发包方解决劳动关系问题,这些我认为都是不正确的。”

此外,最高人民法院民一庭副庭长冯小光在《回顾与展望——写

---

① 参见最高人民法院民事审判第一庭编著:《民事审判前沿》(第①辑),人民法院出版社2014年版,第140—141页。

在〈最高人民法院关于审理建设工程施工合同纠纷案件适用法律问题的解释〉颁布实施三周年之际》中谈道:"不准许借用实际施工人名义,以适用《建设工程施工合同解释》第 26 条第 2 款为名,提起以发包人或总承包人为被告的诉讼,恶意损害他们的合法权益。目前,审判实践中出现了实际施工人并不存在投诉无门的情况,其合同相对人也具备支付工程款的实力,而原告只是为向发包人索要超出合同约定的高额不法利益,甚至原告与其有合同关系的相对人恶意串通或者就是合谋借机向发包人或者总承包人敲诈勒索,恶意提起以发包人或者总承包人为被告的诉讼……应当明确的是,此类诉讼不属于《建设工程施工合同解释》第 26 条规定的案件受理条件,尚未受理的,应当裁定不予受理;已经受理的,应当裁定驳回起诉。"[①]

依上述规定及讲话精神,再结合案件的来龙去脉以及庭审调查,我在法庭辩论中指出:"郑某与王某之间工程款没有结算清楚,并不等于郑某拖欠王某工程款,如果适用《建设工程施工合同解释》第 26 条第 2 款的法律关系理不清,那么就不能随随便便适用。"

实际上,恰恰就是在这个农民工讨薪系列案第一批案子庭审中,除理论依据缺失外,还存在两个疑点:第一,李某承拿着王某出具的疑似虚假砌砖结算单进行诉讼;第二,杨某生拿着没有其名字的结算单起诉。[②]

具体地,对于李某承案来讲,在其与王某的结算单上,砌砖单价忽而 0.3 元/块,忽而 0.4 元/块,完全违背建设工程施工行业的常规。[③]庭审中,证人樊某出庭向法庭证实"王某嫌砌砖单价 0.35 元/块的报价高"而拒绝了自己进场砌砖。王某嫌 0.35 元/块价高,但最后又找了要价 0.4 元/块的人施工。反常理的选人,在结算中又将搬运砖和

---

① 参见中华人民共和国最高人民法院民事审判第一庭编:《民事审判指导与参考》(2008 年第 1 集,总 33 集),法律出版社 2008 年版。

② 随后的其他案件审理中,还出现了一个问题,有七名同工种、同作业面积的农民工出示的结算单价格参差不齐,差价高达上万元。

③ 每一个工程的常规计价(包括砌砖在内)是恒定的,不可能出现两个不同的砌砖单价。

搅拌、运送水泥灰浆等辅助工作单独计价的行为,以及在结算单上故意写下“F 建安公司”的字样等,不但符合最高人民法院民一庭副庭长冯小光指出的情形,而且事实上推高了砌砖成本,如果按照王某出具给李某承的结算单要求非合同当事人的郑某承担支付工钱的责任,那么无疑侵害了郑某的合法权益。此外,根据《合同法》第 52 条,“恶意串通,损害国家、集体或者第三人利益”的合同无效,建筑施工类合同纠纷的处理亦应当符合《合同法》的相关规定,因此,李某承与王某之间的合同约定在侵害第三人郑某的情况下,应当构成合同无效。

一审庭审后的“无用功”

2016 年 9 月 25 日

与法官的沟通无法扭转他们的思维定式,为了维护当事人的合法权益,我给郑某出了一个主意——起诉王某,打一个建筑施工合同纠纷的官司来结算两人之间的工程款。因为无论是打头阵的 3 个案子,还是随后的其他案子,在庭审中,郑某强调没有拖欠王某工钱且已经多付给了王某 6 万多元,而王某则认为郑某已支付的 232 万元不够整个工程的全部泥工工钱。如果算不清账,法院适用《建设工程施工合同解释》第 26 条就没有充分的事实根据。同时,从最高人民法院的司法审判指导意见来看,《建设工程施工合同解释》第 26 条第 2 款适用的一个条件是——发包人(总承包人)拖欠工程款。而从 12 次庭审来看,发包人(总承包人)郑某是否拖欠王某工程款这一案件受理的前提是悬而未决的。

如果郑某向法庭提起以王某为被告的建筑施工合同纠纷诉讼,那么按照《民事诉讼法》第 150 条第 5 款之“本案必须以另一案的审理结果为依据,而另一案尚未审结的”,这 12 件案子必然被中止审理,待到郑某与王某之间的结算得到司法裁决后,12 个农民工讨薪案才有依据,也才能办成经得起时间检验的铁案。很遗憾,不管我解释得如何充分,郑某都没有接受我的建议起诉王某。当然这也情有可原,民间有云“医院进不得,官司打不得”。

本着对当事人负责的态度,我最后给了郑某一个折中的法律解决方案——找到四处躲债的王某,在第三方鉴证下尽快了结双方之间的泥工结算。我甚至在9月中旬说服了12个起诉的农民工中的8个到场见证郑某与王某的结算,但一切努力却因为郑某临时有事而化为泡影。当我得知郑某不能按原计划到场结算时,情绪很复杂,毕竟身为律师就相当于作战参谋,规划得再无懈可击,倘若将军不用也是毫无意义。[①]

一审判决中的矛盾

2016年10月25日

2016年10月中旬开始,我陆续接到通知,去法院领取了12件案子的判决。[②] 这些判决高度一致,除支付的金额不同外,无一例外地要求郑某对王某拖欠农民工的工钱承担连带责任。

事实上,在第一批判决下来前三天(2016年10月7日),郑某突然给我来电话说,他找到王某做好结算了。我赶到他办公室一看,原来是王某手写了一张泥工各单项(砌砖、外墙漆、粉刷等)的单价表,而且在右上角认可已经收到郑某2326300元泥工工钱的事实。郑某觉得王某这张单子就能完成两人之间关于43栋小洋楼的泥工结算。可在我看来,这张单子模棱两可,除了单价确定外,王某认可收到2326300

---

① 当律师的挫败感,有很大一部分正是来源于“皇帝不急太监急”的悲哀。明明可以朝着法治的轨道运行,但当事人却迷信私人之间的协商,甚至是私人之间“弱肉强食”的威慑力,拒绝专业人士的忠告,直到局势恶化又重回专业指导之路,只是这时候十有八九已很难扭转颓势了。

② 看到前面12件案子都取得胜诉,被欠薪仅一千余元的第13个工友才单独起诉,2016年11月3日开庭时,郑某了解到师父连一千余元都拖欠,当庭替失德师父付清了此笔欠薪,该原告就此撤诉。

元的泥工工钱并不等于结算完成。我给郑某解释完后，他就陷入了沉思。

我没好意思继续追问他“干嘛这么重要的事情不通知律师到场”，相反换了个语气说：“你这两天再找找王某，只要你找到他，就给我打电话，不管在哪儿，我都三小时内赶到。”

郑某轻轻“嗯”了一声，就再也无话了。

没想到的是，三天里没等来郑某电话的我，却等来了法院领第一批判决的通知。

看着第一批判决，我的心情很糟糕，由于在庭审以及庭审结束后与法官的沟通中，我不断向法官阐明《建设工程施工合同解释》第 26 条的适用条件以及涉案农民工讨薪的事实不符合《建设工程施工合同解释》第 26 条适用条件。四名法官撰写的 12 份判决均回避了《建设工程施工合同解释》第 26 条的适用，但没有适用并不代表着法官们接受律师观点。

法官在这些判决中适用了多部规范的多个法律条文，包括《合同法》第 44 条第 1 款、第 60 条第 1 款，《建筑法》第 29 条第 3 款，《民事诉讼法》第 64 条第 1 款，《建设工程施工合同解释》第 2 条、第 4 条，以及《最高人民法院关于民事诉讼证据的若干规定》第 2 条，[①]但这些法条中没有任何一条规定了“连带责任”。具体地，《合同法》第 44 条第 1

① 《合同法》第 44 条第 1 款规定：“依法成立的合同，自成立时生效”；第 60 条第 1 款规定：“当事人应当按照约定全面履行自己的义务。”《建筑法》第 29 条第 3 款“禁止总承包单位将工程分包给不具备相应资质条件的单位。禁止分包单位将其承包的工程再分包。”《民事诉讼法》第 64 条第 1 款规定：“当事人对自己提出的主张，有责任提供证据。”《最高人民法院关于审理建设工程施工合同纠纷案件适用法律问题的解释》第 2 条规定：“建设工程施工合同无效，但建设工程经竣工验收合格，承包人请求参照合同约定支付工程价款的，应予支持。”第 4 条规定：“承包人非法转包、违法分包建设工程或者没有资质的实际施工人借用有资质的建筑施工企业名义与他人签订建设工程施工合同的行为无效。人民法院可以根据民法通则第一百三十四条规定，收缴当事人已经取得的非法所得。”《最高人民法院关于民事诉讼证据的若干规定》第 2 条规定：“当事人对自己提出的诉讼请求所依据的事实或者反驳对方诉讼请求所依据的事实有责任提供证据加以证明。没有证据或者证据不足以证明当事人的事实主张的，由负有举证责任的当事人承担不利后果。”

款和第60条第1款讲的是合同的生效和履行问题,与本系列案没有任何直接关系;《建设工程施工合同解释》第2条是对《建筑法》第29条第3款的一种"有条件修正",即当工程验收合格后,即便是因为建设主体不合规导致建筑合同无效,也不妨碍工程款的支付。在本系列案件中,43户"美丽家园"建设代表之一张某已出庭作证"工程已经验收合格",因此工程款只应在合同当事方,即王某与各民工之间解决。

至于判决书中谈到的程序法(《民事诉讼法》第64条第1款和《最高人民法院关于民事诉讼证据的若干规定》第2条)问题,没有达到"高度盖然性"之民事诉状证明标准的恰恰是原告方,因为原告的全部证据就是王某与各原告之间的结算单,而这些结算单只能说明王某与原告之间合同约定的主要事实,并不能证明郑某应当承当连带责任。

二审再战

2017年3月2日

除原告撤诉的那件案子外,集齐12份判决后,郑某决定上诉,我亦表态愿意免费代理。在规定时间(收到一审判决书十五日之内)完成递交上诉状、预缴上诉费等固定动作后,又是一轮漫长的等待。

2017年2月28日,我接到H州中院法官的电话,通知我3月2日下午两点到中院开庭。[①]

按时进入法庭后,只见审判席上三位法官正襟危坐;[②]被上诉人人数众多,只能被安排在旁听席第一、二排;同样作为被上诉人的王某则迟迟没有露面。

---

① 前述第一编"清官难断家务事"之"重男轻女"离婚案的开庭时间也是定在2017年3月2日,但相比一审法官提前半个月通知,二审法官往往只是提前个一两天通知。若你提出有庭审冲突,善解人意的可能会调一调时间,要是遇到不愿变通的,甚至可能招致一顿冷嘲热讽。

② 一般而言,民事二审案件鲜有开庭的,除非案情复杂或者涉及民生利益的。毫无疑问"12个农民工讨薪"属于后者,即涉及民生利益。

正当审判长宣读法庭纪律时,法庭门口有一女子探头探脑朝里边张望,不一会儿又自行离开。差不多过了十多分钟,该女子又来到法庭门口,气喘吁吁地问:“请问法官,这是在处理 M 市 12 个农民工讨薪案吗?”

审判长:“是的。”

女子舒了一口气:“我是被上诉人王某特别授权的律师。”

审判长:“快进来。”

此时,涉案的诉讼参与人基本上到齐了(只有王某一人没到庭)。一审作为原告代理人的 M 市法律援助中心工作人员仍然由司法局王副局长带队,人员比一审还增加了一名(共五名诉讼代理人)。其中,针对我在一审特别强调的“李某承与杨某生案存在虚假结算侵害郑某权益”问题,法律援助中心增派了援助人员,由一审的王副局长“单打独斗”变成王副局长与另一名法援工作者“协同作战”。

二审庭审中,我亦主要围绕着李某承和杨某生出具的结算单不属实展开。其中,一审时杨某生开庭当日没有提交结算单原件,我对该份结算单的“真实性、合法性和关联性”均没有认可。因为拿着一份没有自己名字的结算单找合同外第三人承担合同价款的连带责任,这是非常荒唐的。可当我在二审庭审发言完毕后,审判长却说:“一审的卷宗里有结算单的原件呀。”说完就请书记员将杨某生案的结算单原件交给我查看。[①]

看到杨某生案的结算单原件后,我换了一个角度继续法庭辩论:“杨某生案的结算单原件上记录的是蒋某、杨某泥工工钱的结算情况,杨某生的名字并不在内。因此,按照证据规则,杨某生必须提供证据证明其与杨某为同一个人,否则此案就是明显的诉讼主体不适格。”

对此,代理杨某生的王副局长轻描淡写地来了一句:“王某在一审

---

① 一审庭审时,“杨某生没有提供结算单原件”是我进行法庭辩论的一个关节点,且在一审庭审结束后与主审法官的沟通中,我也多次提到以复印件起诉的问题,但 M 市法院在收到杨某生提交原件后,却从未通知我对该结算单原件进行质证。对于争议证据的这种处理方式是违背程序要求的。

中已经承认杨某就是杨某生了。”

我:“在一审下判前几天,王某与郑某曾就两人之间的泥工结算进行过协商,王某向郑某出具了泥工各工种的单价,其中,王某将涉及蒋某、杨某的外墙砖单价计为 17.30 元/平方米,但是杨某生的唯一证据——王某出具给‘蒋某、杨某’的外墙砖结算单上面的外墙砖单价却是 42 元/平方米。两者差价高达 24.7 元/平方米,如果按照所谓杨某生与王某之间 42 元/平方米的结算单对非合同当事人的郑某课以责任,则在事实上违背一切法律的根本准则——权责平衡。因此,王某与杨某生二人存在共谋侵害郑某权益的可能性,王某的承认不能充分证明杨某生和杨某为同一个人。”

对于一审打头阵的另一个存疑案——李某承砌砖价格存在虚报的问题,我也重审了一审时的主张,即王某与李某承之间的砌砖结算单虚报单价,使得结算总价比建设施工当时的市场价高出了近 9 万元。因为,依据王某在 2016 年 10 月初出具给郑某的泥工各工种单价中标明的砌砖单价 53.30 元/平方米,在“美丽家园”建筑总面积恒定为 11317.08 平方米的情况下,砌砖总价即应当为 603200.36 元,这与王某出具给李某承砌砖结算单上的 692433.60 元,存在 89233.24 元差价。

迟到的王某代理律师对于王某出具给郑某的泥工各工种单价也是认可的。即便如此,在二审法官主持调解时,审判长还是很笼统地说:“老板就是要多承担点责任,毕竟向弱势群体倾斜是一种形势政策。”

我:“法官,向弱势群体适当倾斜没有问题,问题是本案中的郑某本人也是农民,他不是企业,不能成为参照适用《办法》的对象呀。”

审判长:“怎么不适用?前几天我们处理了和这个类似的农民工群体讨薪案,老板就是要承担连带责任的嘛。”

我:“老板承担连带责任必须具有企业的身份,而本案中,郑某作为个人,他根本就不是企业啊。”

审判长:“老板有钱,就应该对自己选人不当承担责任。”

看到审判长如此坚持,我亦不再过多解释。

审判长走到12个农民工中间,问:“你们看看,现在王某跑掉了,郑某在,你们自己刚才也说没和郑某打过交道,那么能否适当地放弃讨要数额呢?”

12个农民工没有一个表态的,差不多沉默十分钟后,有个声音突然冒出来:“我们就是要我们应得的工钱!”

我:“要工钱没有错,但冤有头债有主,从一审到现在,王某从郑某这里拿走2326300元是已经很明确的了,关键的问题是王某没有把从郑某这里领到的工钱发到你们手上,所以你们要搞清楚对象。”

一个姓丁的农民工突然站起来说:“我们不管,反正我们就是要工钱!”他讲完,其他人也跟着起哄。审判长一看这个样子,感到无法真正达成调解,只好宣布“休庭,择期宣判。”

2017年4月末的一个工作日,接到M市法院的通知,我去领取了该系列农民工讨薪案的12份二审判决。不出所料,全部是“维持原判”。二审判决认定:“上诉人违反规定将泥工部分的施工转包给不具有施工资质和劳务用工主体资格的王某,存在过错;而王某因不具有施工资质和劳务用工主体资格,违反规定招用了李某承等民工为其提供劳务,同样存在过错……由于王某拖欠劳务工资,给李某承造成损失,因此,王某应承担支付拖欠劳务工资的责任,而上诉人郑某因有过错,应对王某拖欠劳务工资承担连带清偿责任。”等于将侵权责任划分的过错责任原则运用到合同责任上。因为按照《建设工程施工合同解释》的有关规定,对于建筑行业内没有施工资质和劳务用工主体资格的施工行为,只有在工程质量出现问题(即产生侵权事项)时,总包方和分包方才对业主承担连带责任。在本系列案中,提起一审诉讼的是提供劳务者,要求总包方与分包方承担连带责任,偿还拖欠的劳务费的法理根据只能是《建设工程施工合同解释》第26条这一特别规定。当然,如前所述,《建设工程施工合同解释》第26条的适用存在限制——总包方只在拖欠分包方工程款的范围内承担向劳务者支付劳务费的连带责任。

这种情况下,进入再审就更加无可避免。

再审审核

2017 年 8 月 24 日

大约 7 月初的时候，我和郑某的妻子到 H 州中院立案庭提交了关于 12 件案子的《再审申请书》。[①] 该院的再审申请中有一项“生效法律文书证明材料”的必要文件，于是，我和郑某妻子专门跑到该院三楼找二审主办法官出具“生效法律文书证明”。在中院民二庭的办公室我一眼就认出了二审审判长。说明来意后，审判长还是很热情地将我们带到书记员办公室，交代书记员给我们开证明。在等待领取证明文件的过程中，审判长又语重心长地劝郑某妻子：“你们当老板的，要有点态度。农民工不容易的，就算是你家被王某坑了，但是老板还是要有老板的样子。”

郑某妻子：“我们的钱也是血汗钱，我家两口子又不是什么大公司，一分一文的钱都来之不易，该我们的我们从来没逃避过，但也不好冤枉撒。”对于郑某妻子的委屈，审判长耐心地做了思想工作，并将我们送到申请窗口。办完申诉申请返回 M 市途中，郑某妻子忧心忡忡：“唉，听着法官的话，我觉得我们这个冤大头的位子估计没办法摆脱了。”

8 月 16 日左右，郑某给我来电话说，H 州中院立案庭要求他 8 月 24 日上午去中院谈话，我二话没说就答应届时与他一同前往。话说办案以来，我从没涉足过再审申诉的案子，这一系列案于我而言算是大姑娘上轿——头一回。生怕迟到的我们，天不亮就启程赶路了。赶到中院却怎么着也联系不上通知郑某的法官，引导台的法官将我们带入信访室等候。就这样，我们从九点多开始一直等到快十一点，正当我

---

① 考虑到发动再审的希望更为渺茫，请律师代理又是一笔费用，于是我写好《再审申请书》，陪同着郑某妻子（帮她制作了代理丈夫办理申诉事宜的相应手续）办理了申请再审的相应程序。

们耐心快要耗尽之时,看到不远处走来一老一少两位女法官,走在后面的年轻女法官还抱着厚厚一摞卷宗。

两位女法官进入信访室后,说明身份,就开始谈话。

年长女法官:"今天叫你们来这里,就是希望通过谈话的方式化解矛盾,解决冲突。你们也知道,对于涉及农民工的案子,我们的基本政策就是从快、及时解决。你们这个申诉涉及12个农民工讨薪问题,而涉农民工工钱类的官司一直是我们司法裁判的重点工作。我们看过了全部卷宗,认为二审维持原判是合适的。请你们来,就是希望你们能够自行撤回申诉申请。"

"哦,原来谈话的目的就是要我们撤回申诉申请呀。"我在心里默默想着。

郑某:"这个我是真的冤枉啊!我没有拖欠农民工工钱,你们可以去M市调查,我干工程二十多年了,从没有拖欠过谁的工钱。这些案子所涉及的工人工钱,我也是全部给了王某的,他自己拿着去赌博不发给工人,我真的没办法嘛。"

年长女法官:"你就是郑某?"

郑某:"是的。"

年长女法官指着我问:"你是……"

我:"我是郑某一审和二审的代理人,我对整个案情很熟悉,所以今天跟他一起来了。"

年长女法官:"意思是现在你没有代理郑某啦?"

我:"对的。代理就要付费,我就是出于道义来帮个忙的。"

年长女法官转头对旁边记录的年轻女法官说:"你记录的时候要说明,谈话对象是申诉申请人郑某和在场人律师杨某。"

我:"法官,申诉申请上我已经写清楚,你们可以再仔细推敲推敲一审和二审判决中适用法律上的问题。特别是二审判决,不但没有纠正一审判决在法律适用上的错误,而且在定性上很笼统地谈'过错'问题,事实上是拿侵权法关于过错责任的规定来处理合同法中的责任划分问题,这是值得推敲的。"

年长女法官:“二审判决我看了,这个‘过错’的处理虽然有一定的瑕疵,但问题不大。”

我:“法律不是能够随便打折扣的,有一定的瑕疵就损害了当事人的合法权益。《建设工程施工合同解释》第26条说得很清楚,建筑施工中,突破合同相对性的原则对非合同当事人课加连带责任的前提只有一个——在拖欠工程款范围内。但是,在提起申诉的12件案子中,郑某并没有拖欠王某的工程款啊,未拖欠何谈‘连带责任!”

年长女法官:“郑某说没拖欠王某工程款,但王某则觉得郑某没有付清泥工工钱,所以你说这个还是有问题嘛。”

我:“郑某与王某之间的结算没有搞清楚是事实,但也不能因为这个就不管三七二十一要求郑某与王某承担连带责任,这是说不过去的。《办法》是政府规章,民事司法对这种政府规章都只能是‘可以参照’,郑某是个人,不是企业的法定代表人之类的,随意扩大规章适用对象,是不恰当的。”

年长女法官:“将《办法》扩大适用范围是我们一贯的司法思路,这是出于保护农民工权益的考虑。因此,即便郑某不是代表公司,是个人行为,我们的适用也没问题。再说了,你们当时怎么不起诉王某结算泥工总价款?”

我更是郁闷了:一方面,她的说法的确代表着实践中很大一批基层法官对法条机械理解的现实;另一方面,也为一审中郑某拒绝我关于“起诉王某”的建议所导致的被动。

年长女法官:“你看,是你们自己不保护自己的权利嘛。”

我:“即便如此,二审调查时我向法官出具过王某在一审后向郑某出具的泥工各工种单价表了呀,这回我也作为新证据在申请再审时提交了。退一步讲,李某承案和杨某生案中,王某给这两人的工价高出他出具的单价表中正常价的一倍以上,对此二审却仍要求郑某对此承担连带责任,明显违反《合同法》第52条的规定,加重了郑某的负担啊。”

年长女法官:“问题是郑某和王某的结算没有出来,如果结算出来了,按照《建设工程施工合同解释》第26条处理就没有任何问题了。现在二审判决已经生效,该执行的你们要执行,然后再起诉王某结算泥工工钱。”

我:“基础问题不处理,按照这12个二审判决执行之后,就算郑某起诉王某,判决也确认郑某不欠王某工程款,那么郑某无故支付给12个农民工的费用又怎么讨要回来呢?”

年长女法官:“这个有相应法律保障的呀。或者在这段时间内郑某和王某能够就泥工工钱达成一致,我们也可以在这个基础上再适用《建设工程施工合同解释》第26条。”

年长女法官的这席话,让我看到了一线希望,激动地说:“现在王某不见踪影,请您通知他,他什么时候能来中院,我们一定配合赶到,把账算清。”

年长女法官:“嗯,我们尽量做工作。”

关于撤回申诉的动员

2017年9月19日

8月29日下午,在一个顾问单位开会的我突然接到年长女法官的来电,我赶紧跑楼道里接听:“杨律师,我跟你说一下,刚才王某来我们庭了,对于之前你们提供的那张王某签写的泥工各工种单价表,他虽然认可,但他说除了这些之外还有别的工程款问题。”

我:“法官,他去你们办公室,你们怎么不跟我们说一声?那样我们赶过来在法官的见证下算清泥工工钱多好呀。”

年长女法官:“他是到了我们法院门口才给我们打的电话,而且说完又走了。没办法啊。上次我已经说了王某与郑某的泥工结算你们另行起诉,现在先来把12件案子的申诉撤一下。”

我:“李某承、杨某生这两件案子我们已经提供了新证据,而且王某今天认可的泥工各工种单价表上的价格确实与李某承、杨某生提供的结算单差距很大,这2件至少是符合再审要求的呀。”

年长女法官:“你跟郑某说说,来撤诉。否则我们按照程序走了。”

我:“好吧。”

之后,年长女法官又给我打过两三次电话,内容只有一项——要我帮郑某撤回申诉申请。

9月19日下午,申诉审查的年长女法官又给我来了一个电话,大体意思就是让我说服郑某到中院办理撤销申诉的申请,否则就要依程序下“驳回”裁定了。我说:“法官,郑某的冤枉和委屈并没有改变,一审、二审中的法律适用错误依然没有纠正,你们就按你们的程序走吧。”我再没接到此法官的来电。

9月27日,郑某打电话告诉我,他收到H州中院作出的“驳回再审”裁定。就这样,历时一年多的农民工讨薪案尘埃落定。电话中,郑某非常汉子气地说:“对于确实被我师父坑的10个农民工我愿意拿出钱来代师父垫付。毕竟我也是农民工出身。但是,对于和师父串通讹诈我的李某承、杨某生,我一定要继续用法律武器讨回公道,哪怕是反映到中央我也不放弃!”

《隋书·刑法志》说:“有枉屈县不理者,令以经郡及州,至省仍不理,乃诣阙申诉。”可见,申诉制度自古有之,作为涉诉当事人维护自身合法权益的渠道,是实现司法公正公平的重要渠道。面对申诉,法院以“化解矛盾”为出发点和申诉人谈话,立意无疑是正确的。但是,法院更应具体问题具体分析,如当申诉人的申请确实存在疑点之时,最紧要的应该是认真分析调查,了解案情的前因后果,对于确有错误的就应当及时发动再审程序;而对于没有错误的,可耐心疏导,消除申诉人的心理疙瘩。倘若背离了实事求是的精神,一味要求申诉人撤回申诉申请,则不但无法化解矛盾,而且容易出现错案一错到底的局面,最终使得遭受司法不公的申诉申请人对法律失去信心,给社会埋下“不稳定”的种子。

提供劳务者受害责任纠纷中的蹊跷

随着城镇化的推进,在城镇,商品房大量开发;在乡村,“改善居住环境,建设美丽乡村”的新农村“美丽家园”建设如火如荼。大量农民朋友放下农活,成群结队地进入建筑类劳务市场,建筑业成了吸纳农民朋友的“香饽饽”。因为相比耕田种地等传统营生,去建筑工地做活能赚更多的钱,其魔力甚至吸引着大量的妇女、老大爷也投身其中。

然而,他们毕竟不是“正规军”,涌入建筑类劳务市场的农民工基本上没有接受过专业训练,安全意识差,提供劳务过程中发生事故也就难以避免。而当事故进入司法程序,光怪陆离的故事就此上演。

可以说,在四年多的基层实践中,提供劳务者受害责任纠纷就是检验人的贪欲的“照妖镜”,除少数人外,[①]大多数当事人[②]会在这面“照妖镜”前现出原形:无中生有、撒泼耍赖的表演此起彼伏,无非就为多获得一点赔偿。

① 如本部分的“有益的调解”中,尽管原告律师从中作梗,受伤原告也还想“息诉宁人”,守住了做人的底线。

② 如本部分“‘说书’的妇人”和“泼辣人妻”里的原告行为,堪称提供劳务者受害责任纠纷里教科书般的耍赖典型。

有益的调解

2015 年 11 月 3 日

自从知道我回家乡干律师,家里七大姑八大姨有个大事小情的总归会来找我帮忙。这不,因为出了"大事"——请来帮家里拆猪圈的帮工从石棉瓦上摔下来受伤了。伤者起诉到法院要求赔偿,表哥表嫂急忙来找我想办法。

和其他农民朋友一样,表哥表嫂是其中再典型不过的了,不识字的他们对法院有种天然的恐惧:生怕被重罚,忧惧被拘留……办案法官曾多次打电话要求他们去领传票,可两口子一听是法院找,每次都慌手慌脚挂断电话,以为可以一挂了之。法官对他没辙,最后通过村民小组长才把传票送到二人手上的。自从拿到传票,他们两口子估计就没睡过好觉,总觉得人是在自家摔的,对于伤者向法院起诉要求他们和工头共同赔偿近 20 万元,肯定得吃不了兜着走。

事情很简单,就是去年国庆过后(2014 年 10 月 12 日),表哥家以 1050 元的总价请工头贺某带人拆除猪圈。第二天一早,贺某就直接到菜市场门口的"站工地"[①]以 110 元/天的工钱挑了两个伙计(一个是后来受伤的王某,58 岁;另一个是 37 岁的周某),赶往表哥家干活。到达表哥家时,还没出门做工的表哥跟工头贺某反复强调注意安全后,才

① "站工地"在 M 市是一个约定俗成的农民工临工集散中心,城周围甚至是山区的农民,不管男女老少,只要想做工(拆房子、背砂石、运砖头等),那么每天早上七点左右到此地等待工头挑选就保准错不了。

离开家前往工地干活。[1]

没想到骑着摩托去上工的表哥人还没到工地,贺某的催命电话就打来了:“赶紧回来,王某刚上房顶,一脚踩到腐烂的石棉瓦就摔下来了。”

表哥放下电话就折返回家。大汗淋漓的他回到家一看,王某正躺在地上呻吟,而一旁的贺某走来走去,看样子是等着他。表哥回家后,二话没说就和贺某、周某将摔伤的王某送往市医院救治。医院诊断王某伤情为:“右股骨髁粉碎性骨折、L5 压缩性骨折、髌骨下缘骨折、右膝半月板和关节韧带损伤。”王某在市医院住院 3 天后,又转院到外地治疗了 15 天。在转院治疗时,表嫂和工头贺某的妻子都陪同前往并支付了一定的医疗费用。2015 年 7 月 1 日,司法鉴定中心认定王某的伤残程度为八级。后因为工头、表哥家与伤者之间因为赔偿问题出现严重分歧,伤者王某即诉至法院,请求赔偿近 20 万元。[2]

虽和其他案子的审理程序大同小异,但法官抓关键的能力非常突出。

庭审中,贺某辩解自己不是什么工头,和伤者王某是一样的地位,全都是表哥家雇来的,他没有什么领导责任。

对此,法官严肃地说:“这个事情,经过刚才的法庭调查,已经很清楚了。房东把钱交给你,你第二天一早去站工地喊的工,这就是组织呀。拆猪圈的三个人中,王某的岁数最大,将近 60 岁的老人了,你还指挥他爬屋顶,这里面是有过错的。”

我作为表哥的代理人,对于王某为表哥家提供劳务时受伤没有异议,仅针对责任划分和轻重进行了辩护:表哥离开前向贺某等三人强调了注意安全,为方便施工还专门搬了梯子;王某干活违反安全规则,没有使用梯子进行作业等。

---

① 表哥也是个搞建筑的农民工,属于小组长这一级别的,他的工价在 400 元/天左右,这也是他放弃自己拆猪圈的原因,因为他外出做工能够赚得更多。

② 王某虽然是农民,常年以站工为生,但他的户口已经“农转城”,故应依照城镇户口标准来处理损害赔偿问题。

原告王某看上去也是个老实人,只会笑呵呵地重复:“房东和老贺对我还是可以的,我受伤也送我去治疗了,两家的媳妇儿都和我老伴儿一起照顾过我的。请法院帮我们处理好就可以了。”

王某的代理人李某[①]就难说话多了。在法庭调查过程中,他一直强调过错只在工头和房东一方,必须按照诉讼请求全额赔偿。进入调解阶段,当王某承认自己干活没有用梯子有过错,进而同意了我方关于赔偿额在10万元以内的提议后,李某更是一言不发,全程黑着脸。

最后,在法官认真、耐心、细致的调解下,赔偿总额由诉状中的192278.84元降为8.6万元,贺某承担5.6万元,表哥家承担3万元。

因为对于案件的基础性事实——王某提供劳务时受伤没有异议,王某对自己有过错也表示认可,这个民事调解可谓水到渠成。大家对于法官最后敲定的赔偿方案没有异议,而且在后来的日子里,不管是贺某还是表哥也都按照调解内容认真自觉地履行了各自的赔偿份额。

这桩事儿了了之后,表哥对我说:“早知道我自己拆得了,1050元的活儿,最后居然耗费了小半年的工钱4万多元。前几年我在工地干活,因为工头安全工作没做好,我被电打昏从架子上掉下来,头都摔乌青了,不也没告谁吗?”唉,看来并不是所有的事情都能“以己度人”啊。

---

① 镇司法所的法律工作者。

“说书”的妇人

2016 年 4 月 12 日

这天，在我乘坐大巴从昆明返回 M 市途中，上路不久，我背后座位的两个女乘客就开始大声聊天。一开始，我对这种公共场合大声喧哗的行为颇感不悦，毕竟前后两三排的乘客都成了这“说书”妇人的被动听众。

“我说给你听啊，当时我是连着公司、老板、工头一口气告了六个的，他们都是一条线上的蚂蚱，总有一个要对我受伤负责的。只是我请的那两个律师说话吞吞吐吐，还不如我在法庭上坚决。”“女主角”声音中透着无比的得意。

“哦，你本来平时就会说话。但是，在法庭上真的不会心慌吗？”“女配角”简单恭维着。

“我行得正、坐得端，受伤就是在 A 公司建盖仓库的工地上，咋可能心慌呢？要是工地管理得好，我就不会受伤了。”“女主角”底气十足的解释，让我一下子就想起来，这位正在向朋友介绍司法经验的女士是大约三个月前一起提供劳务者受害责任纠纷的原告。我呢，当时是其中一个被告的代理律师。

时间倒回 2016 年 1 月 6 日。初中同学带着她哥找到我，说是被工地上的一个女工给告了，下周就要开庭，请我想想办法。原告认为，受雇于工头的她在收工时跌落进工地水池，导致九级伤残，所以起诉要求相关企业和个人应当承担连带责任，共同赔偿 20 余万元。

哥哥焦急地说:“这个受伤本来就发生在下班时间,而且从事情发生到原告治疗结束的全部医药费都是由我公司完全垫付的。如今伤者还‘狮子大开口’要20万元,于情于理都不合适啊。人受伤,除了治疗我们还是会考虑补助的,出来打工不容易;但是胡乱要价,还把我们的业主A公司也一起告上法庭,这种做法对我们的伤害太大了。”

我:“哥哥,当务之急就是拿出证据证明受伤发生的时间,还有你们支付医药费的单据。”

同学哥哥:“单据我们都保管着的,但怎么证明受伤时间呢?”

我:“可以找到在一起做工且对那天发生事故情况熟悉的工友做证人,准备好证言,然后开庭时请他/她们尽量出庭作证。”

同学哥哥:“好好好,我去找工友来。”

1月11日,同学哥哥让工头喊来了三个工友。按照工友们的描述,事情被还原出来:2015年6月8日下午六点左右工地已下班,在水池工作的临工都依次离开了工作地点,才上工三天的原告因为觉得这里活计太辛苦,打算辞工去别家工地找事情做,所以又折回工地现场取劳动工具,原告就是在这个过程中自己摔倒的。此外,工友还说,老板平日非常重视工地安全,出工时间必须戴安全帽,违规者只要被工地监督员抓拍到就要被扣钱。

给三名工友做完笔录,复印了为原告垫付的医药费发票后,如何安排六个被告的代理人便提上日程。倘若按照一般思路,从我就业的律所再找五个律师即可,但这无疑会给本案的实际赔偿人(同学舅舅和哥哥)带来不小的经济负担。此时,同学哥哥说他刚刚收到一好一坏两个消息:好消息是,作为第四被告的业主单位明确会派其常年法律顾问出庭应诉;坏消息是,在G市的母公司明确要求同学舅舅和哥哥“自己摆平”此案。几经权衡,我给出一个“省钱方案”:我作为G市母公司经理的代理律师,打头阵;同学作为M市分公司负责人(同学舅舅)的代理人;[1]第三被告(同学哥哥)和第五、六被告(两个工头)则自我代理。

为了庭审能顺利进行,开庭前我专门排练了一遍庭审流程和分工。作为“导演”和“主演”的我,不仅向参与人员介绍了庭审的具体程序,最为关键的是,还强化了参与排练人员的唯一“台词”:同意母公司代理人的意见。事实证明,这个安排是恰当的。按照预先进行的法律辅导和策略,庭审时被告席上的配合非常顺畅。

庭审中法官归纳的争议焦点主要在于:(1) 原告对于受伤是否存在过错;(2) 原告的误工费等费用的计算标准是否正确。

对于第一个焦点,根据事发当时现场的三个工友作证,原告受伤是在下班后发生的,并非是在其从事雇工活动中发生的伤害。按照我国侵权责任法的相关规定,雇员只有在从事雇工活动中发生人身伤害,雇主才承担赔偿责任。此外,作为雇员的原告在下班但尚未走出工地前,违反安全义务没有佩戴安全帽,加重了摔伤后果,故原告对自己的人身伤害存在主要过错,应当承担相应民事责任。

对于第二个焦点,原告方之所以算出 20 余万元的赔偿费用,关键在于其依据的是《2015 年云南省道路交通事故人身损害赔偿有关费用计算标准》中有关城镇户口的标准,但原告事实上是农村户口,应当按照 2014 年当地农民人均纯收入 7456 元计算,而非城镇标准的 23236 元。[2]

我领衔的被告方以扎实的证据、充分的说理以及默契的配合,将原告方律师“打”得落花流水。在庭审结束前的法庭调解中,法官用了

---

① 初中同学参与本案审理的事实,从法律性质来看即为民事诉讼中的“公民代理”。修订后的《中华人民共和国民事诉讼法》第 58 条规定:“当事人、法定代理人可以委托一至二人作为诉讼代理人。下列人员可以被委托为诉讼代理人:(一) 律师、基层法律服务工作者;(二) 当事人的近亲属或者工作人员;(三) 当事人所在社区、单位以及有关社会团体推荐的公民。”所以,对于同学代理 M 市分公司的行为,我事先制作了委托书。

② “同命不同价”是我国司法实践中的一种“不公平”,基层律师工作的很大一个重点就是围绕着这一“不公平”采取“开工作证明、租房证明(农村户口人员在城市务工或居住 6 个月以上的,可按城镇户口居民标准计算)”等方式寻求“公平”对待;但最终法官的态度才是至关重要的。

长达半个小时的时间来耐心说服双方(先将被告方请到法庭门外,然后分别给双方做思想工作)。法官示意被告方退出法庭,先给留在法庭的原告方做工作。十多分钟后,法官从法庭出来,开始劝导被告方的我们:“刚才我在里面已经和原告方谈了,受伤的发生两边都有责任的,你们这边到底愿意支付多少的赔偿费用啊?”

我:“法官,我代表被告说一下,原告的要求极不合理,按照农村户口赔偿标准计算,扣除 M 市分公司已经支付的医药费 98812.93 元,依法应当赔偿的也就 3 万元不到啊。”

法官:“杨律师,你又不是第一次参加调解,调解肯定双方都要让步的,不然我们还要法庭调解干吗啊?”

确实,就我自身的实践经历而言,基层法庭的调解就是原、被告在法律框架的边边角角上各自让步和妥协,“息事宁人”就是基层法庭调解的核心原则。

我笑着说:“那么就看公司代表的意思啦。”于是我将话题转给事先已经统一过意见的同学哥哥。

同学哥哥:“法官,我们的想法就是一次性给这个婆娘 3 万元。”

法官:“好,你们也再商量着,我进去问问原告的意见。”

差不多五六分钟后,法官又出来了:“被告,你们还是往上加点,3 万元太少了。”

我:“那原告要多少啊?”

法官说:“原告的意思是要 6 万。”

我:“这个开价有点高啊。”

法官喝了口水,说:“原告的要求确实有不合理之处,但是既然伤得比较严重,在医院就花费了将近 10 万元,那么公司这边还是要多从人道主义的角度考虑。你们之前将医疗费全部预付了,说明你们这家公司做事情还是光明正大的。你们考虑下能否再往 3 万元以上走走?”

就是在法官的反反复复七八个来回的努力下,原、被告之间原本巨大的赔偿额鸿沟逐渐缩小。这时候法官召集原、被告回到各自座位。

法官:“被告,你们说说想法吧。”

同学哥哥代表公司:“我们愿意最后再补偿 4 万元,如果原告不愿接受就请法院依法判决。”

话抛给原告方,原告自己表态:“4 万元太难听了,一点也不吉利,怎么着也要加个零头啊。”

同学哥哥:“好好好,那么就 40660 元,行不行?带 6 带福了。”

原告:“那就这样好了。”

看着案子调解成功,法官也露出了微笑,叫书记员赶紧制作调解书,然后对我同学哥哥说:“记着,把钱早点给原告啊。”

这就是三个月前案件的真实回放。当我的思绪从三个月前的庭审现场再次回到现实的大巴车上时,只听得“女主角”接着讲:“以后不要太相信律师的话,请两个律师花双份的钱,结果法庭上还不如我呢。”

这“说书”的妇人尽管略微夸张了些,但她那天的表现确实比她请的两个律师更好。

旁边的同伴问:“大姐,那你怎么就会想到要请两个律师呢?”

“女主角”不甘心地说:“别提了,还不是被律师吓的。他们说我这个案子被告有六个,人家一个被告请一个律师的话,我们这边怎么对付得了。”

听到这我不禁笑了。基层尤其是农业为主的小城市里真的不乏这样忽悠群众的律师,利用群众文化水平偏低的劣势,虚增被告数量,然后提高收费标准或者是增加律师数量。实际上,如本案中被列为第四被告的业主单位,以及同学哥哥、同学舅舅等人,确实与提供劳务者有关系,但法律讲的是“直接关系”,本案中的直接关系主要就是两个工头和位于 G 市的母公司。同学哥哥和舅舅都只是母公司的员工,在对外关系中承担责任的只是母公司,至于同学哥哥和舅舅与母公司之间,存在的只是内部关系而已。但是,就是有律师利用群众文化不高、不懂法的劣势,人为提高案件的危险程度,然后变着法儿从当事人手里收费。

“泼辣人妻”

记得小时候在农村，一项雷打不动的集体活动是晚饭后大伙儿聚在村里打谷场聊天。奶奶常带着我参加这项集体活动。大小媳妇们在一起，边做针线边摆龙门阵，张家长李家短的，总是很热闹。有一回，我问奶奶：“‘泼辣’是什么意思呀？”奶奶告诉我：“这是夸人的。你看隔壁王大娘——手有一双(灵)，嘴有一张(巧)，干事泼辣。”听完奶奶的解释，我更疑惑了，因为在我眼中，王大娘可不是个善茬，随时会摆一副欠她家很多钱的臭脸，说话硬声硬气，对小朋友更是没啥好脸色。

没想到三十多年后，我居然会在法庭上遇到一个和当年王大娘“气场”高度吻合的对手，一个替丈夫辩护的农村妇女。从一审到二审，让我再次感受到“手有一双，在法庭上指指点点；嘴有一张，在法庭上恶言相加”。

庭前准备

2016年11月5日

2016年10月31日，我接下一起提供劳务者受害责任纠纷案子，请我做代理的是被告水电工工头李某。按照李某的说法，自己完全是“好心不得好报”：原告徐某是他合作将近十年的农民工好友，大约八个月前，在李某承揽水电工工作的一处“美丽家园”工地干活期间，徐某中午午休时突发脑出血。在场泥工(属于另外一个工头管理)看到徐某走路踉跄且口吐白沫，第一时间就打电话给泥工工头彭某，要其赶紧通知水电工工头李某。彭某边打电话给李某边赶到工地，看到徐某意识不清，就向 110 报警。中午一点左右警察到了现场，经勘查排除他人伤害的可能并断定为醉酒后，嘱托在场工人及时送医。警察离开不到五分钟，李某就带着另外两名水电工从另一工地赶到事发现场并立即将徐某送医救治。李某带着工友在医院照顾徐某，直到下午六点多徐某妻子到达病房才离开。原本是工友之间的相互帮助，没想到 11 月初，徐某一纸诉状将李某告上法庭，咬定自己是在给李某干活时从四楼脚手架上掉落摔伤的，要求水电工工头李某和房东对其受伤承担共同赔偿责任。

办完委托手续后，我要求李某尽快找来事发当天在场的泥工工头、泥工工友以及参与救治的其他工友，以调查取证。接案当天下午，我就拿着介绍信到 110 指挥中心查询了接处警记录，该次接处警记录很简单，大意是“接报警后指令警察出警发现，一男子醉酒躺在地上，在其他工友来到现场后，警察进行了移交，同时告知相关工友，若醉酒之人情况不好就要及时送医”。

按照 M 市的惯例，工友做工是按天拿钱，大家对于工作时间非常在意，所以找工友来我的接待室询问用了五天时间。由于都是利用中午午休期间进行的，接受我询问就等于是放弃了午休。

为了使工友们早点返回工地，我和助手[①]对工友们的询问都很快。从询问的结果来看，工友们陈述的内容和李某办理委托时向我说明的情况大致吻合。但是，第五个工友的出现给我的调查工作造成不小的干扰，在我向第四个工友宣读调查笔录期间，他不停插话：“律师，你问这些没有用的。而且刚才老王说的徐某喝过酒这个事情，和案子关系又不大，人家就是说从架子上掉下来了，你扯这些有什么用呢？”显然，这个工友不但没有半点法治思维，而且还对其他证人的陈述造成消极

① 之所以需要助手，原因在于制作“证人证言”时必须提问者和记录者分离，因此，我找来学法律专业但没有通过国家法律职业资格考试的表弟充当我的助手，以确保证据制作的合规性。

影响,原本积极配合的第四个工友突然就一言不发了。看到这一意外的发生,我非常不客气地对他讲:“作为律师,我有自己的工作节奏,你有什么可以一会儿到你了你再说,现在别人在配合调查,你这样插嘴影响了工作的整个节奏了。请互相尊重。”我说完这话,在场的所有人陷入一种尴尬的气氛中,被告李某赶紧打圆场:“杨律师,我们都没有多少文化,我带着他们先出去,你按照你的计划工作就是了。”

第四个工友配合完成调查后,我还是请了刚才捣乱的第五个工友进来进行询问,从调查了解情况看,这位证人似乎对公平正义有着和法律无关但又能自我说服的价值体系:“律师,这个事情徐某确实是倒霉的,没有在干活过程中受伤,但是又真的发生在工地,我们都是打工的,不容易……”

我:“做证人是把你当时所看、所听、所说原原本本地说出来,不隐瞒、不夸张。至于是非对错,你可以有自己的认识,没问题,但是你的这些主观认识并不能被作为证言记录下来。清楚了吗?”

工友五很执拗:“没有自己的态度还怎么作证呢?”

我:“作证必须实事求是,而你说的这个态度,最终是由法官根据原、被告双方的证据来作出的。法官居中裁决就是这个意思。”

由于他对我的反复解释没有任何积极回应,我最后只能放弃对他的询问,并在证人出庭申请中划掉了他的名字。

送走证人,整理好证据卷和委托材料,周一(2016年11月7日)一早,我就将被告的证据交到办案法官手上,同时也申请查阅了原告徐某提交的证据。徐某提交的含有证据目录的证据卷装订得中规中矩,感觉是出自专业人士之手,但翻了半天却怎么也找不到其委托代理人的情况,这给我留下了个小小的疑问——难道身为农民工的徐某是自学法律的高人?并非专业人士,却将证据捋得井井有条,在首页还加上“证据目录”,真的很不简单。因为实践中,哪怕是专业的律师,如果马虎起来,证据卷也是做得稀里糊涂的。

第一次开庭

2016 年 11 月 24 日

开庭时间定在今天上午八点半，但为了解开心中的谜团，我八点钟就赶到法庭外。因为经常出庭，M 市里律师基本上还是比较脸熟的，我左看右看，在诉讼大厅坐等的人里，有认识的律师，但一搭话却是为别的案子而来。坐在我旁边椅子上有个五十出头的妇女看起来一脑门子官司，愁眉紧锁，站在她面前的是一个极木讷的男子。虽然觉得气氛蛮怪异，但法院里类似场景不在少数，也就没有那么不舒服了。

快八点半的时候，书记员打开了法庭门，站在门口喊了一嗓子："徐某诉李某等提供劳务者受害案的法庭在这里，第四法庭。"[①]书记员话刚落音，我旁边的妇女"噌"地站起来，搀扶着一直站她面前的男子紧随书记员进入了第四法庭。看着两人在原告席坐下，我更纳闷了："对照我手上的原告身份证仔细辨别后，可以确定男子是原告本人无疑，但这妇女是哪个所的律师啊？"看精神面貌根本不像律师，但若不是律师又怎么和原告一起坐在原告席呢？

法官在八点半准时到达。法官宣布开庭前，原告席上的妇女一直用秋风扫落叶一般的凌厉目光盯着我。独任审判的女法官宣布完法庭纪律，在查明诉讼参与人身份的环节，我的疑惑才得以解开。代理原告参与诉讼的不是律师，而是他的妻子。原告徐某木讷得像大碗里的鱼(戳一下动一下)，连句整话也说不清楚，而他那厉害的夫人在本次庭审中没有逻辑和纪律的伶牙俐齿，则让人印象极为深刻。

当法官和颜悦色地询问："原告，对于我和书记员处理你们这个案

---

① 尽管送达当事人签收的开庭传票上，对于开庭时间和具体法庭都会有明确的告知，但是对于 M 市这样的农业县级市，尽管近年来经济发展带来了人口素质的大幅度提高，很多当事人并不仔细阅读开庭传票，或是阅读了也照样会迟到甚至忘记开庭时间。

子,你有异议没有?是否需要申请回避?"

对此,徐妻居然懒洋洋地回答:"随便。"

法官一听急忙问:"什么叫随便?我的意思是,我来审这个案子,你们是否觉得有不合适的地方?如果没有,就是无异议;如果觉得我来审可能会导致不公平,那么你们就要提出来。"

徐妻:"你都坐在台子上了,我能有什么意见嘛?"

女法官:"不是说我坐在台子上就铁板钉钉了,如果你有证据证明我不合适审理,那么可以要求我回避,也就是换别人来审。"(女法官真的非常有耐心。)

徐妻突然怒了:"没有异议,可以了吗?"

女法官:"原告代理人请控制你的情绪,大家来这里是为了处理问题、解决矛盾。"

徐妻:"是啦,是啦。我知道啦。"

女法官:"请原告宣读起诉状。"

徐妻:"已经写在纸上了嘛,有什么好念的?"

女法官:"原告代理人,宣读起诉状是法定程序,你要是不识字,可以告知我,我来代为宣读。"

徐妻:"那么你读嘛。"

女法官宣读起诉状……

读完起诉状,女法官询问:"对于起诉状上的诉讼请求,原告方还有变动或者修改吗?"

徐妻:"当然有,纸上写的不对。我老倌是今年 4 月就摔着啦,除了住院治疗,我带着他去找草医包药,前前后后 200 多天的时间,怎么不算在里面?"

女法官:"原告代理人,我刚才是代为宣读你的起诉状,诉状上只要求支付 151 天的误工费,你现在说是 200 多天,那么是以起诉状还是以你刚才说的时间为准啊?"

徐妻恶狠狠地说:"我不知道,反正我老倌到现在都还是干不了活,就是应当算到今天!"

女法官耐心地解释着:“原告,你听我说,起诉状上写的151天应当是从住进医院到定伤残之日的这段时间,如果经审理确实应当由被告负责的话,定伤残后的误工费就是伤残赔偿金了。否则,你要是再过半年才来起诉,那么是否又要多算出180天呢?”

徐妻:“我不管,反正人还是不能做工。”

女法官:“那么你的意思是要变更诉讼请求咯?”

徐妻:“什么变更诉讼请求我不知道,反正是帮我写状纸的人不负责,我要增加。”

女法官:“那么增加到几天?”

徐妻:“就增加到240天。”

女法官:“请书记员记录下原告方变更诉讼请求的内容。被告请宣读答辩状。”

听着徐妻刚才的一顿无理取闹,我一方面强忍着笑场的冲动,另一方面也真心为基层法官庭审的耐心所感动。可没想到我答辩状才念到“徐某治疗其脑出血的过程中多次使用新型农村合作医疗保险报销医药费,也说明徐某的受伤并非是提供劳务时造成的,因为新农合的保险范畴不包括提供劳务受害治疗费用”,徐妻突然站起来,指着我大叫:“你们律师吃人害人!我家报销新农合还不是为了给被告这个黑心老板省钱,你凭什么说我家老倌不是做活摔伤的?”

女法官:“原告,现在是被告发言,你不要插嘴,到你说的时候我会叫你的,注意法庭纪律,这里是法庭,不是集市上吵架!”

感谢女法官及时出手,好歹让我念完了答辩状。

因为徐某将房东列为第二被告(第一被告是我代理的李某),穿着中山装的房东也和我们一起坐在被告席上。一开始房东对我有种戒备心理,可能担心万一我“甩锅”给他就不好了。当我将答辩状给他一份时,他本能地推开了答辩状,作闭目养神状。

我念完答辩状后,房东只淡淡地说了一句:“这个事情和我一点关系都没有。”

至此,女法官将争议焦点总结为:“第一,徐某所治疗的是否属于提供劳务时造成的伤害;第二,徐某的治疗等费用是否应当由两被告(工头和房东)承担。原告你对这个归纳有意见吗?"

徐妻沉默未答(看样子是思想开小差了)。

男书记员:"原告及代理人,你们来这里处理问题,要集中精力,做到有问必答,否则我们怎么帮你们处理呢?"

徐妻:"反正人就是在工地上出事的,说到北京去,也要被告赔钱。"

女法官:"请原告代理人配合审理,要不要赔钱不是你说了就算,也不是被告说了算,你不配合审理,是不是不需要审了?问你对我总结的争议焦点是否有异议,不是要你发表法庭意见,审理有审理的程序,一步一步地来。"

徐妻:"没有异议。"

我(代表李某):"没有意见。"

房东(第二被告):"没意见。"

女法官:"下面进行法庭调查。原告代理人,你既然不识字,我就代替你宣读你提供的证据,可以吗?"

徐妻:"可以。"

原告提供的证据一共九组,包括原告身份证,M市医院出院记录及收费单复印件、三份新农合报销单、车票复印件、门诊收据复印件、司法鉴定意见书及鉴定费用收据。我代表第一被告李某对身份证、M市医院出院记录及收费单、新农合报销单等的客观性和合法性表示认可,但对其证明力不予认可。因为M市医院出院记录和新农合报销单上明明白白写的病因是"高血压引发的脑出血",原告提供的证据不能证明其治疗的是提供劳务时受的伤。特别地,对于原告提供的四张车票复印件,我指出存在凑发票的嫌疑(同一天从K市回到M市,又从M市到K市某镇,而原告的家是在M市)。随着庭审的深入,房东基本上抛开了偏见,对我的表态和说明都积极予以配合。

女法官:"原告,你这些证据的原件是否带来了?"

徐妻:"没有。"

女法官:“你证据不带来,我们怎么审啊？没有原件的证据是不能采用的,你不知道吗?”

徐妻:“没有人告诉我啊,写状纸那个人也没有说。”

女法官:“庭审结束后,请原告今天下午把原件交进来,听到没?下面被告举证。”

我:“我们的证据有两组,一组是 M 市公安局 110 接处警综合记录单,证明的是徐某在工地发病时警察到现场检查,没有发现徐某存在皮外伤,且分析徐某系醉酒;第二组是彭某等四个在场工友的询问笔录,今天除一个工友在外地做工无法赶来外,其他三个工友都已来到法院,请法庭准许他们出庭作证,证实徐某去医院治疗并非因为在工地摔伤。”

房东:“没证据。”

女法官:“原告,对于被告的证据你有什么要说的?”

徐妻:“律师胡说八道,无中生有！我老倌是家里的顶梁柱,一家老小指望着他做工养活,现在律师乱说话,没有良心。”

女法官:“原告,你要针对被告提供的证据发言,不要人身攻击。”

徐妻:“就是说律师讲的是假话,一句真话都没有。”

接下来,三名工友一一出庭作证,证明了事发当日的情况,原来,徐某是十二点多大家午休时犯病的,因为徐某平日嗜酒,所以那天看他走路踉跄又有呕吐物在身上,大家就都以为他醉酒了,110 作出的判断也大致如此。

没想到徐妻听完三个工友的证言,情绪变得非常激动:“被告李某,你拿钱买通所有的工友讲假话。你们这些打工的,为老板卖命,不要脸!”

女法官:“刚才已经告诉你不要人身攻击,你为什么就听不进呢?是不是不要我们处理这个事情了？你现在对于证人有什么要问的吗?”

徐妻:“没有了,他们被买通了。”

女法官:“被告对于证人有什么要问的?”

我:“法官,我想问下证人王某,徐某爱喝酒是什么程度的爱喝?事发当日他身上有皮外伤吗?”

证人王某(2016年11月5日曾接受过我及助手的询问):“他早上吃碗米线都要喝个二两,中午也会喝,晚上也喝的。那天没有什么皮外伤,就是吐了些东西在衣服领口处。”

我:“从证人的证言来看,徐某爱喝酒,事发当时在场工友以及110出警人员均以为他醉酒是有一定根据的,不排除徐某是经常喝酒和高血压共同作用导致脑溢血发作。”

徐妻:“我老倌要养活一家人,怎么会是酒鬼?他才不像你这种专门为坏人说话的人,他有他的品味,最多是晚上回来在家里喝两口。”

听到徐妻居然漫无边际指责我品味差,我实在忍不住笑了出来。

徐妻:“你不要笑,你有什么好笑的?”

我:“请法官提醒原告代理人不要进行人身攻击。”

女法官:“原告代理人,已经和你说过几次了。这里不是集市上吵架,请注意你说话的方式。”

徐妻:“我怎么注意嘛?他们串通在一起,工头买通工人来陷害我老倌,如果发生在你身上你受得了吗?”

这时候,一个已经作证完毕、在旁听席旁听的证人非常气愤地站起来说:“做人确实要讲良心,我这人不会讲假话。徐某和我们在一起做活七八年了,你这个婆娘,在家天天欺负他这个老实人。今天在这个法庭,到现在你家老徐有没有说过一句话?你一个妇道人家,随便出口伤人。出事那天我们的工作是给卫生间安装水电,有什么架子要爬?”

女法官:“证人,要注意法庭纪律。没有叫你发言,你就不要说话。原告代理人,我问你,事发那天谁通知你的?你什么时候到医院的?”

徐妻:“被告李某大概在下午两点左右打电话给我说我老倌摔着了,我到医院是六点多。”

女法官:“为什么李某两点多联系的你,你到六点多才赶到医院?”

徐妻:“我在乡下做工,要倒好几趟车才能到医院的。”

徐妻发言结束后,法官宣布法庭调查结束,进入法庭辩论阶段。

法官才说完“原告方请先发言”,徐妻就迫不及待地开始了宏大演讲:“不管怎么说,我老倌是 4 月 18 日那天在工地上出的事情,现在被告认也得认,不认也得认。李老板,你不要觉得买通全世界就能不管我老倌的死活,我家这个(耿)直人给你做牛做马干了快十年了,你这种黑心烂胆的行为天都不会饶你的!你要是不赔偿,我就要把你的头提下来。”

女法官厉声呵斥道:“原告,你什么意思?这里是法庭,你要怎么提被告的头啊?你对法律怎么就没有一丝一毫的敬畏呢?如果你再这样不听劝阻,破坏正常的诉讼秩序,后果自负!”

徐妻终于消停了。

女法官:“请被告发表辩论意见。”

我:“现有证据中,不管是原告提供的 M 市医院出院记录以及 H 州新农合保险报销单据,以及我方提供的 110 出警记录,以及刚才三名证人的证言,均非常清晰地证明了 4 月 18 日徐某并不是从架子上摔下的,被告李某对原告不存在任何侵权行为。原告被鉴定为‘智力残损’是其常年高血压引发脑出血留下的后遗症。不仅如此,本案中,包括被告李某在内的工友都对徐某给予了热心帮助,换来的却是徐某恩将仇报的结果,令人心寒。因此,请求法院驳回原告的诉讼请求。”

房东:“同意前面这个律师的说法。”

女法官:“原告,你还有什么要说的?”

徐妻:“律师睁眼说瞎话,这个工程是房东先包给了一个叫周某某的人,因为周某某下面的水电工不如李某这个班组,房东才单独叫李某领着我老倌他们来做水电工的。”

女法官:“原告代理人,你现在什么意思啊?怎么又扯出一个周某某来,原告的受伤和周某有关系吗?”

徐妻:“怎么没有?!我老倌这个损伤就是房东和一连串的老板共同造成的!要是周某某的水电工有本事,房东就不会找黑心肝的李某领着我老倌他们进入工地,那么我老倌就不会受伤!所以有牵连的所有人都应当对我老倌的损伤进行赔偿。”

女法官:“按你这意思是要追加被告吗?”

徐妻:“要追加,不能让任何一个坏人逃脱!否则我们太冤屈了。某某(房东)你说说,你家这个房子是不是请周某某总承包的嘛?”

女法官将头转向被告席上的房东:“恢复法庭调查,某某(房东),你说一下到底什么情况。”

房东:“我家盖房子确实是包给周某某做的,水电工也是我点将由李某代班的,但是,工钱还是由周某某从我付给他的总费用中支付给李某的水电工班组。”

女法官:“原告你还有什么要说的?”

徐妻:“我这个人不撒谎,有什么说什么。我老倌这个损伤就是被告席上这些人还有漏网的周某某合起来导致的。”

女法官:“好了,表述过的内容书记员已经记录下来了,不要再重复了。法庭调查结束。和刚才已经发表过辩论意见相同的内容就不必再重复了,原告和其代理人你们还有什么辩论意见吗?”

作为原告的徐某抬起垂了一个上午的头很轻声地说:“没有。”

徐妻则继续不依不饶,一把揪住徐某让他起身,然后掀开他的衣服,边哭边说:“你们看看嘛,我老倌从架子上摔下来,不但头部受伤,肩、胸部也多处骨折的,你们看看嘛,他身上到现在都还打着绷带呢,手也抬不起来。这个责任必须由所有被告承担。”

法官:“原告,请注意法庭秩序,叫你举证的时候你不说,现在又这样,依你的言行举止,这个庭怕永远都结束不了啦。”

徐妻哭着说:“我就是个农民,不懂法律的要求,有什么办法啊?”

女法官:“好了好了,别哭了,你不懂法律,我之前引导你的时候你怎么不好好讲呢?行啦,请原、被告做最后陈述。”

徐妻:“所有给我老倌造成损伤的,都必须负责赔偿。”

我:“原告的请求与客观事实不相符合,请法庭驳回原告的全部诉讼请求。”

房东:“这个事情和我一点关系都没有。”

女法官:“鉴于双方分歧过大,在此暂时不组织调解了。此外,对于庭审过程中原告提出需要将周某某追加为被告的请求,本庭将在休庭后认真考虑,决定是否追加。休庭。”

对我来说,文盲加法盲的农村大妈代理自己老倌的案子,是头一回碰上,缺乏基本法律常识的原告代理人让本应简单、清晰的案子变得可笑又可悲。从某种意义上来讲,这样的案子实在是浪费宝贵的司法资源,法官在庭审中不得不花费大量本不必要的时间来引导整个庭审的进行。我不知道帮原告写纸的代书律师为何不出庭代理,而只是机械地写好诉状、做好证据,让这样一个胡搅蛮缠的法盲农村大妈在法庭上无边无际地自由发挥,也许是知道这个虚假诉讼根本就没有赢面而拒绝,也许是因为这个大妈太难缠而拒绝。

遇到这么个原告代理人,不但身为律师的我很无奈,对于法官来讲也是一块硬骨头,因为这样胡搅蛮缠的人处理不好很容易就成为“上访”人员,所以为了让原告心服口服,追加被告再开一次庭是不可避免的了。

一审第二次开庭

2017 年 1 月 10 日

法官的年终非常忙,忙着写总结、归档等。于是,第二次开庭被安排在元旦过后。

与第一次开庭按时进行不同,这次开庭因为被追加为被告的周某某姗姗来迟而足足延迟了一个多小时。其间,法官、房东、李某都给周某某打了电话,不停地焦急询问“到哪里?什么时候能到法院?”

这次开庭特别之处在于,上次开庭结束后,办案女法官专门到原告事发当日送医的医院找主治医生进行了调查,收集了原告在该医院治疗的入院记录、出院记录和 CT 检查报告单等;主治医生还向办案法官确认了原告脑出血系自身原因引发;至于原告代理人(徐妻)在第一次开庭时掀开徐某衣服说原告是提供劳务时受伤,包括脑伤和肩、胸部骨折问题,法官在调阅的原告病历材料中并没有找到任何相关治疗的情况。

当法官在本次庭审中介绍其在第一次庭审后依职权到 M 市医院进行调查而制作的调查笔录时,身为原告代理人的徐妻再次情绪失控:“这个主治医生肯定被李某买通了。他说的不是事实。你们去调查的病历是假的。”

在我身边的李某紧紧捏起了拳头,我轻轻地扯了他的衣袖,示意他冷静。

女法官慢条斯理地讲道:“我再说一遍,这个是我和同事去医院调取的材料。原告,你要是觉得有假,就得拿出证据来,这里不是谁声音大谁就有理。”

徐妻:“反正我老倌在工地出的事情,就是得工地负责,说他生病,他怎么在家就好好儿的不发病,去到工地就发病了呢?”

就这样,徐妻保持着和第一次庭审时一样的东拉西扯和浑不讲理。任凭法官怎么解释“民事诉讼中,对于自己提出的诉讼请求所依据的事实或者反驳对方诉讼请求所依据的事实都必须拿出真凭实据来证明”,徐妻就是一个劲儿撒泼。这样的情况,调解自然也是无法进行的。

差不多十二点一刻,一脸疲惫的女法官阐明:“我看你们双方的分歧巨大,无法调和,待法庭核实相关情况后再作出判决。庭审结束。”

3 月 24 日,我领到了“驳回原告徐某诉讼请求”的判决。真心感谢审理这个案子的女法官,虽然比我年轻,但在敬业、法庭掌控能力以及耐心认真(如依职权向医院取证、对原告代理人进行细致的引导)等方面都令我感动、钦佩。

大约一个星期后,我接到审案女法官的电话,说她无法通知原告领取判决(提供给法院的手机是关机的),希望我看看能不能通过工友的渠道找到可以联系到原告的方式,让其尽快来领判决。为此,我给作证的工友及被代理人李某都去了电话,但得到的回答都一样:“这家人和我们不来往了,平日大家忙着干活,就断了联系了。”我把这个坏消息告诉女法官时,心里蛮难受的,也更加体会到基层法官的不容易。爱莫能助,唯有在心里为她祈祷。

上诉

2017 年 4 月 27 日

4 月 27 日,我又接到了李某的电话,他很焦虑:“徐某不服一审判决,要上诉了,我刚从法院里拿来他家的上诉状。”

我平静地对李某说:“你把上诉状拿来我看,应对就好了,这种事情不奇怪。”有那么厉害的老婆,原告的上诉完全就属于“意料之外情理之中”的事情,尽管这个“情理”是一种非常人的情理。

看到徐某家制作的上诉状,我对“强词夺理”又有了更为生动的认识。上诉状中提出“一审法院只调查了原告在 M 市医院的治疗材料,对原告提交的证据中在五十九医院的出院证明没有认真理解——五十九医院的出院证明上写得很清楚‘病人系创伤性脑出血……’,因此一审法院的行为属于事实认定错误。”本案事发时间是 2016 年的 4 月 18 日中午,同日下午即进入 M 市医院治疗,4 月 30 日就从 M 市医院出院了。徐某到五十九医院治疗的时间为 2016 年 5 月 25 日,在将近一个月的时间内到底发生了什么使其到五十九医院进行治疗,这其中的因果关系因为时间的不连贯是证明不了的。

看完可笑的上诉状,我安慰李某说:“这个就是继续一审的胡搅蛮缠,上诉的理由根本就不成立,不用担心。俗话说‘兵来将挡水来土掩’,对于这样的人,咱们只有奉陪到底咯。”

当夜我写好了二审答辩状,第二天一早就将委托手续和答辩状交到书记员手里。书记员看到我,先笑了:“无语啊。”

我笑着回应:“确实伤脑筋。法官不在啊?”

书记员一脸心疼:“昨天就去下乡取证了,估计要今天下午才回得来的。”

我叹了一口气:“唉,真心不容易啊。喏,我把答辩状和委托书交给你。”

书记员:“答辩状等二审再交呗,交给这里,我们去送达又得被折磨啦。你是不知道,上次请原告来拿判决可伤脑筋了。”

我:“我也不想给你们找麻烦,可是现在中院有的法官对此有特别要求。我上次一个被上诉的案子,在二审调查期间交答辩状就被拒绝了。一朝被蛇咬十年怕井绳,万一这案子又遇到这种情况呢?”

书记员:“啊? 怎么会有这种事情?《民事诉讼法》对于提交二审答辩状的时间没有明确规定啊?”

我:“谁知道呢,只有多麻烦你们了。”

书记员爽快地答应了:“好吧。”

我:“我想看看,这原告有什么新证据没有? 还有,好想知道这回是不是还是徐某老婆出面。”

书记员:“没有新证据,这回人家可是请律师了。就是S大状。”

听完书记员的介绍,我一下子就释然了:为啥那个上诉状写得那么神奇,原来是S大状的手笔啊。①

就这样,这个本来不是案子的案子被“泼辣人妻”和S大状联合推到了二审。

二审调查

2017年9月20日

2017年9月12日上午,当事人李某给我打来电话,语气极为紧张:“杨律师,中院的法官打电话来了,要我2017年9月20日(周三)上午到中院去了解情况。”

我:“没事,到时候我们一起去就是了。”

比我预计的二审时间提早了差不多两周。因为在一审结束后接

---

① 和S大状对簿公堂,是一件很有趣的事儿,前文的《田间的厮打》中有更为生动的说明。

到上诉状时我就写好了二审答辩状，算是准备较为充分的。9月20日清晨七点，我和当事人一起驾车直奔170多公里外的H州府，大约八点四十分左右到达H州中院，直接按照法官指示去法庭门外等候。

九点整，办案法官和书记员准时来到法庭。不一会儿，“泼辣人妻”搀着上诉人徐某，在两名律师的带领下也进入法庭。

照例走完前期程序(审判长介绍审判法官、宣读法庭纪律；当事人宣读上诉状和答辩状)后，法官总结了争议焦点：第一，上诉人的脑出血是否是在提供劳务中发生的；第二，对于上诉人脑出血的损害到底应当由谁承担责任。

接着，法官询问双方对一审法院认定的事实是否有异议，双方都表示没有异议。接下来就进入询问当事人阶段。

首先，徐妻要求法院允许新证人出庭作证。法庭允许后，只见徐妻的亲哥哥走进法庭，讲述他事发当日的“所见所闻”：“那天我在送货，我妹子打电话说她男人出事了，然后我就赶到K医院，当时院长看了看就说是摔伤的，他们医院治不了，必须送M市医院。然后我忙着要去上班，就走了。”对于这段描述，基于他与上诉人是近亲属，具有直接的利害关系，而且如他自己承认的，这所谓亲身经历不过十多分钟。因此，我认为他的证言并不符合证据“真实性、客观性以及关联性”的要求，不具有证据的效力。

当我发表完对证人证言的意见后，徐妻突然很暴躁：“你和李某是两口子啊？我早就想骂你了！你一天到晚跟李某一唱一和的，是不是睡一张床啊?”对于这种泼妇的蛮横，我无言以对，但法官对她这种胡搅蛮缠竟然没有及时制止或批判，着实让我感到愤怒和失望。

法官接着问：“上诉人，你治疗的原因是什么?”

徐妻：“就是从几十米高的高空摔下来的呀。肋骨摔断了两根，还是我找草医(中医)老奶奶帮我老倌治好的。”

杨法官：“按你说的，伤在哪些地方?”

徐妻：“腰、头、肩都受伤了。”

法官：“那么为什么你头两次住院都是使用新农合报销医药

费呢？”

徐妻：“当时第一次住院的主治医生郭某在我家要出院的时候来找我商量，问我老倌这个事情将来是要‘公了’还是‘私了’。如果是要‘公了’就不使用新农合，要是‘私了’就使用新农合。”

法官：“房东，你家盖房子的水电工工作有没有要高空作业的？”

房东妻子：“没有高空作业，当天是在室内安装卫生间的排水管，我家当时连灯具都还没有安装，哪里有什么高空作业啊！”

法官：“李某，你负责水电工平时是怎么管理安全事项的？”

李某：“我们做水电工一般是两到三个人一组团队作业，工作时必须戴安全帽，而且我们没有室外作业，室内工作最多会用到 1—2 米的‘人’字梯进行布线。”

法官：“上诉人，你听得到我说话吗？”

一直垂着头的上诉人徐某缓缓抬起头说：“听得到的。”

法官：“你当时和谁在一起？”

徐某：“没有水电工，有个泥工陈某和我在一起。”

法官：“你住院的原因到底是什么？”

徐某：“我喝酒喝生病的……”徐某才说完不到一分钟又喊了一声：“不对，是摔的。”

法官：“出事的时候，你是否喝了酒？”

徐某：“喝了，好像没有喝……”

看着徐某反反复复，法官只能停止对其询问。

法官：“现在询问结束，双方当事人及代理人有什么意见可以发表一下。”

上诉人代理人：“五十九医院是三甲医院，其诊断效力高于二甲医院（M 市医院），五十九医院的入院记录和出院诊断写的是‘创伤性脑出血’，这就证明了上诉人是受伤而非自身疾病导致的身体受损，就像基层法院要服从中级法院的审判一样，二甲医院应当服从三甲医院的诊断，所以被上诉人应当赔偿。”

我：“首先，徐某是午休期间因自身疾病导致的脑出血，并非是提供劳务中因劳务工作导致的损害,因此不符合侵权法赔偿相关规定的要求。其次,在五十九医院的治疗与前面的治疗之间没有形成连贯的治疗过程,期间存在时间断裂,在 M 市医院的治疗是徐某发病后的第一次治疗,其诊断中没有任何有关外伤的记录,且主治医生在接受一审法院依职权的询问中也明确了不存在外伤的事实。如今,上诉人法定代理人颠倒黑白,目的就是通过编造的事实来讹诈曾经对自己男人生病给予援助的工友。再次,二甲医院和三甲医院不存在类似于法院系统的隶属关系,用法院的审级类比医院诊断不符合医疗体系的现实情形。最后,上诉人法定代理人所称第一次治疗的主治医生在出院前与其商量'公了'还是'私了'完全是对医生的侮辱,治疗费用必须是按照客观实际和相关规定进行支取,勾兑国家意在利民的新农合制度是违法行为,医生不可能知法犯法,上诉人为了陷害被上诉人,连救命的医生也大加诽谤,令人惊讶。综上,请求法院查明事实,维持一审的公正判决。"

法官:"上诉人、被上诉人请最后陈述意见。"

徐妻:"我就是要对面坐着的人赔偿我老倌受到的伤害,李某要赔,房东家也要赔。今天没有来的总包就不要他赔了。"

代理徐某一方出庭的 R 律师:"你想好啊,不要乱说话,这个是连带责任,你不要总包赔的话,别的人也可以不赔你的呀。"

这番高论让我有点意外,难道该律师的法律是体育老师教的吗?《最高人民法院关于审理人身损害赔偿案件适用法律若干问题的解释》第 5 条明确规定:"赔偿权利人起诉部分共同侵权人的,人民法院应当追加其他共同侵权人作为共同被告。赔偿权利人在诉讼中放弃对部分共同侵权人的诉讼请求的,其他共同侵权人对被放弃诉讼请求的被告应当承担的赔偿份额不承担连带责任。"换言之,存在共同侵权人的人身损害赔偿中,被害人放弃对个别共同侵权人的求偿并不导致整个求偿权的完全消失,而只是丧失了被放弃的共同侵权人项下的赔偿份额。

徐妻:"可是总包老板现在欠着一屁股的债,已经跑路了,赔不出来的。”

R律师厉声呵斥徐妻：“你这个人啊，好好说话，想好了再说，跑路和这个有什么关系？”

法官：“上诉人的法定代理人，在法庭上说的话都是要记录下来的，你到底怎么考虑的？”

徐妻：“我就是要李某赔钱，他不但应该赔偿我老倌摔伤的损失，报告法官，他还差着我老倌一年多的工钱没有给。”

法官：“拖欠工资不是这个案子处理的内容，现在我们处理的是你老倌治疗费的事情。你的意思是只要李某赔偿吗？”

R律师：“法定代理人，你要想好再说，你一会儿要这个赔，一会儿要那个赔……最好说个准话，不然我们到时候帮不了你家的。”

徐妻：“好好好，那我还是要他们所有人都赔偿。”

法官：“被上诉人你们陈述一下最后的意见。”

房东太太：“徐某的伤不是在给我家盖房子时造成的，是他自己喝酒醉发病的，与我们一点关系没有，我家一分钱也不会赔偿的。”

李某：“徐某的伤是自己生病导致的，而且当时是午休时间，没有在干活。另外，我没有拖欠过徐某一分钱的工钱，这个工地上的工友都可以作证的。所以没道理要我来赔偿。”

法官听完，慢悠悠地说：“调查就到这吧，按照我们司法实践和国家有关精神，为了化解矛盾，减少冲突，现在我询问一下双方当事人，你们是否愿意在法院的主持下进行调解呀？”

上诉方律师回答：“愿意。”

法官：“被告方什么意思呢？”

房东太太斩钉截铁地高声说道：“我们对于徐某生病没有什么责任，一分钱我也不会赔。”

我的当事人李某紧接着也表态：“治疗是他自己身体的原因造成，与我们没有任何关系，一审时徐某的老婆口口声声说我买通公安局、买通医院甚至买通全世界，我请法官按照事实处理。”

法官：“李某，开庭前，对方没有来的时候，我就和你谈了的，徐某跟着你干活好几年了,应该还是有感情的,应当综合考虑一下嘛。”

一听法官这铁了心要调解的口气,深感继续僵持下去没意义,我只好低声说服李某:“调解是一个程序,法官要走,而我们一直不同意的话,这个程序就没法往下走了,调解中要是差异太大,法官就会停止的,所以我们不妨给法官个台阶,把程序走完。”

李某涨红着脸悄悄问我:“接受调解是不是就等于我有错啊?”

我:“没有,调解就是一个法庭的程序,是法官工作的考核内容之一,有的法官认为这个程序不走,就是自己工作没到位。你不用太担心的。”

法官追着要求调解,徐妻领衔的上诉人则乐见其成,而被上诉人这边的李某和房东太太则顾虑重重,生怕被调解绕进赔偿的泥潭……

时间一分分过去,法庭没有了先前的针锋相对,徐妻继续一脸的不高兴,生着病的徐某继续神游着,其代理律师则露出了神秘微笑,作为被上诉人的房东太太申请上厕所,而我的当事人则一直低着头不言语。

差不多半小时后,杨法官又来了一句:“被上诉人,你们是否同意调解啊?”

只坐着我和李某的被告席上仍然无动于衷。而这个时候我的心里却是极不安的,因为早在我刚出道的四年前,老前辈就跟我说过 H 州中院民事二审中惯用“饥饿调解大法”——调解达不成,谁也别想吃饭,大家一块儿熬,熬到调解达成方才鸣金收工。尽管近年来民事调解率不再是法院年终考核的必要内容,法官对于调解的执念有所降低,但保不齐今天就遇上个“钟爱”调解的法官啊。

考虑到最好给大家一个台阶下,我继续做当事人李某的工作:“没事,调解真的不会给无辜的人增加责任。调解就像菜市场买菜,大家讨价还价,能达成一致最好,达不成法官也不能强求的。”

一根筋的李某:“我真的没有任何责任,谈什么谈嘛?”

我:“我已经说了,谈不代表你有责任,法官就是要走这个程序,你不同意的话,这个程序就没法结束啊!”

和我有备而来吃过早餐不同,李某是早晨没吃一丁点儿东西就赶路的,饥肠辘辘的他终于在十二点左右的时候说:“调解就调解嘛。”

法官望着正好如厕回来的房东太太说:“你呢?李某同意调解了。”

房东太太叹了口气:“唉,调就调,反正我不赔一分钱。”

杨法官:“嗯,这样吧。为了充分酝酿,被上诉人你们到外面去,上诉人在里边。十五分钟后再集中。”

走出法庭,我的当事人依然很沮丧,担心答应调解就等于是承认有错。我虽不停安慰,但收效甚微。房东太太在一旁虽没说啥,但走来走去的急促脚步也反映了她对调解的不安。

说是十五分钟,但实际上用了差不多半小时。十二点四十分左右,法官走出法庭,将庭外等候的房东太太、李某和我集中起来说:“上诉人愿意放弃一审诉状上 10 万余元的赔偿请求,只要你们共同承担 5 万元了。”

房东太太:“法官,刚才我都说清楚了,这个事情真不能是我们来赔钱。俗话说冤有头债有主,我家不当冤大头。”

法官:“你是有身份的人,就当是出钱消灾吧。你也看到了他家的作风,你不赔点,以后他们天天来你家闹事怎么办?”

房东太太毫不含糊来了一句:“他们敢来我家闹事,我立马打 110。”

法官:“他们天天来,你怎么办?”

房东太太:“我就是个家庭妇女,天天在家恭候他们大驾光临。”

见房东太太油盐不进,法官又转向我和李某:“李某,今早一进来我就和你说了,看在你们共事多年的情分上,就当是帮助他家好了。到时候我们在调解书上也会写清楚是‘帮助’不是‘赔偿’的。”

李某:“法官,我也是个打工的人,我去哪里找钱来帮助他?出事时我们几个工友送他去医院,一直守着他直到他老婆来到医院。第二天我就赶紧把他那几天干活的 1000 元工钱送给他了,我能做的、能帮的已经到位了。”

法官:“你们要考虑好,他家现在只要诉讼请求的一半了。大家有进有退,以后还要在一起相处的嘛。”

房东太太:“明明就是敲竹杠,要不然怎么他家能在这么短时间内降一半儿钱啊?我们赚点钱也不容易的。该我的我不会退缩,但讹我的我不会承担。”

李某:“法官,算了,我最多就是拿出200元,给他家当来二审的路费补助吧。我的能力也只能帮这么多了。”

法官“循循善诱”,房东太太和李某据理力争……差不多来来回回又搞了半个小时,其他法庭都已经关门走人,我们这边还讨价还价得精彩纷呈。

最后,法官终于放弃了“苦口婆心”,进法庭宣布:“分歧过大,调解结束,择期宣判。”

作为被上诉人,我们是最后一批在调查笔录上签字的人。签完字,正要走人时,法官温柔地来了一句:“你们回去再想想,能不能给他家点补助,我们能调解就调,化解矛盾。”

房东太太情绪很激动:“不用回去想,现在我就可以表态‘不赔偿’!自己生病赖别人,天下哪有这种事情?”

眼看着都下午一点了,法官见双方完全没有调解的基础才不甘心地结束了整个庭审工作。原本一个小案子,却来来回回折腾。事实上,这也是我第一次遇到调解偏好如此强烈的法官。

从庭审开始到回到M市,我的心里一直充满愤慨和无奈:尽管“转型时期社会解纷能力的低下和社会纠纷的特殊性,决定了法院调解将继续发挥社会整合和治理功能”[①]具有一定道理,但当法官执着于对当事人(特别是在本案这样不存在真正诉因的案件中)进行调解时,就会严重冲击公平与法治。因为上诉人徐某的损害并不是提供劳务所致,在证据充分明了的情况下,仍旧进行偏离法治轨道的“和稀泥”调解,这从本质上助长了无理取闹,不但不利于社会的和谐稳定,相反

---

① 参见吴英姿:《法院调解的“复兴”与未来》,载《法制与社会发展》2007年第3期。

会导致无辜承担责任方“怨念”的增加。调解必须在具备调解基础的前提下进行，如果无视证据事实，不管三七二十一都要调解，最后的结果就是导致程序法和实体法的双重弱化。一方面，好事者吃准了“一闹就灵”的司法现实，诉讼频率必然升高，原本能够“定分止争”的法院成了表演的舞台；另一方面，因为调解的存在，实体法关于涉讼行为的规范变成了可有可无的标准，“是非曲直”不再是司法活动的核心，“摆平就是水平”大行其道，严肃的司法活动难免沦为能够讨价还价的交易。更为糟糕的是，现实中不少调解结案的民事案件最后还是得进入强制执行程序，这在本质上颠覆了调解本身所具有的“化解矛盾”的优势。[①] 不可否认，在民事诉讼中，调解具有其独特的司法功能，如英美法系的领头羊美国在实践中也大量使用“调解”(ADR)，又如同属东亚文化圈的日本，从 1990 年到 2000 年间，其民事诉讼和解率每年均保持在 32.8%左右。[②] 然而，司法实践不是仅仅靠数据比拼来论证制度的价值。相反，法院必须树立“因势利导，实事求是”的调解观——能调解的案件努力协调，不能调解的案件则应当依法裁判。如果眉毛胡子一把抓，调不了的也要硬调，那么最终损害的必然是司法的权威。

2017 年 10 月中旬，我收到本案的二审判决：维持原判。

---

① 调解结案的民事案件依然进入强制执行程序，在现实中并不罕见。调研几年来，我经手的调解结案后当事人不自觉履行相应义务而导致申请强制执行的民事案件占到调解结案案件的 30%以上。学界对此也展开过分析，参见李浩：《当下法院调解中一个值得警惕的现象——调解案件大量进入强制执行研究》，载《法学》2012 年第 1 期；张嘉军：《民事诉讼调解结案率实证研究》，载《法学研究》2012 年第 1 期。

② 参见〔日〕竹下守夫编：《民事诉讼的计量分析》，商事法务研究会 2000 年版，第 223 页。

高墙内外

调研四年多来，我办理的刑事案子不多，毕竟，在M市这样一个多民族和睦相处且以农业主的边疆县份，社会关系是相对简单的。除故意伤害、盗窃、交通肇事等传统的犯罪外，鲜有发达地区多发的涉金融类、高智商犯罪。但是，在零星办理的刑事案件中，目光所及，仍是感慨良多。看守所高墙内外两个世界里的犯罪嫌疑人、被害人、家属、律师、法官、检察官，因为血缘或职责所在，被动或主动地参与、见证的悲欢离合，仍然值得记录。

犯罪中的“悲剧”

鲁迅说过:“悲剧就是把美好的东西毁灭给人看。”与戏剧等文艺作品不同的是,在真实发生的犯罪悲剧中,美好的事物是真真切切被毁灭的。而且,在犯罪毁灭美好的过程中,包括犯罪者、被害人和当事方家属在内的全社会都是被伤害的。

对于受害人在内的社会公众而言,套用古希腊悲剧诗人欧里庇得斯的名言:“当一个好人受到伤害,所有的好人定将与其同历磨难。”比如,在本部分第一篇日记中,一个无辜少年因为一句无心之语生生被几个小混混用长刀砍得血肉模糊,送医不治后,父亲、爷爷愤懑而亡……如此人间悲剧,让每一个有善念的人都心痛不已。

对于犯罪者而言,就像尼采讲的:“当你凝视深渊时,深渊也在凝视你。”在犯罪所酿成的悲剧中,无处不在的是人性的贪婪、狂热和扭曲,当一个人甘愿成为这些心魔的奴隶时,毁灭的不单是别人,还有自己和家庭。如本部分第二篇日记所记录的走私运输毒品案,不满八岁的儿子看着父亲被警察逮捕……还有什么比这更可悲也更可怕的吗?

飞来横祸毁全家

一个清贫但温暖的家庭因为几个乡村“古惑仔”的兽行土崩瓦解:在不到两年的时间里,从少年被乡村“古惑仔”砍死,到父亲被气死,最后七旬的爷爷竟然在一审开庭前的一个月也撒手人寰!特别是当“从宽”的刑事政策被适用在酿成如此惨剧的所谓“未成年人”身上时,我第一次对于“法的正义性”产生了质疑。在跟踪案子的一年多时间里,从阅卷到庭审,我真切地体会到刑事政策所保护的这些未成年的坏孩子心中实无半点善念,在其好勇斗狠的背后,并不存在电影里的仗义侠气。对漠视他人生命的未成年人一律“从宽”惩戒,不仅仅是对被害人的不公,更无法真正实现对坏孩子的思维和行为模式的纠偏。

从接案到结案,被害人和加害人至亲的行为、司法机关有关法律援助的实施……这一切的一切,有让我暖心的,也有让我窝火的。当身心俱疲的我将卷宗归档后,并没有如释重负的解脱。这起悲剧直到今天仍然在我脑中挥之不去。闲下来的时候,我总会问很多自己没法回答的问题:被害少年唯一活着的妹妹还在念书吗?犯罪人的父母有没有到法院缴纳拖欠的赔偿金?州检察院到底有没有启动被害人救助制度?

祸从天降

2014 年 11 月 25 日

下午准备下班的时候,一对彝族兄弟来到我的接待室,说是公安局让他们来法院门口的律所请律师写个状纸。

因为觉得奇怪，我就问了一句：“写状纸怎么会是公安局通知的呢？”

五十出头的哥哥笑着说：“是公安局打电话给我们的，我们是刚从公安局过来的。我和我幺弟都不识字，公安局的人说我们把这个材料给律师，律师就会写啦。为的是我二弟家娃娃被砍的事情。具体什么情况我们也说不好，你看材料嘛。”

这材料不看不知道，看完我真的被吓了一大跳。事情是这样的：

M 市城乡接合部某住宿制中学的一个初三学生小 A 在学校常常欺凌同学小 B。2014 年放暑假前一天，小 B 的父亲来接儿子时，发现小 B 被小 A 为首的一群同学欺负后，非常生气，便等在校门口，看到小 A 走出校门，就将其截住带往附近的葡萄地里狠狠教训了一顿。被教训的小 A 觉得十分没有面子，便通过电话邀约了四个年纪相仿的小伙伴，带着七把镰刀和一把“尼泊尔”砍刀，直奔小 B 家所在的村寨，打算找小 B 父子俩算账！

五人骑着小摩托进入小 B 家所在村寨，却怎么也找不到小 B 家。横冲直撞一番后，火气不但没有消下来，反而更甚。这时，小 A 看到村头站着一个比他们大两三岁的年轻小伙子陈某，于是率领其余四人冲到陈某面前，问：“你知道小 B 家在哪吗？”陈某回了一句：“我又不是他爹，我怎么会认得。”原本这只是一句没有恶意的话，但被气愤冲昏头的小 C 却感觉受到巨大的冒犯和屈辱，上前打了陈某一个耳光后，还顺势将陈某踢倒在沟里，小 A 持“尼泊尔”砍刀、小 D 和小 E 分别持镰刀一起朝陈某头部和身上乱砍。当陈某出于本能用手遮挡时，小 A 则更为疯狂地砍向陈某的背部、手部和脚部。尽管整个伤人过程中小 F 没有动手，但是身为陈某同村人的他却全程只是冷血旁观。泄愤之后，五个未成年人居然没事儿人一样地骑着小摩托扬长而去。

直到过路人发现躺在沟里血流不止的陈某后，方去报警，又等到警察赶来才将其送往 M 市医院抢救。但因伤势过重，35 天后陈某不治身亡。陈某父亲为治疗儿子四处举债，心力交瘁的他在儿子死后不到二个月也撒手人寰。

陈某母亲因癌症早亡，父亲带着陈某和12岁的妹妹相依为命，因为这个飞来横祸，在不到四个月的时间内，哥哥和父亲相继亡故，12岁的小姑娘一下子成了孤儿。公安机关在侦办这起惨案时，考虑到小姑娘岁数太小、爷爷奶奶岁数太大的现实，将小姑娘伯伯和叔叔列为联系人。这才有了开头的一幕——伯伯和叔叔请求代书刑事附带民事诉状。

考虑到这案子太特别、太悲惨，我急忙联系了公安局的办案民警。核实相关信息后，我对陈某的伯伯和叔叔讲："你们不要着急，这个案子我会想办法的。"

显然只帮忙写诉状是不够的，毕竟伯伯和叔叔都属于文盲、半文盲的状态，但是让他们去找法律援助中心的法律工作者吧，说实话，我是极不放心的。

我："现在快到下班时间了，很多事情我没法立刻去帮你们办理。你们离县城近不近啊？"

伯伯："骑摩托大概40分钟左右。"

我："那你们先回去，这个案子很复杂，要是你们信得过我的话，这周五下午再来找我，到时候怎么处理这个案子我应该会有个更清晰的思路。还有，因为陈某的父母都去世了，从法律的角度来说，直接利害关系人是陈某的妹妹而不是你们，你们来委托程序上是不完善的。你们回去要做两个事情：一个是找派出所出具陈某父母及他本人被销户证明；另一个是找村主任写个说明，讲清楚你俩和陈某妹妹的关系。"

听完我的话，两兄弟用彝语交流了大概十多分钟。

陈某伯伯："好嘛，今天我们是在地里干着活接到通知的，到现在也没有完全搞清楚情况，就拜托你帮我们想想办法啦。因为我兄弟这个月6号死的，按照我们的风俗丧事还没有处理完成，12月初我们再来找你行不行？"

我："可以的。"

陈某叔叔："律师，我还有个请求，麻烦你帮我侄女（陈某妹妹）写一份《民政救助申请》。我们村主任昨天来家里说了，村主任会把经过她签字、摁印的申请交给上面的有关部门，然后多多少少上面会拨款下来给她的。”

我：“没问题，我马上就给你写。一会儿你们拿着申请先回去吧。”

陈某伯伯说：“听你的。你怎么说我们就照着办。”

哥俩走后，我的心情还是没有完全平复。代理这样的惨剧并非轻松之事，精力和时间的耗费必然巨大；而如果一分钱不收的话，确实也难为自己的付出。

我索性提前关门回家。到了家里立刻将这个事情讲给父母听，希望他们帮我出出主意。老爸说：“要不你去司法局问问，能不能把这个案子按照司法援助的有关规定分给你做，这样就能两全其美了。”

被堵住的法律援助之门

2014 年 11 月 26 日

今天一大早我就赶往司法局，希望能够得到司法局的帮助，在不给被害人家庭增添负担的前提下，获取一点法律援助的补贴。

司法局相关科室负责人听完我的来意，热情地说：“出发点很好。听口音你是我们本地人，但你出示的律师证是昆明颁发的，所以从隶属关系来讲，你作为昆明律师并不在我们法律援助的派遣范围之内。当然啦，我们本地法律援助的工作者确实也比较紧缺，你能提供跨地区的法律援助也是好事情。折中一下吧——你可以同我们本地法律援助中心工作者合办这个案子，然后我们的补助就能通过本地工作者再拨给你了。”

遗憾的是，这个折中解决方案最后并没有实现。因为和法律援助中心对接时，刚说出本案被害人的名字，法律援助中心的工作人员就回复：“早在该案的侦查阶段，因为犯罪嫌疑人的‘未成年人’身份，中心的全部法律工作者都被指定给犯罪嫌疑人提供法律援助了。”

得知此情形，司法局的同志抱歉地说：“杨律师，不好意思。‘指定辩护’这个程序你应该也很清楚。这个样子确实连折中方案都没法实施了。”

尽管在不到三十分钟的时间内经历了喜与悲，但我仍然感激 M 市司法局人性化的工作风格。

从司法局出来，走在马路上的我作出一个决定：暂时免收代理费，将来执行款到位后再按照法律援助的补助标准扣取成本费 1600 元（侦查、审查起诉和起诉各阶段法律援助补贴标准为 800 元/阶段）。

这样的决定不是为了凸显自己的英雄主义，只是面对陈某家如此凄惨的境遇，我希望最大限度地发扬人道主义精神。后来，当我将本案的基本情况汇报给律所主任时，他十分赞同我关于委托费用的处理思路，并鼓励我全力以赴，继续实践“铁肩担道义”的精神。

检察院阅卷中的小插曲

2014 年 12 月 5 日

上午，陈某的伯伯和叔叔如约来我的接待室签了委托书和委托协议。在委托协议上我加了特别备注——暂时免收代理费，将来执行款到位后按照法律援助的补助标准扣取成本费 1600 元。

下午两点，带上委托书和律师证的我赶往检察院，申请阅卷。[1]

在一楼检务大厅，当我向工作人员说明来意后，检务大厅的工作人员说：“一般情况下，只有犯罪嫌疑人的代理人来阅卷，可从没有刑事附带民事的被害人律师来阅卷呀。你等一下，我得先请示。”

乍一听，我以为检察院检务大厅工作人员的说法存在问题。但是，在等待过程中，我用手机上网查了相关法律后，才知道人家说的没问题。

从属性来讲，公诉案件被害人委托的律师属于诉讼代理人，按照

---

① 作为自己独立办理的第一个刑事案件，又是如此特殊的案情，我自接手之后时刻战战兢兢，生怕出错。

《刑事诉讼法》第44条的规定，是基于被害人、自诉人、附带民事诉讼当事人及其法定代理人委托而参加刑事诉讼活动的人。

《刑事诉讼法》修改前，“两高”司法解释和《律师法》对诉讼代理人阅卷的规定不尽一致，具体可以分为三种不同的规范模式：一是“许可阅卷”，即最高人民检察院规定，律师担任诉讼代理人的，在审查起诉阶段阅卷必须经检察院许可，而非律师担任诉讼代理人的，则无权申请阅卷。[①] 二是“部分许可阅卷”，即最高人民法院规定，律师担任诉讼代理人的，在审判阶段可以直接阅卷，而非律师担任诉讼代理人的必须经法院许可才能阅卷。[②] 三是“直接阅卷”，即按照《律师法》的规定，律师担任诉讼代理人的，自审查起诉之日起就有权阅卷。[③]

《刑事诉讼法》修改后，“两高”司法解释对诉讼代理人阅卷问题的态度趋向一致，统一采取“许可阅卷”模式。即无论律师还是非律师担任诉讼代理人，不论在审查起诉阶段还是在审判阶段，一概要经过检察院或者法院的许可才能阅卷。据此，“两高”司法解释建立了诉讼代理人阅卷许可制度的基本框架：(1) 不论律师还是非律师担任诉讼代理人，均可以在审查起诉和审判阶段申请阅卷；(2) 阅卷范围是指本案的案卷材料，包括案件的诉讼文书和证据材料；(3) 诉讼代理人阅卷必须以检察机关、审判机关许可为前提。

正如M市检察院检务大厅工作人员所说，平日只有犯罪嫌疑人的辩护律师前来阅卷，而没有被害人的诉讼代理人前来。这种情况下，对被害人诉讼代理人阅卷权的处理不清楚，也是情有可原。事实

① 最高人民检察院颁行的《人民检察院刑事诉讼规则(试行)》(以下简称《刑事诉讼规则》)第56条第1款规定：“经人民检察院许可，诉讼代理人查阅、摘抄、复制本案的案卷材料的，参照本规则第四十七条至第四十九条的规定办理。”

② 最高人民法院颁行的《最高人民法院关于执行〈中华人民共和国刑事诉讼法〉若干问题的解释》第49条规定：“律师担任诉讼代理人，可以查阅、摘抄、复制与本案有关的材料，了解案情。其他诉讼代理人经人民法院准许，也可以查阅、摘抄、复制本案有关材料，了解案情。需要收集、调取与本案有关的材料的，可以参照本解释第四十四条、第四十五条的规定执行。”

③ 《律师法》第三十四条规定：“律师担任辩护人的，自人民检察院对案件审查起诉之日起，有权查阅、摘抄、复制本案的案卷材料。”

上,《刑事诉讼规则》对诉讼代理人提出阅卷申请时,检察机关如何许可并没有具体的程序性规定,因此给实践操作带来盲区在所难免。

等待答复过程中学到的“诉讼代理人阅卷权”相关知识,在某种程度上也开阔了我的眼界。[①] 不一会儿,检务大厅工作人员通知我:“经过请示,对你这个申请就按照《刑事诉讼规则》第 56 条规定办理。你稍等,我通知负责该案的检察官将卷宗给你送来。”

差不多十分钟左右,一位手拿卷宗、身着制服的女检察官走进检务大厅。不用多想,这一定就是陈某被故意伤害致死案的主办检察官了。

我:“您好! 我是被害人陈某家属委托的代理人,这个案子太惨了,希望能和您交流,办好案子。”

女检察官:“律师,你可能是执业时间还太短吧,类似的案子稀松平常!”

我:“杀人放火的案子确实不少见,无辜儿子被砍死,不到三个月父亲又被活活气死这类的,应该不多吧?”

女检察官:“嗯,从这个角度来说,确实比较特殊。卷宗我就放在检务大厅,你阅完交给检务大厅的工作人员就可以了。案子太多,我还得上去处理其他案子,要是有什么问题,你给我办公室打电话。”

女检察官和检务大厅的同事交接完卷宗后就离开了。在检务大厅工作人员出示的阅卷记录本上签字后,我拿到卷宗打算用手机拍照,检务大厅工作人员立马加以制止:“这位律师,我们的卷宗只能复印或者使用数码相机拍照,手机拍照是不被允许的。现在都是智能手机,拍了照万一再传到互联网上,不合适。”

我:“对不起。我第一次到检察院阅卷,不清楚这个规定。这样吧,我这就回去取数码相机,二十分钟后再来阅卷可以吗?”

回家取来数码相机,光给五本卷宗拍照就用了一整天。中午休息期间,我只是在附近随便吃了点米线。因为卷宗内容实在太多,生怕

---

① 虽然我在本科阶段的毕业论文写的是刑事诉讼方面的问题,但在硕士、博士阶段我的学习重点转向了民商领域,对于刑事诉讼可谓“只知皮毛”。

自己路途中多有折腾,完不成任务,下午查阅现场勘验记录,特别是看到法医临床学检验鉴定、尸体检验鉴定意见书及照片时,我整个人都不好了。生而为人33年来,这是我第一次零距离接触“尸体检验”。看到照片上的被害人陈某极度消瘦,皮肤惨白……甚至右额颞顶枕部头皮及颅骨都有被刀砍伤的痕迹,悲愤的情绪笼罩住我,浑身的鸡皮疙瘩久久不能消散。四个15岁的少年居然对一个无辜路人犯下如此灭绝人性的兽行,真的是人伦尽丧!

拍完全部卷宗,一看手机,已经将近五点了。和检务大厅工作人员办完交接手续后,拖着疲惫的身体开车回家。

晚上我一口饭也没法下咽,脑中反复出现陈某的尸检照片。

再生波澜

2015年2月1日

刑事案件周期一般都很长。自2014年12月5日到M市检察院阅卷以来,围绕着陈某被害造成的损失,我展开了相应的配套调查工作,比如,在2015年1月找到陈某生前打工的饭店老板娘开具陈某的工作证明,[①]到医院找治疗陈某的主治医生了解情况等。[②] 陈某伯伯和叔叔也非常配合,每每进城赶集就会按照我的指令,有时送来住院的各种清单(欠费通知、缴费收据、治疗单等),有时送来陈某的死亡单据(火化证、墓穴证即墓穴费收费单等),有时送来陈某的义务教育证。[③]

---

① 走访之日,老板娘非常配合,出具工作证明后,她跟我说:“这个娃娃挺好的,来我这打工三个月左右,给师傅打下手,很勤快话又少。苍天不长眼啊,需要我上法庭的,律师你说。我一定配合。”在M市这样的县级市,证人出庭是极为少见的,上法庭对大部分人来讲,显得非常不吉利。饭店老板娘出于正义感,居然能表这样的态,让我非常感动。

② 走访被害人陈某的主治医生时,主治医生说:“儿子是我抢救的,没想到两个月后父亲也是我抢救的。当时他父亲被抬进来的时候已经只会喘气,不会吸气了。唉,太惨了。不过,我们医院有规定,除非是公检法,其他人员的询问都不能接受。你要体谅我。”

③ 陈某毕业于M市最好的初中学校。

今天是腊月十三,天寒地冻的,又恰逢周日,上午十点多了,我还窝在开着电热毯的床上不愿起来。忽然手机响个不停,拿来一看,是陈某叔叔的来电。

陈某叔叔:“律师,你在不在城里?我们一家要来找找你。有个事情必须要和你说。”

手机传递出的焦急让我懒意全无:“在的,你来找我好了。”

下午一点多,我等在接待室里,当陈某叔叔带着两位老人和一个十一二岁的女孩站在我面前时,我才明白他口中的“我们一家”并不是我想当然以为的那样。

我:“我以为是你和你哥哥来。”

陈某叔叔:“没有,是我带着我爹妈和我二哥家剩下的姑娘。我哥哥现在不和我们来往了。”

我:“啊?为什么?”

陈某叔叔:“因为当时分家的时候,就我没有成家,我爹妈就跟我过。我二哥家出事后,村主任问小姑娘要跟哪个,小姑娘说要跟爷爷奶奶,所以现在小姑娘也是和我们一起住。我大哥一会儿想来分我二哥家的田地,一会儿又说法院早就判下钱来,全被我拿完用尽了。吵了几回么就不来往了。”

陈某奶奶:“小儿子说的这个是事实。我们今天来找你,就是要讲清楚这个情况,以后我大儿子来找你,不要理他。”

我:“好的,奶奶。既然你和爷爷、小姑娘都来了,那我们重新签一个委托书,从法律上来说,你和爷爷是小姑娘的法定代理人。以后赔偿的请求人是小姑娘和你们二老,所以委托书上就签奶奶、爷爷还有小姑娘的名字啦。”

陈某奶奶一脸不好意思地笑着说:“我老头子耳朵聋,听不见。我们老两个都不识字,家里文化最高的孙子被砍死啦,唉!小姑娘倒是会写的。”

我:“没事,不会写可以让小姑娘代笔,到时候再在名字上摁印就得了。”

沉默寡言的小姑娘一直坐在门口，小脸被冻得红扑扑的。

看着她，我说：“妹妹，你一会儿帮爷爷奶奶签字好不好？”

小姑娘仍然没说话，只是点了点头。

签完委托书后，我分别询问了爷爷、奶奶和小姑娘的家庭情况，以及因为被害人被伤害致死后给家里带来的巨大变化。

天气实在是太冷了，看着他们四人单薄的衣着，我将他们带到小姨饭店院子的火堆旁，边询问边烤火暖暖身子。

下午三点多，询问结束后，我问了一句：“你们是怎么来的？”

陈某叔叔：“我骑摩托带来的。”

我：“你一个人带三个人吗？很危险啊。”

陈某叔叔笑着说：“没事，他们三个都不重，扶稳就得了。”

我：“要过年了，注意安全。等我写好起诉状，再和你们联系。”

陈某叔叔：“麻烦你了。”

我：“上次写那个民政救助申请有用吗？”

陈某叔叔：“有用的。人家叫村主任带来一张银行卡，每个月都有钱打在卡上呢。还有我差点忘记说了，这个星期四呢，M 市法院院长还有好几个法院的人来家里送给我们 5000 元，说是希望我们过个好年。我大哥因为见着法院的人来家里，当晚还来闹呢，说肯定是案子解决了，法院的来送钱。”

我：“这个案子已经上划归 H 州中级法院管辖了，审理的法官也是 H 州中级法院的。M 市法院给你们送温暖体现的是党的政策好。好好过年，等过完年一定会有个处理结果的。”

陈某奶奶：“是呢。政府好，希望翻过年去，我孙子的冤屈能够伸张。”

我：“一定会的。你们好好地把身体养好，等着法律制裁恶人！”

看着陈某叔叔的摩托上前前后后地坐上老的老小的小，我的眼泪又不争气地掉了下来。

无底线的辩护律师

2015 年 8 月 26 日

8 月 15 日上午,我到 M 市法院领取开庭通知书,一出来就赶紧拨通陈某叔叔的电话:“开庭时间定好了,8 月 26 日星期三的早上。你到时候一定不要忘记带着你父母和小侄女来 M 市法院。”

陈某叔叔:“我爹上个月去世了,只剩下我妈和我侄女啦。”

陈某叔叔的回答如同晴天霹雳,让我简直不能相信自己的耳朵:“啊？你说什么？怎么回事啊?”

陈某叔叔:“上个月 29 号去世的。”

我不知道该说什么,很机械地交代道:“那你记得去找村主任开个你父亲去世的证明,开庭那天带着来。”

8 月 25 日夜里大雨倾盆,躺在床上的我怎么也睡不着。跟这个案子快 10 个月了,原本好好的一个家,在不到一年的时间里,因为几个未成年人的兽行,先后没了祖孙三个人,这是怎样的一种痛悲啊?

清晨六点半起床,我第一件事就是跑到窗前察看雨势。很遗憾,仍是瓢泼的暴雨。“陈某叔叔能否按时将小侄女和母亲带来出庭啊?”我心里不禁打起鼓来。

因为犯罪嫌疑人为未成年人,所以本案的审理被安排在 M 市法院最里边的一个审判庭,位置非常隐蔽。眼看巡回审理的中院法官全部就座、押送犯罪嫌疑人的警车亦准点到场,而陈某叔叔、妹妹和奶奶仍不见踪影。考虑到陈某叔叔可能在驾驶摩托车,我也不敢打他的电话,思前想后只得安排助手在法院大门口等候。

九点一刻,我的助手带着淋成落汤鸡的陈某叔叔、妹妹和奶奶来到法庭门口,却被法警拦住。助手给我发来短消息,我趁着警察带犯罪嫌疑人小 A 入场的空档向审判长报告,审判长示意法警放行陈某家人入场。

审理过程中规中矩,但小 A、小 C、小 D、小 E 四名犯罪嫌疑人的辩护律师及附带民事诉讼被告人F[①]的诉讼代理人的无底线表演着实让我震惊。

小A的辩护人杨某[②]的辩护理由是:“小A用长刀砍陈某手臂的原因是陈某被砍过程中进行反抗,因此属于情节轻微。”

小C的辩护人刘某[③]则辩护道:“对于犯罪嫌疑人的问路,陈某的语气要是好点,那么悲剧完全可以避免,所以被害人陈某对于引发本案有一定过错。”

小E的辩护人刘某[④]的狡辩最为荒唐:“法医尸体检验的结果明明写的是‘颅脑损伤后,营养功能障碍导致全身多系统器官功能衰竭死亡’,即死亡的原因是‘营养功能障碍导致全身多系统器官功能衰竭’,而非砍伤造成的死亡。死亡和砍伤之间不存在直接因果关系。”

以上几个辩护律师的高论,够冷血!够卑劣!要不是亲耳听闻,在此之前,我实在难以想象律师能够无耻到这种程度。诚然,律师作为有法律专业技能的人,通过给社会提供法律服务的方式养家糊口,在一定程度上,“拿人钱财替人消灾”确实是律师(尤其刑事辩护律师)的主要工作。但是,即使拿人钱财也不能无度替人消灾,不能没有法律底线,更不能睁眼说瞎话。

H州检察院的公诉人对几个辩护律师的无稽之谈一一进行了反驳,而我作为被害人陈某家属的诉讼代理人,并没有资格参与公诉部分的辩论。

到附带民事诉讼环节,我一字一句地请求对于四犯罪嫌疑人手段特别残忍、社会影响非常恶劣且危害性极大的兽行依法必须予以严惩。我在宣读起诉状中提到:“被害人家境贫寒,在被无辜砍成重伤送医治疗的35天里,五名被告人的父母没有哪一个来过医院看望,更不

---

① F尽管是该未成年伤人小团体的一员,但他在砍杀陈某的过程中没有动手,因此未被追究刑事责任。

② M市法律援助中心的法律工作者。

③ M市一律所主任。从案件推进来看,刘某的介入应该是小C父母解除指定代理后重新聘请的。

④ H州G市律师事务所律师。

用说支付一分钱医药费！被告人小F和被害人甚至同为一个村委会的村民，小F的父母也没有到过被害人家或有过任何道歉。就算到今天，被害人治疗费用还欠医院将近9万元没给。我曾反复翻阅五名被告人的讯问笔录和他们父母的询问笔录，没有看到他们中哪怕有一个人对被害人及其家人表达过一丝歉意。”

代理小C的刘大律师辩解说：“不是我们不去慰问被害人，关键是M市乡下地形复杂，确实找不到。”

而小F的诉讼代理人王姓法律工作者[①]则反复强调：“小F没有动手，不具有承担赔偿责任的前提。”

各位大律师和法律工作者的表演，搅黄了民事调解。审判长宣布休庭后，小A的母亲围到审判台前跟审判长说：“我家条件不好，拿不出钱赔，被害人家的妹子只要不嫌弃，可以来我家，我们带着她。”

审判长：“这可能吗？小姑娘怎么可能来你们家住着？你们这些家长啊，要积极赔偿才对。”

我：“审判长、公诉人，被害人家里现在就只剩下12岁的小姑娘和60岁的奶奶啦，医院的医药费还没付清呢，请你们务必督促各被告人赔偿。”

公诉人和审判长异口同声地问：“小姑娘来啦？”

我赶紧示意小姑娘和奶奶走到审判台这里来。

审判长：“妹妹，你要努力学习。奶奶，你要保重身体。”

对于审判长的嘱托，陈某妹妹一言不发，奶奶则轻轻抽泣。

我：“现在刑事附带民事的赔偿范围不包括死亡赔偿金、抚(赡)养费、精神抚慰金，对于这样家破人亡的案子确实不太公平。请求法院和检察院给予一定的倾斜。”

公诉人：“这个有困难，但我们会从刑事案件被害人救助制度方面对被害人进行帮助的。”

我：“那就太感谢了。”

离开法院，我带着陈某叔叔、妹妹和奶奶一起回到接待室。

---

① M市M镇法律服务所法律工作者。

我:“审理结束了,等判决下来我再联系你们,今天辛苦了。”

陈某叔叔:“辛苦倒是不算,就是早上雨太大,路不好走,搞迟到了。”

我:“没关系,安安全全到达最重要。”

陈某叔叔:“什么时候能拿到钱啊?现在各种亲戚老是来找我,说我二哥生前去借过钱,要叫我还钱。”

我:“判决下来还得一段时间,好好给亲戚解释清楚。而且你要注意分别哪些是真借过钱的,哪些是乘乱吃诈胡的。”

陈某叔叔:“律师,走,请你吃个饭,快一年了,老是麻烦你。”

我:“不用了。我现在不想吃东西,你们不用管我。”

确实,法庭上几个辩护人和一个(附带民事被告人的)诉讼代理人的表现,让我如同吃了苍蝇,浑身难受,午饭当然也就没什么胃口了。

在外人眼中,律师在法庭上口若悬河、挥斥方遒、维护正义,非常潇洒帅气;行内人亦喜欢用“铁肩担道义”自我标榜。只是,进入信息爆炸的时代,当曾作为知识之王的哲学家都开始表示自己的谦逊和无能为力时,律师似乎也是时候放下“正义”之类的大词,秉承公正立场,协调社会矛盾冲突,让社会能够继续运作下去。

回顾上午的一审开庭,除小D辩护人戴律师[①]确实是围绕法条和小D自身行为的性质[②]展开辩护外,其他辩护人及诉讼代理人的无底线表现,等于将律师肩上的社会责任完全砸烂了。他们的信口开河,不仅不是在协调社会的冲突、弥合危机,相反可以算得上是在给犯罪嫌疑人的暴行摇旗呐喊,这种无视法度、没有底线地为兽行找借口的狡辩不能被称为“辩护”!

当然,可叹的还有几名未成年人的父母,孩子犯下弥天大错后,“替入狱待刑的孩子向被害人道歉”当为最朴素的第一反应;若心存侥幸,期望着什么金牌大律师能用三寸不烂之舌拯救孩子的罪恶,恐怕只会是痴心妄想、雪上加霜。

---

① M市法律援助中心的法律工作者。

② 戴律师为小D的辩护主要围绕着“小D受要约参与犯罪的,不具有主要地位”展开。

一审判决之后

2016 年 9 月 25 日

今天,接手陈某被故意伤害致死案已经整整一年又十个月了。2015 年 11 月 2 号收到一审判决(小 A 被判处 15 年有期徒刑,赔偿被害人 45000 元;小 C、小 D 被分别判处 14 年有期徒刑,各赔偿被害人 37000 元;小 E 被判处 12 年,赔偿被害人 30000 元;小 F 赔偿被害人 17295.36 元)以来,我做了很多无用的努力:差不多用了一周时间联系公诉人,[①]请求其抗诉以严惩犯罪嫌疑人,公诉人解释说"未成年犯罪判这个样子已经是严惩了";找一审的审判长询问被害人救助事宜怎么落实、赔偿金什么时候能够拿到,审判长回复:"第一,犯罪嫌疑人不服判决已经全部上诉啦;第二,至于被害人救助,公诉人既然在开庭当日表过态,那么由检察院进行救助更好。"

今年 3 月的一天,我曾接到过小 A 辩护人杨某的电话,他说小 A 父母希望向被害人陈某的妹妹支付赔偿。当我兴高采烈联系好陈某叔叔后,杨某却再也不接我的电话了。

陈某叔叔则隔三岔五就给我来个电话,无非就是讲述他被逼债以及带侄女的艰辛,抱怨唠叨的目的无非是希望早日拿到赔偿。不管我怎么解释,反正他就如同祥林嫂一般絮叨个没完。

回过头来看,这个案子一审后我扮演最多的角色是电话员:为落实被害人救助与 H 州检察院的公诉检察官沟通;[②]为了解二审程序是否结束与 H 州中院的主办法官沟通;为了解赔偿有没到中院专户与 H 州中院立案庭法官沟通……终于,上个月 15 号,化身电话员的我获悉二审"维持原判"的裁定已经生效,赶紧通知陈某叔叔带着身份证明

---

① 因为接近年终,公诉人外出开庭非常频繁,拨打办公电话往往无人应答。

② 很遗憾,尽管有过沟通,但是 H 州检察院公诉检察官并没有告知申请被害人救助的相关程序,而被害人陈某叔叔也对此没有什么热情,也许对于他来说,拿到法院的附带民事诉讼赔偿才是唯一该关心的事情。

等文件，到我这里拿上准备好的《强制执行申请书》去 H 中院催执行。

陈某叔叔来得很快，在耐着性子听我婆婆妈妈给他解释了半天去 H 中院申请执行的注意事项后，神采奕奕地离开了我的接待室，然后就再也没有然后了。

一个多月过去了，直到现在——2016 年 9 月 25 日晚上九点三十四分，我都再没有接到过陈某叔叔的电话。

跟了这么久、付出这么多精力和一腔热血的案子就像从未发生过似的。委托协议里约定的 1600 元代理费也没有拿到过一分。偶尔我会以“协议因为委托人变更后早已无效”自我安慰。[①]

当然，除了在日记上总结，明天一早还得再给律所写个情况说明，按律所规定向合伙人会议申请对本案免收代理费。

① 之所以如此自我安慰，概因最初签订委托协议的甲方是陈某伯伯和叔叔，而没有一审开庭，陈某伯伯就已经被从陈某妹妹的监护人中剔除了。

一桩走私运输毒品案

这是我律师实践中做过的唯一一桩涉毒类案件。我的舅舅是缉毒英雄,在与大大小小毒贩的无数次生死搏斗中负过伤;而我的堂姐却因遇人不淑陷入毒潭,戒断与复吸来回拉扯着她,最后,骄傲的她在19岁时从高山上纵身一跃,摆脱了毒魔的纠缠,以最残忍的方式与我们整个家族永远告别。

我最喜欢的俄国小说家陀思妥耶夫斯基说过:“没什么比当众谴责作恶的人更容易,也没有什么比理解他更难。”的确,接这个走私运输毒品案之前,我甚至没有想过有一天我会为毒贩辩护!但是,没有想过的事情最终却发生了,就在我接受犯罪嫌疑人娄某妻子委托的那一刻……当案子结束时,翻看着自己写下的系列日记,我才认识到,在潜移默化中自己已经放下了过去那种对毒贩的刻骨仇恨,因为在与毒品的斗争中,毒贩(尤其是贫困山区的毒贩)也是毒品的受害者。“打一场禁毒的人民战争”,不仅仅在公安禁毒前线,也在我们精准扶贫的后方!

初次见面

2014 年 12 月 15 日

寒冬腊月,冷风嗖嗖,周一一大早,接待室就来了个身着单衣的女子。她怯生生地走进来,可能是冻坏了,说话很不利落:“我可以咨询点事儿吗?”

我:“可以呀。”

女子:“我男人贩毒被抓了四个多月了,一点消息都没有。虽然请了律师,但律师也不来看他。要过年了,家里娃娃们都想爸爸啦,我虽然没有请你当律师,但你可不可以去见见我男人呀?”

我:“可以的,只要你办理‘会见’的委托手续,我也是可以去见他的。”

女子:“会见要多少钱呢?”

我:“500 元一次。”

女子:“那我中午取钱来给你。还有我想问问,我男人是运海洛因,会不会被杀头?”

我:“这个问题要看他运输毒品的纯度和数量,对于贩毒我们国家一贯坚持严打政策的。”

女子:“有两三公斤。我跑去昆明问了律师,有的律师说只要能出 20 万就能保住人头。”

我:“这种话肯定不能相信,刑罚不是可以用钱折抵的。你不要上当。”

我说完这话,女子低头沉默了好一会儿。看着她沉默我也不好再说什么,就在这凝固的片刻后,她突然拿出一张欠条摆在我面前。

女子:“律师,你看看,这个欠条是我们寨子里跟我男人做事的小伙子写的,当时小伙子因为运输毒品在 Y 县被抓,我男人拿了 20 万元帮他取保候审。他出来后,我男人让他签了这个欠条,上面写小伙子家今年卖了三七就还我家 5 万元,剩下的 15 万元一年还 1 万元,15 年还完。我拿着这个欠条去找小伙子,但是他不还钱。”

我:“差钱属于民事纠纷,小伙子不还钱的话,你只能通过民事诉讼去你们家乡起诉。但是,除了欠条你还要有证据证明你家男人真的替他交了 20 万元的取保候审费,这个你就得到 Y 县公安局找当时处理这个事情的警官作证了。”

女子听完,眼中唯一的光芒也消失了:“我怎么找得到警官啊?我不知道这些事情的。男人被抓了,家里两个娃娃就靠我在工地上帮人家提沙灰养活,我怕是救不了我男人了。"

我:"你别这么想。既然请了律师,就要相信律师。"

女子眼圈一红:"律师不是我请的,是我男人的姐姐请的。四个多月了,从来没有来过看守所。我好担心呀。"

我:"我不是答应你下午去看他了吗?你有什么要跟他说的,我帮你转达。"

女子想了半天,哽咽着说:"就告诉他,两个娃娃都好,大姑娘想爸爸啦,小儿子不怎么听我的话。"

我:"我一定把这些都告诉他。你放心吧。听口音,你是W州人?"

女子:"是呢。我家是W州西畴的。这回被抓起来的四个人都是我们寨子的。因为这个,我在寨子里太难做人了,一起被抓的人家家都找我要人,因为他们是跟我男人做事情的。我不识字也不会说话,在寨子里抬不起头。想着我男人是被你们这里的警察抓了,就带着两个娃娃过来啦,一边打着短工,一边探听消息。我男人的姐姐给请的律师也是我们W州的,从来没到看守所看过他。"①

办理好委托会见手续,复印女子的身份证时,吓我一跳,原来这位看着四十多岁的张姓女子居然和我同岁(比我大三个月,以下简称"张姐")。

我:"我下午去会见,会见完有什么我再和你交流。"

张姐:"好的,我现在还要去工地干一会儿呢。中午吃饭时间我再过来交钱给你。谢谢你了。"

中午十二点四十左右,张姐如约而至,身上穿着脏脏的建筑工作服。

张姐一脸抱歉地说:"不好意思,我来不及换衣服就赶过来啦,把你地板也踩脏了。"

---

① W州属于云南省较为贫困的地州,是贩毒和拐卖妇女儿童多发地区。

我:“没事,地板就是给人踩的呀。除了要告诉你男人孩子们的事情外,别的还有什么要说的吗?”

张姐揪着衣襟角:“没有了。你就告诉他我在外面也很难,要他理解我。在里面钱省着点儿花,烟少抽点。”

就这样,下午两点多我赶到看守所会见张姐的丈夫娄某。

娄某个子不高,看上去颇精明。

我说明来意后,在对我表示感谢之余,他很客气地问:“我贩毒的总重有 3 公斤多,律师你说说这个情况是不是会掉头?”

我:“因为我只是你妻子请来会见的,并不是全案委托的律师,所以对整个案情不是特别清楚,这个问题我回答不了。当然,按照我们国家的规定,如果你能检举揭发,帮助警方抓到其他毒贩的话,那么立功是可以减轻处罚的。”

娄某:“我真的不知道逼我做坏事那个老板跑哪去了。你跟我老婆说说,请她们在外面多想想办法,保住我的命。孩子要好好读书,要好好管教。”

会见结束后,我给张姐打电话没有人接听。大约到了晚上七点半,张姐才给我回电话说刚从工地放工,希望晚上八点见见我。

答应了张姐,我只得又回到接待室。晚上八点一刻左右,穿着单薄但干净的张姐来到我的接待室,当我将会见的情况告知她后,她哭着说:“我在外面想什么办法啊?我有什么办法啊?”

我:“张姐,你别哭,我已经跟他说了要配合公安调查,如果能够说出指使你男人贩毒的背后老板,法律会从轻处罚的。”

再相逢

2015 年 1 月 23 日

今天一早,没想到张姐带着另外一个年轻女子又来了我的接待室。

张姐腼腆地说:“杨律师,这个妹子他男人和我男人都是因为同一个事情被抓的。他家的律师也是根本不来看他,所以这个妹子也想请你去见下她男人。”

女子看上去年纪不大,也没有张姐这么周全,自然也不知道自己男人犯下的错可能面对的刑罚,只是笑盈盈地对我说:“律师,人家给我家请的那个律师电话也不接,我听张姐说她找你见了他男人,所以我也想请你见见我男人。我在外面也是苦得很,大儿子不是我生的,根本不听我的话。家里三七怎么种怎么收,老人也不给我插手,我没办法啦。”

我:“我接受过张姐委托会见过她丈夫了,因为你们的丈夫涉嫌同一个案子,我作为律师见了其中一个就不能再见另外一个了,否则我就是违规。”

年轻女子显得非常着急:“那我怎么办?没有人帮我们啦?”

我:“你委托别的律师去会见就可以了。”

年轻女子:“我不识字,我去哪里找律师啊,要是找着的律师收了钱却不去看,我也没有办法啊。”

我:“你要是相信我的话,我给你找个律师去会见怎么样?”

年轻女子:“好嘛,好嘛。找一个负责的律师。”

于是,我赶紧给同在 M 市当律师的高中同学打电话,请他救场。正好老同学那天下午没有事情,于是我带着年轻女子和张姐到了老同学的律所。老同学和年轻女子办理相关的会见手续后,就直接驱车前往看守所会见,而张姐和年轻女子则跟我回到接待室等待。

我:“张姐,你还在工地打零工吗?”

张姐不自然地笑着:“在的。事情没有完结,我哪都不去。”

年轻女子接过话头:“张姐不好回家,我也不好回家。本来我好不容易才成了家,在乡下种地我也没什么意见。谁知道男人会出这么大的事,我也不好留在寨子里,现在又回 W 州的发廊上班了。”

张姐:“是的,这个妹子比我苦。我的一双儿女还算听话,这妹子的男人原先就有个儿子,一点都不听话。妹子生的儿子又有眼病,确实苦。”

我:“妹子,你多大年纪了?”

年轻女子:“我今年 24 岁。”

对话到这儿,我完全震惊了:一个妙龄女子,没有上过一天学,小小年纪出来到发廊上班,遇到个四十多岁的男人,跟二婚的他回寨子种三七就是她眼中的美好生活。

大约两小时后,会见后的老同学来到我的接待室,向年轻女子反馈了会见的情况。看着她真诚感谢老同学的笑容,我的心情非常复杂。

正式接案

2015 年 2 月 13 日

腊月二十五,一大早我就叫上妈妈和我一起到接待室大扫除、贴春联。快过年了,老案子基本消停了,因为忙着过年也鲜有新案子来扰。

正在我擦窗户的时候,看到一个熟悉的身影朝我走来。定睛一看,原来是张姐,后面还跟着一个矮矮胖胖的妇人。

张姐:“杨律师,不好意思,又来打扰你。我想请你当我男人的律师。这个是我男人的姐姐。我请她来见见你。”

妇人简明扼要地进行了自我介绍:“我是娄某的亲姐姐,我弟妹说一定要换律师。”

张姐:“姐姐,主要是你们帮忙找的律师根本不来看娄某,关着半年多了,从来不来看。”

妇人:“弟妹,这个话怕不好这样说啊。我在 W 州给弟弟请的律师也是人家介绍说很有本事的。我还不是想着出力帮我兄弟嘛。你这样说不合适。”

张姐轻轻地嘟囔了一句:“我也不是这个意思,主要是想着找个在 M 市的律师比较方便。”

妇人:“这样说还差不多。既然你坚持,我也就依你。杨律师,那么今天我们就定下来,你当我兄弟的律师。拜托你了,多帮帮他。”

我:“律师在法律范围内维护当事人的合法权益,只要符合法律要求,我们律师肯定都是尽力而为的。”

办完委托手续,妇人说:“杨律师,马上要过年了,你能不能去会见下我兄弟,让他不要太担心,家里有我们的。过年还是和去年一样,一大家子团团圆圆的。弟妹和侄子、侄女我都会照顾好的。”

我没有推辞:“好的,你们在这里等我,会见后我告诉你们他的情况。”

妇人:“杨律师,我拿车拉着你去,我正好也挂点钱[①]给他过年。会见结束我再送你回来,路上你给我们说说就可以了。快过年了,都忙,我们也要忙着去蒙自过年。”

就这样,妇人领着我们走到街边停车场一辆最新款越野车旁,叫我上车。颇有女强人风范的妇人,车技不错。

看守所的会见室里,再次见到我的娄某略显惊讶。听我讲完前因后果,他居然边抽泣边反复叨念着“谢谢姐姐……”

突然隔壁传来非常大声的训斥,尽管听不清楚内容,但仍感觉得到训斥者火气极大。娄某也许是受了影响,竟然从抽泣变为号啕大哭:“我不想死,我想老婆孩子。”

我:“谁说你要死的?这不是还在侦查阶段吗?你想什么啊?大男人也不坚强点。”

好说歹说,总算把娄某的情绪安慰得稳定下来。走出会见室,去警官办公室取律师证时,一位律师正在里边骂骂咧咧:“不分白天黑夜地叫家里头的人给我电话,要见我。昨天从早到晚给我打了不下20个电话。太气人了。今天我来了,他又不说话。把律师当什么了嘛!”听他这么一说,我顿时豁然开朗——原来隔壁训斥的主角就是这位仁兄啊。

出了看守所大门,只见妇人和张姐在车外等着我。上了车,给他

---

① 特指被拘押人员的家属在监所指定地点为他们寄存现金,供他们拘押期间购置生活必需品。

们讲了娄某的情况,张姐的愁眉仍然紧锁,而妇人则很镇定地说:“弟妹,要过年了,不要愁眉苦脸的。你要求的我能办的都办了。好好把年过了再说。”

州检察院阅卷

2015 年 3 月 19 日

作为可能被判处无期徒刑以上刑罚的重大涉毒案件,根据《刑事诉讼法》第 20 条的规定,娄某等人走私运输毒品案由州中院管辖。相应地,公诉机关就是州检察院。①

外地到州检察院阅卷是一件不容易的事情。原本是周一提前联系好周二阅卷的,周二一大早我驱车近 200 公里来到州检察院案管中心,各种证件审核完毕后,案管中心的工作人员却又说得经过主办检察官许可方能阅卷。电话打过去,说是主办检察官出差办案去了,要周四才回来。没办法,只能打道回府。

今天周四,清晨六点多钟我就启程奔赴州检察院。案管大厅工作人员审核了相关证件,再征得主诉检察官的许可,我被带入了阅卷室。州检察院的卷宗已制成 PDF 格式的文档并上传电脑。所以我手持单反对着上万页的证据卷就是一顿狂拍,拍完全部卷宗才感觉到双手在不停地颤抖。

和同是做律师的上海同学聊起这事,同学介绍说上海的检察院是将证据刻录为光盘给辩护律师阅卷的。这一对比,让我对发达地区检察院的周到羡慕不已。

晚上回家,再把相机的卷宗导入电脑,开始阅卷工作。不看不知道,一看吓一跳。卷宗显示,这个以娄某为首的小团伙作案手段老练,他们肯定不是愣头青。2014 年 7 月中旬,娄某约曹某、张某、刘某和娄

---

① 《刑事诉讼法》第 20 条规定:“中级人民法院管辖下列第一审刑事案件:(一) 危害国家安全、恐怖活动案件;(二) 可能判处无期徒刑、死刑的案件。”

某哥哥(脱逃,另案处理)一起驾驶微型车到临沧州镇康县后,五人偷渡到缅甸,购买好毒品再非法走私入境,企图驾车携带毒品驶往贵州。途中每每遇到收费站或检查站,曹某、张某等人就携带毒品提前下车翻越高速路护栏,乘坐事先联系好的老乡的摩托车绕行。进入曲靖市界后,因警察多次查缉,娄某不得不将毒品藏在该市一个小村子的山洞里,折返到 M 市。同年 8 月,娄某感觉风声已过,在 M 市租了两辆车,一辆车上坐着自己的妻子儿子,另一辆车上坐着他、曹某、张某和刘某,取回山洞里藏匿的毒品后继续朝贵州方向运输。娄某一伙行至贵州省普安县时,被 M 市禁毒大队人赃俱获。禁毒大队从查获毒品可疑物中检出海洛因成分,净重 3760 克。除了很惊讶娄某运输毒品路上居然会带着妻儿外,娄某曾因犯破坏电力设备罪被判处过有期徒刑三年也让我倍感意外。警方已查证的事实说明一个问题——娄某不像他自我陈述的那么无辜。

从内心来讲,很多时候我尽量避免刑事辩护,害怕自己一不小心成了助纣为虐的帮手。看罢娄某涉嫌走私运输毒品的全部卷宗后,我心里的斗争又开始了,反复质问自己:“给这样的人辩护合适吗?”

从娄某作案的“周密安排、百折不挠”来看,他决非“菜鸟”;可即便曾经面目狰狞,腊月二十五会见时他的痛哭流涕以及在外面苦苦期盼他的妻子却也是真真儿的。或许,刑事辩护就是在法律范围内给予犯罪嫌疑人的一种人道主义关怀。这种关怀,既是维护犯罪嫌疑人的合法权益,也是他们与正常社会相连的最后一丝暖意。“治病救人”的不只是医生,还有刑事辩护律师。

想到这些,我内心的不确定才稍有减轻。

沽名钓誉的辩护人

2015 年 11 月 4 日

州中院到 M 市巡回办案。一大早,四名被告人的家属就都聚集在 M 市法院大门外,期待着能够在警察押送被告人进入法庭的间隙看一眼久别不见的亲人。

庭审在上午九点正式开始，因为前一天各被告人的辩护人基本上都会见了当事人，[①]按理说庭审应该非常顺利。但是，事实证明常理根本就不管用。前三个过堂的被告人的代理人(包括我在内)[②]都从“所运输的毒品尚未流入市场，社会危害性相对较小；认罪态度好”等方面进行辩解和辩护。然而，按犯罪轻重程度被排在末位的刘某及其律师却公然翻供。刘某辩解说娄某邀约他打工最远只到过大理州的祥云县，根本没有去过临沧州镇康县南伞镇[③]，更不用说什么偷渡去缅甸拿毒品。刘某的辩护人陈律师也认为指控刘某犯罪的事实不清，证据不足，不能证明刘某参与了运输毒品，应当认定刘某无罪。

刘某及其律师的行为扰乱了整个庭审的节奏。对此，公诉人询问：“刘某你的手机被我公安机关检测过，在缅甸发出过信号，你怎么解释？”

刘某漫不经心地回答：“娄某把我的手机拿去用了，所以会这样。”

审判长宣布将其他三名被告人再次带入法庭，询问三名被告人：“刘某是否和你们一起去过缅甸？运输毒品的事情他知道吗？”

娄某、张某和曹某三人均是肯定的回答。

即使面对这样的局面，刘某以及为其辩护的陈律师依然一口咬定没有参与贩毒。

进入被告人陈述阶段，娄某、张某和曹某均表示知罪悔罪，请求从轻处罚；最后到刘某的时候，他也依葫芦画瓢地重复道：“请求法官从轻处理。”

---

① 除了代理娄某的我在M市常驻，前后会见过娄某五次；其他三个同案犯的代理人都是W州赶来的，基本上在开庭前一天才第一次见当事人。

② 张某的辩护人是两个律师，从审判长核实身份的情况来看，这个犯罪团伙原先委托的都是同一家律所，但是后来娄某重新找了我辩护；张某的家人则在没有解除原委托律师的情况下，又自行请了另外一个律所的律师。辩护席上挤挤巴巴地坐着五个律师，写字都费劲。

③ 一般而言，毒品国际走私的通道都在滇西临沧州、普洱市、德宏州及西双版纳州。因为这些地区与缅甸接壤，毒品一般都从这些地区入境，然后再通过国道流入内地。

主审法官回了一句:“你刚才一直说你没有犯罪,何来从轻一说呀?”

庭审结束后,在书记员整理庭审笔记时,四名被告人的家属都拥到旁听席第一排,想借机看看已经一年多没见到的亲人,和自己人说说话。

不一会儿,庭审记录制作完毕,诉讼参加人悉数签字后,警察押送四名被告人离开了法庭,留下哭作一团的家属。这时候,娄某的姐姐止住哭声,说:“不要哭了,今天中午我们一起请律师们吃个饭。谢谢人家律师啦。”

于是,在娄某姐姐的安排下,大家就在法院门口的小饭馆共进午餐。大大小小 21 个人分两桌坐下:妇女和小孩被安排在外桌,年长的则和律师在一桌。席间,拒不认罪的刘某妻子从外面跑进律师所在包间,专门向为她老公辩护的陈律师敬酒:“陈律师,我不识字,不懂法,今天谢谢你啦。谢谢你帮我老公。”只见陈律师连说三个“好!”就抬起酒杯一饮而尽。

如此沽名钓誉的律师,在我职业生涯里算是头一次见——不看卷宗,罔顾事实,对于执迷不悟的当事人不加劝解,反而火上浇油地表演所谓的“无罪辩护”。对于近乎文盲、法盲的当事人如此糊弄后,还能心安理得地接受家属敬酒!

一审判决后的“多管闲事”

2015 年 12 月 14 日

今天一早拿到一审判决:娄某被判处死缓,而当庭翻供的刘某则从庭审时的排名第四上移到第二,被判处无期徒刑;另外两个被告人均被判处有期徒刑十五年。[①] 打电话告知张姐一审判决结果,她居然

① 普通的团伙犯罪中,被告人在起诉书中的排序表征着各被告人在团伙犯罪中的地位,即排位靠前的犯罪行为恶性较大,受到的刑罚可能也相应更严苛。

在半小时内就赶到我的接待室。

我:“命是保住了。我个人认为,法官能这样判罚,已经够宽大处理啦,他是主犯又有前科。”

张姐浑浑噩噩:“我也搞不懂,杨律师,你能不能再去见他一次?问问他要不要上诉什么的。”

我:“我答应你,下午就去。”

下午两点多,我再次到看守所会见了娄某。

我:“判决拿到了吧?”

娄某:“拿到了。”

我:“你老婆今天一早就到我办公室了,她也知道结果啦。这回来会见,就是她请求的,她说上诉不上诉的,全在你。”

娄某:“我还是上诉吧,上诉的话在看守所待的时间就更长点。反正一年多了,这里我也习惯啦。”

我:“你的意见我会转达给你老婆的。就我个人来说,这个判决应该是比较客观的啦,你以前有过前科,而且这回又是主谋,能保住性命已经说明法官裁判人道了。”

娄某:“是的,不过既然有上诉这项权利,我还是打算行使一下。”

我:“明白。这个事情回去我会告诉你老婆的。别的你还有什么要说的吗?”

娄某无奈一笑:“没什么要说的了,叫我媳妇带好娃娃,娃娃一定要好好读书。哦,对了,麻烦你出去让我媳妇给刘某的媳妇带个话,她老公在看守所被查出有艾滋病,要她也去检查下身体。我们都是没文化的人,不过在看守所这一年多时间里,还是学了些知识。”

我:“嗯,我会转达的。你在里边也不要有什么思想负担。留得青山在,不愁没柴烧,好好接受改造,早日重新做人。”

从看守所回来,张姐还等在我的接待室没有离开。

我:“张姐,娄某还是想上诉,而且他要你好好带孩子,让孩子好好读书。”

张姐:“嗯,我知道了。那么杨律师还是拜托你继续当我家的律师。”

我:“这个上诉一般都是书面审,要不这样,我先帮你写上诉状,如果将来真要开庭,你再来委托我。这样可以省些钱。”

张姐:“谢谢你。”

我:“没事。对了,娄某说看守所体检发现刘某携带艾滋病毒。他让我给你带个话,让你告诉刘某的妻子去检查下身体。”

张姐:“唉,那个妹子真是个苦命人,比我还苦啊。我会跟她说的。谢谢你了,杨律师。那我就先走了。”

我:“你今天有事吗?没有事的话,要不你等在这儿,我现在就把上诉状写好,你拿去交给州法院就可以了。省得你来回跑。”

张姐一听,就安静地坐在接待室里等我写上诉状,差不多下午四点多,她带着写好的上诉状离开了我的接待室。

张姐走后,我顿时浑身轻松,想着这一年多的纠葛可算结束了。

事实证明,我还是过于乐观。晚上六点多,我刚到家,一个陌生电话就打了过来。电话那头兴师问罪的“炮弹”一个接一个:“杨律师,你为什么要暴露我家隐私?你狗拿耗子多管闲事!你这样做就是要毁了我全家,对不对?”

对这莫名其妙的质问,我完全懵住了:“不好意思,你哪位啊?”

电话那头答:“我是刘某的老婆。你怎么这么多管闲事?我男人又不是请你当律师,你瞎说什么啊?”

我这才恍然大悟,原来是我的好心被当驴肝肺了:“大妹子,我没有暴露你家的隐私,我也从来没想过要毁掉你家。今天我去见娄某,他也是好心,要我通过他老婆张姐告知你这个情况。无非是希望你尽快去检查看看,要是有病就积极治疗,要是没有就更好。我们没有任何人是心存恶意的。”

电话那头传来哭声:“这个是脏病,我男人有,我肯定也会有。就算现在查不出来,将来也会查出来的!你就是要害我家。”

我:“你不要这么想。现在这个检查非常方便,你要是觉得在当地不方便,可以到 M 市或者其他城市检查……”

没等我说完,那头的电话就挂了。

然后就是不到十分钟、二十分钟来一次电话,反反复复地埋怨我泄露他家隐私,让她和孩子无法做人……

晚上十点多,实在是受不了将近二十通电话的骚扰,我打电话给娄某妻子张姐,请她做做刘某老婆的思想工作,跟她说清楚——我从没有存心想伤害他家,更不会在外面传播这个事情;今天之所以帮带这个话,出发点本来是助人为乐。

终于,在晚上十一点的时候,我的世界清净了。

贩毒并非致富路

2017 年 9 月 24 日

我不怎么办贩毒有关的案子,但长期以来对毒品类案件的关注从未间断过。为了将日记写得尽可能丰富,今天下午我专门到律所查阅并统计了近两年来我所办理的毒品类法律援助案件的情况。通过阅读卷宗,我发现有的犯罪人居然是在 QQ 等聊天软件上接受招募前往境外(主要是缅甸)走私、运输毒品回国的。从统计情况来看,2016 年我所办理的 21 件法律援助案件中有 11 件为毒品类案件,占比为 52.4%;2017 年办理的 31 件法律援助案件中涉毒案件为 19 件,占比为 59.4%。这些案件反映出两个共同问题:第一,梦想一夜暴富的心态是导致涉毒类犯罪呈高发态势的重要原因;第二,因涉毒被捕的犯罪嫌疑人多数家庭困难,被捕后即成为幕后黑手的弃子,法律援助在一定程度上成为这些犯罪嫌疑人唯一获得关怀和法律帮助的渠道。

玛丽·雪莱[①]说过:“一个人走向邪恶不是因为向往邪恶,而是错把邪恶当成他所追逐的幸福。”在我了解的涉毒类犯罪中,将贩毒当作“幸福直通车”是毒贩的基本共识。毕竟一夜暴富相对于脸朝黄土背朝天地种三七,或者没日没夜地窝在网吧里上网,更加充满诱惑力。尽管 1%的成功率看起来很低,但是跟倾家荡产去创业相比,在很多喜欢走旁门左道的小青年眼里,这种成功率好像也没低到哪儿去。

---

① 英国小说家、短篇小说家、剧作家,著名诗人雪莱的妻子,著有 *Frankenstein: or The Modern Prometheus*(1818)。

美国芝加哥大学经济学教授史蒂芬·列维特在其《魔鬼经济学》一书中，统计了芝加哥地区贩毒人员收入、寿命的期望值，发现毒犯的平均收入还不如在麦当劳打工，而毒贩从贩毒第一天开始，其预期存活的年数比美国等着执行的死刑犯还要低很多(美国死刑犯通常会连续上诉多年，直到穷尽所有上诉途径)。简言之，根据统计结果，贩毒是一个高危险、低回报的行业。然而，即便这样，还是有大批青年前仆后继地投入到贩毒行业。对于这种非理性的选择，列维特将其归结为光环(glamour)效应，即极少数毒品大亨开豪车、住豪宅的生活方式给青年人造成这样一种错觉——只要我努力、运气好，也能成功，过上那样的生活。很遗憾，在美国，现实是绝大多数贩毒小混混没等到出人头地那天，就在贩毒黑帮们打打杀杀中灰飞烟灭了。

托马斯·索维尔在《知识分子与社会》一书中，严厉抨击了知识分子面对暴力犯罪总要寻找所谓深刻社会原因的愚蠢心态，索维尔用数据指出，加大警力投入，可立竿见影地降低暴力犯罪率。这一点我非常认同。正如《魔鬼经济学》中对贩毒心理的探寻一样，很多犯罪的根源不在社会，而在自身。当知识分子自作聪明地卖弄“深刻”和“情怀”时，暴露的只是其“自以为是”的重大道德缺陷。

回到中国的现实。我国司法部门长期以来对于毒品类犯罪持续保持高压态势，禁毒扫毒雷厉风行。“莫伸手，伸手必被捉”不仅仅只是口号，而是缉毒第一线民警的庄严承诺，所以“贩毒并非致富路”。响应习总书记号召“撸起袖子加油干”，脚踏实地努力耕耘，放弃走歪门邪道实现一夜暴富的幻觉，不仅是对自己负责，也是对家人亲朋的爱护。

回顾娄某走私毒品案，让我最为记忆深刻的就是两位女性——坚持要委托我给自己男人娄某辩护的张姐，以及因为不懂法对坑了自己男人的律师千恩万谢，而对我的善意提醒恶语相加的刘某老婆。这两个边疆贫困地区妇女的执拗与质朴，让我想起了一句墨西哥谚语：“家不是建立在土地之上，而是建立在女性之上。”不论是谁，当“毒魔”不停引诱时，请想一想家里善良的女性吧。

家门不幸

美国作家安东尼·勃朗特有句名言:“其他的事情可能会改变我们,但我们开始并终结于家庭。”理想状态下,以血缘为纽带的家人,应当彼此关爱、相互扶持。然而,列夫·托尔斯泰早在《安娜·卡列尼娜》中就做过这样的总结:“幸福的家庭都是相似的,不幸的家庭各有各的不幸。”家庭的不幸,有的源于家人之间的相互伤害,有的则起因于家人在外胆大妄为……特别地,当家人间的相互伤害或者出门在外的胆大妄为被纳入刑法评价时,每一曲“铁窗泪”无疑都对应着一个或多个家庭的痛苦和无奈,甚至带来家庭的分崩瓦解。

建设一个温馨的家千难万苦,而拆散一个温馨的家则在瞬息之间。四年多的调研,目睹过许多因为犯罪导致的家门不幸:相互伤害使至亲变成最熟悉的陌生人;斗勇耍横令老娘哭瞎双眼、害妻子远走他乡……

一念天堂,一念地狱,怨念起时,不妨为家人稍作转弯、约束自己,求一个“家和万事兴”!

姑嫂大战

2013年12月11日

上午的姑嫂大战,是我成为律师后的第一次刑事辩护。

本案中,刑事被告人是小姑子,被害人是二哥再婚娶回家的新嫂子。小姑子本就对破坏二哥家庭的新嫂子心有怨念,加之新嫂子在二哥生意失败后上演了好几出离婚夺产大戏,更是把小姑子刺激得“咬牙切齿”。

2013年8月的一个周末,在昆明工作的小姑子带着几个朋友回M市安慰人财两空的二哥。大家七手八脚做了一大桌菜,正准备开饭时,新嫂子居然大摇大摆地进来,一边对二哥冷嘲热讽,一边把酒柜里的好酒全部收到一个小推车里准备带走。

小姑子非常生气地指着新嫂子说:“我们家不欢迎你,请出去!”

新嫂子:“离婚还没有判下来,你搞清楚,这到底是你家还是我家!不叫你滚就是客气的了,你横什么啊?”说罢,新嫂子走到桌前,顺势将一桌子好菜掀翻在地。

新嫂子的行为彻底激怒了小姑子,小姑子上前揪住新嫂子的头发,而新嫂子则抓住小姑子的衣领,两个女人就在饭厅里扭打起来……从饭厅撕扯到房子进门的玄关,小姑子乘新嫂子不备将她直接推出了大门,随后小姑子“砰”的一声就把大门关上了。

正当家里人和朋友一起收拾饭厅的狼藉之时,门铃响了。开门一看,是几个警察和新嫂子到访。原来被撵出家门的新嫂子走到小区门口就给110打了电话,说在自己家被人打了。警察说明来意并查验了现场,小姑子以及在场的朋友也非常配合地跟着警察前往派出所进行调查。

在小姑子看来,调查完了就没事了。没想到,没过多久,检察院一纸传票送上门来,以小姑子涉嫌"故意伤害罪"提起公诉。小姑子这下慌了起来,害怕这么一件"小事"让自己光荣退休的理想化为泡影。[①]

一般来说,对于故意伤害类的案子,司法实践以伤情鉴定是否达到"轻伤二级"作为公诉或自诉的分野——"轻伤二级以上(包括轻伤二级)"的为公诉案件,而"轻微伤"等达不到"轻伤二级"的情况则作为自诉案子处理。本案中,新嫂子的伤情鉴定为"轻伤二级",确实达到了公诉标准。小姑子收到检察院的通知时,着实被吓得够呛,坐立不安的她前后换了两家律所,在开庭前的一个星期才最终敲定由我们所主任作为辩护律师,于是正在跟班学习的我恰巧参与了这个案子的办理。

庭审一开始,当审判长宣读完法庭纪律后,核对被告人身份时,紧张的被告人小姑子结结巴巴地开腔:"尊敬的审判长、审判员,早上好!"

审判长:"你这是做大会发言吗?"

审判长的发问让原本就高度紧张的小姑子更加惊慌失措。

大约冷场了十多秒后,小姑子才一字一顿地说:"我不懂法庭程序,有什么请我的辩护人代我回答。"

整个庭审中,公诉人提出有罪控诉,我们坚持无罪辩护;而身为被害人的新嫂子则在附带民事诉讼中提出高达近实际费用五倍的赔偿要求(治疗断打造成的轻伤用去医药费、误工费等各项合理支出为25400元,而她提出的赔偿总数为12万元整)。法庭辩论结束后,法官

① 小姑子是一所高校的老师,2014年1月就要退休。按照2007年4月22日国务院发布的《行政机关公务员处分条例》第17条第2款"行政机关公务员依法被判处刑罚的,给予开除处分",以及第54条"对法律、法规授权的具有公共事务管理职能的事业单位中经批准参照《中华人民共和国公务员法》管理的工作人员给予处分,参照本条例的有关规定办理"的规定,如果检察机关起诉的罪名成立,即便她最终只是被判处缓刑,依法也会被开除公职。

在征得附带民事诉讼双方当事人同意的前提下,主持了调解。为了让被害人和被告人能冷静思考,法官非常人性化地将双方分隔开——被害人及其家属继续在法庭内商量,被告人及其家属则退到法庭外商量。

主任和我作为被告人辩护律师也跟着来到法庭外的走廊。主任说:"刑事附带民事诉讼中,一般情况下,获得被害人谅解,意味着可以成为法庭最后定罪量刑的酌定考虑因素。你们一家都在这儿,考虑一下能够接受被害人多少钱的要求。"

小姑子:"您觉得赔多少合适?"

主任:"对于这个问题我实在不好回答。你和被害人是亲戚,你应该更了解她的性格。我们作为律师,只能就法律问题提供意见。"

最后,在审判长反复几次出出进进的斡旋下,小姑子与新嫂子终于达成一致——小姑子赔偿新嫂子 10 万元,新嫂子对小姑子的打人行为给予"谅解"。

下午三点多,法院就来电话通知我们去领判决。

拿到判决仔细研读之后,我真心为法官的高效点赞。

判决书里这样写道:"被告人与被害人身为姑嫂,本应当相互关爱;但两人却因小事吵闹,导致被告人将被害人打成轻伤二级,被告人的行为构成故意伤害罪。但是,被告人对自己行为已经表示后悔,积极赔偿被害人损失且得到了被害人的谅解,故综合全案的事实和情节,依法对被告人免于刑事处罚……"

谁说只有民事法官处理"家长里短"的?基层法院的刑事法官同样也得处理亲属间、邻里间的鸡毛蒜皮。尤其在边远落后的基层,一言不合就要刀弄棒的情况不在少数,本案中的被告人还是高校老师呢。

可怜天下父母心

2015 年 4 月 29 日

跟了半年多的案子[①]终于在今天上午拿到一审判决，心里五味杂陈，特别是对法官过于严苛的刑罚匪夷所思。在领取判决的那一刻，为了解惑，我专门询问了办案法官刑罚尺度的根据何在，结果她来了一句："就是感觉挺严重的。"我彻底无话可说。

这案子说白了就是一起典型的年轻人荷尔蒙过剩闹剧：2014 年 9 月 10 日晚上 8 时许，D 村小伙子张某与魏某、付某、杨某及杨某的两个朋友在 M 市城里偶遇，在老乡情驱使下，大家一起到小馆子里吃喝到将近凌晨。后张某与女友返回出租屋，其余五人则转战 KTV 一条街准备找间房唱歌。寻摸过程中，杨某见其认识的小姑娘正在和另一伙小青年(三人)举止亲密地唱歌，心生嫉妒，和这伙小青年发生争执、推搡直至打斗。魏某生怕打不过人家，就给我的当事人张某打电话要他前来"支援"。很快张某由其女友用电动车送到事发 KTV 一条街，并按照魏某的要求守在这条街的进口。不出所料，在街内相互追逐打闹的两伙小青年一会儿就追打到街的进口，于是张某也加入到混战的队伍中……就这样，两伙小青年手持啤酒瓶、烟筒、扫帚等各式"武器"相互攻击。另一伙小青年中的李某和王某头部被打伤，流血不止，虽已见血，但双方没有停下打斗。直到 110 民警驾驶巡逻车发现这场混战，边鸣笛边靠近制止。在警车鸣警笛靠近的过程中，身手敏捷的杨

---

① 2014 年 9 月 27 日收案，2015 年 4 月 29 日拿到一审判决，正好七个月多一点时间。

某、付某等四人乘机脱逃，而没有来得及逃脱的双方在场小青年则被警察全部控制，其中李某和王某因面部流血不止，警察叫来120急救车将两人送往医院救治，剩余的小青年则被带到派出所。民警询问后，认为魏某和我的当事人张某这一伙在整个打斗过程中的恶性更为突出，于是将二人刑事拘留。9月27日，张某哥哥听说弟弟出事了，赶紧来M市法院门口给弟弟找律师。因为是周六，大部门律所都关着门，张某哥哥便向我小姨打听“有没有个杨律师”。小姨一听“杨律师”，连忙说：“有有有，你等着，我给杨律师打电话。”就这样莫名其妙地我就接受了张某哥哥委托成了张某的辩护律师。

9月29日周一一早，我去看守所会见张某时才搞清楚，原来同所关押的人给张某推荐的“杨律师”并不是我，而是紧挨着M市法院大门口的一家律所杨姓男律师，我这个“杨律师”纯粹是歪打正着。会见完张某，我第一时间赶往处理警情的J派出所，却被告知头一天(2014年9月28日)公安局司法鉴定中心对住院治疗的李某和王某进行了伤情鉴定，鉴于两人皆达到轻伤二级，派出所上午以涉嫌寻衅滋事罪已向检察院提请批准逮捕魏某和张某。

由于第一次办理涉寻衅滋事罪类刑事案件，我问警官：“上午我去会见过张某，从他的描述来看，引起事端的杨某、付某等四人现在仍在脱逃中，这怎么处理？”

警官说：“我们正在追捕当中。”

我：“为什么定位是涉嫌寻衅滋事罪呢？”

警官：“你是不知道，当天我们抓捕的过程中，魏某这边的小团伙有人有雕龙刻凤的文身，很可怕，在街上冲来冲去的。而且带到派出所后，因为没有醒酒，也是很嚣张。”

10月16日，M市检察院对魏某和张某批准逮捕。因为在侦查阶段只能阅读技术性文书，对于案情了解不够充分的我，向检察院申请取保候审并未成功。

作为群体性案件，抓到全体作案人员是揭开真相的最佳途径。但是，每次询问警察都说正在追捕中……也恰恰是因为犯罪嫌疑人没有全部到案,在办案过程中,检察院在审查起诉阶段还退侦过一次。虽然杨某、付某等四人一直没有到案,但2015年3月10日检察院还是向法院提起了公诉。

2015年3月20日,张某哥哥和妈妈来到我的接待室,张某妈妈一直在哭,而他哥哥则一边安慰妈妈一边跟我说:"我爸在我们兄弟俩很小的时候就离家出走了,我是哥哥,干活养家出来得早,我弟弟可一点苦都没吃过。抓进去半年了,我妈确实受不了。"

张某妈妈边哭边说:"算了,我也不想那么多了。虽然在里面半年肯定遭罪,但是至少还活着,不像付某为了躲避抓捕,跑到石林去洗文身,结果洗死了。人都没了那就真的都完了。"

我一脸惊吓:"什么?付某死了?真的假的?"

张某哥哥:"真的,就是怕警察抓,自己跑去小店里洗文身死掉的。前两天抬回寨子里,脸都是乌青的。确实死了,昨天送上山[①]的。"

2015年4月20日周一,M市法院开庭审理此案。

法庭上,魏某辩护人和我不谋而合,均对检察院寻衅滋事罪的定性表示质疑——寻衅滋事罪作为从1979年《刑法》第160条流氓罪中分解出来的一种罪,规定在现行《刑法》293条,[②]强调的是"无冤无仇、肆意挑衅,随意殴打、骚扰他人"。但是,从魏某、张某等人与被害人李某、王某之间的情形来看,在动机上,被害人一方与被告人一方发生口角在前;侵害对象也不存在寻衅滋事罪关于"随意殴打"的要求,被告人的殴打只针对特定被害人,并非不特定对象。因此,魏某、张某的行为符合的是《刑法》第234条故意伤害罪的要件,[③]而非寻衅滋事罪。

此外,我还从"张某并非主要分子,自愿认罪且认罪态度好,是初

---

① 指下葬。在M市较为落后的地区,仍存在偷偷摸摸土葬的行为。

② 《刑法》第293条规定:"有下列寻衅滋事行为之一,破坏社会秩序的,处五年以下有期徒刑、拘役或者管制:(一) 随意殴打他人,情节恶劣的;(二) 追逐、拦截、辱骂他人,情节恶劣的;(三) 强拿硬要或者任意损毁、占用公私财物,情节严重的;(四) 在公共场所起哄闹事,造成公共场所秩序严重混乱的。"

③ 《刑法》第234条规定:"故意伤害他人身体的,处三年以下有期徒刑、拘役或者管制。"

犯、偶犯,且愿意积极赔偿被害人损失”等方面进行了辩护。

在附带民事诉讼环节,魏某和张某的家人已当场与被害人李某和王某达成民事赔偿调解,且两被害人均向法庭请求对两被告人从宽处罚。

没想到9天后的今天,我却领到以寻衅滋事罪判处魏某、张某每人一年零六个月有期徒刑的判决,而判罚的法官对于这样的判决给出的唯一解释就是本篇开头的那一句:“就是感觉挺严重的。”

事实上,张某在看守所多次写过悔罪书,在一审庭审时还当庭向被害人道歉且向审判长递交了悔罪书;不仅如此,两个被告人家属当庭就向两个被害人履行了民事赔偿调解协议约定的全部民事赔偿金,两被害人亦当庭对被告人表示了谅解并请求法庭从宽处罚等,一系列的情形,完全符合《云南省高级人民法院量刑指导意见(试行)实施细则》第17条、第18条“对于轻伤案件中,积极赔偿受害人损失并获得被害人谅解的,可以减少基准刑的30%以下的刑罚”的规定,以及最高人民法院《关于贯彻宽严相济刑事政策的若干意见》第19条“对于较轻犯罪的初犯、偶犯,应当综合考虑其犯罪动机、手段、情节、后果和犯罪时的主观状态,酌情予以从宽处罚。对于犯罪情节轻微的初犯、偶犯,可以免予刑事处罚;依法应当予以刑事处罚的,也应当尽量适用缓刑或者判处管制、单处罚金等非监禁刑”的要求,应当尽量判处非监禁刑。

遗憾的是,法官并没有真正贯彻“宽严相济”的刑事政策,大笔一挥就将两个已经在看守所待了差不多七个月的小青年发配去住监狱了。

一审法官对于“刑事政策”过于严苛的理解,让我想起了法国哲学家福柯的一句话:“监狱并没有‘发现’违法者,毋宁说,监狱在某种意义上‘制造’了违法者。”[①]的确,违法者由于进过监狱而在社会上背上恶名,在监狱环境中,违法者更容易出现道德观念退化的情形,因此释

---

① 〔法〕米歇尔·福柯:《规训与惩罚:监狱的诞生》,刘北成、杨远婴译,生活、读书、新知三联书店1999年版,第46页。

放之后很容易再次犯罪,最终成为职业罪犯。

本案中,就是因为年轻人旺盛的荷尔蒙作祟,小青年才相互斗气而打架生事。虽然年轻人之间斗狠耍横确实影响不好,但在施害者并未完全抓到以至于各人在斗殴中的地位作用都无法客观评判时,判笔高抬一寸,是否更人性呢?也许福柯说的过于极端,但监狱之恶确实客观的存在着,刑事法官判案难道不也应当"治病救人"吗?

家贼难防

2015年5月7日

芝加哥大学英国文学教授诺曼·麦考连说:“总是那些我们相处、相爱、本该相知的人在蒙蔽我们。”家贼难防就是最典型的例子。

上午八点多,才打开接待室的门,就来了个“倒霉蛋”——某汽修厂的小老板唐某。身为个体工商户主的他秉承“打虎亲兄弟”的经营理念,选任亲表妹作为会计。可没想到,这亲表妹却和厂里的一个管理人员串通,并勾结保险公司理赔员,虚构车损修理费用,挪用厂里的钱,一年下来用“老鼠偷油”的方式拿走了厂里将近80万元。唐某前两天闲下来一查账,气得差点吐血。发现问题后,唐某对表妹各种软硬兼施,但人家就是不为所动,实在没有办法了,才想到找律师帮着大义灭亲。

我:“你是个体工商户,你表妹和员工的行为符合的是《刑法》第270条‘侵占罪’[①],而不是第271条的‘职务侵占罪’[②]或第272条‘挪

---

① 《刑法》第270条侵占罪:“将代为保管的他人财物非法占为己有,数额较大,拒不退还的,处二年以下有期徒刑、拘役或者罚金;数额巨大或者有其他严重情节的,处二年以上五年以下有期徒刑,并处罚金。将他人的遗忘物或者埋藏物非法占为己有,数额较大,拒不交出的,依照前款的规定处罚。本条罪,告诉的才处理。”

② 《刑法》第271条职务侵占罪:“公司、企业或者其他单位的人员,利用职务上的便利,将本单位财物非法占为己有,数额较大的,处五年以下有期徒刑或者拘役;数额巨大的,处五年以上有期徒刑,可以并处没收财产。”

用资金罪'[①]。因为'个体工商户'并不在'公司、企业或者其他单位'的范围内。所以,从法律规定来说,你这个案子不是公诉案件,只是自诉案件。"

唐某:"我是没办法啦,我辛辛苦苦地在外面跑业务、搞扩展,这里面全被我表妹勾结其他人监守自盗给挖空了。没有公安的话,我怎么查得出证据啊?我表妹已经被我叫来家里问了一天啦,她一个字不说。我实在是没辙了。"

我:"可是在《刑法》里确实没有针对个体工商户的法条啊。"

跟唐某解释半天,他死活就是接受不了现实,而且也不愿离开我的接待室。实在没辙,我只好对他说:"这样吧,咱们公检法都去一趟,你看看人家说的是不是和我说的一样。"

第一站——公安局经侦大队

经侦大队的队长亲自接待了我们。

经侦大队长:"警察的出动必须是有法律根据的。你作为律师肯定也知道,'个体工商户'并不在《刑法》第 271 条'职务侵占罪'和第 272 条'挪用资金罪'的范围内。尽管《刑法》对于个体工商户的保护确实存在遗漏,不符合社会生活的现实,我们公安机关在实际执法中也遇到过很多类似的案子,而且我们公安机关已经向立法机构反映过这个问题了。但是,反映归反映,法律暂时还没有改,在法律没有改变之前,我们根本就没有执法依据啊。"

说完,经侦大队长还专门从书柜里拿出一本内部资料给我看。在该本资料里,我看到公安机关对于个体工商户被侵害情形的总结以及请求立法完善的建议。

---

① 《刑法》第 272 条挪用资金罪:"公司、企业或者其他单位的工作人员,利用职务上的便利,挪用本单位资金归个人使用或者借贷给他人,数额较大、超过三个月未还的,或者虽未超过三个月,但数额较大、进行营利活动的,或者进行非法活动的,处三年以下有期徒刑或者拘役;挪用本单位资金数额巨大的,或者数额较大不退还的,处三年以上十年以下有期徒刑。"

第二站——检察院

唐某希望能从保险公司理赔员接受唐某表妹等人贿赂、里应外合骗保的角度,获取检察院帮助。

对此,检察官说:“你的员工和保险公司理赔员串通,理赔员受贿后为你的员工所申请的不恰当理赔予以赔付,理赔员的行为到底构不构成受贿,得看理赔员的身份。《刑法》第385条第1款规定:‘国家工作人员利用职务上的便利,索取他人财物的,或者非法收受他人财物,为他人谋取利益,是受贿罪’。这意味着,受贿罪的主体是国家工作人员,这是认定受贿罪的一个重要构成要件。现行《刑法》第93条规定:‘本法所称国家工作人员,是指国家机关中从事公务的人员。国有企业、事业单位委派到非国有公司、企业、事业单位、社会团体从事公务的人员,以及其他依照法律从事公务的人员,以国家工作人员论。’因此,你刚才说的理赔员由于你的员工输送利益而帮他们骗保,并不能直接认定为‘受贿罪’。现在的保险公司除了国有全资的,还有股份制的、民营的、外资的、中外合资的,相应的理赔员身份也不同,除非有证据证明和你的员工勾结的那个理赔员身份属于国家工作人员性质,否则可不能就说他是受贿者的。”

检察官的解释合法、合情又合理,唐某听了如同霜打的茄子般蔫了。

最后一站——法院

与我事前跟唐某说的一样,法官讲:“听你们说下来,这个情况确实只能按照《刑法》第270条‘侵占罪’进行自诉。但是,自诉案件的证据你怎么去获取?你的表妹会配合吗?”

唐某:“肯定要你们帮我啊。你们是国家机关。”

法官:“你这案子抽调三四人成立个专案组去调查也得一两个月。再说了,就算我们抽得出人成立专案组调查,也有违司法公正的原则,自己调查再自己审,到哪都说不过去的。”

这样一圈下来,唐某终于接受了个体工商户职员侵占财物只能按照《刑法》第270条“侵占罪”进行自诉的现实，喃喃地说：“我们个体工商户也纳税的呀，怎么这个事情就得自己取证自己诉讼了呢？”

我：“你这个厂的规模早该变更工商登记为‘公司’了。‘个体工商户’意味着能少上税，所以啊，说来说去只怪你自己算盘打得太精明。国家法律的管理一般是按照‘居中’标准进行设定的，之所以将‘个体工商户’作为《刑法》第270条‘侵占罪’的被侵占对象，原因就在于，通常都认为个体工商户是家庭式小规模经营。但你的这个汽修厂不管从经营范围还是收益来看，都已经突破‘个体工商户’的规模，进入‘公司’的范畴了。这是一个非常深刻的教训，工商登记该变更就赶紧去变更吧。至于你表妹这个事，还是多打打‘亲情’牌，她这里突破了，你再来自诉也不迟。”

现实中，总有和唐某一样的人，平日想着钻政策的空子，缴税越少越显本事高明，出了事情又怪政府管得不够。事实上，在法治高速发展的现代社会中，由于社会治理资源的有限性，使得法律管控更趋精细化，只有遵守权利与义务的对等性原则，将自身的行为与相应法律法规进行对照，守法在先，才能更好地从长远角度保护自己。

“遇见”看守所

限制人身自由的场所中，监狱是被判刑之后才去的地方；拘留所则是涉及鸡毛蒜皮类民事纠纷以及违规违纪人员的地方；看守所呢，不是监狱，也非拘留所，作为犯罪嫌疑人待的地方，是刑事辩护律师时常到访的地界儿。四年多来，看守所我是没少去。有的当事人说：“看守所除了伙食少油水吃不饱外，挺好的。”有的当事人讲：“干活挺辛苦，案子复杂的话，待久了还挺全面，啥活都会干。”还有的当事人跟我分享：“这犯罪也有行话啊，拐卖儿童的就是‘开幼儿园’，贩卖枪支的就是‘玩冷铁’，收废纸的是‘卖假币’，开矿的做工程的则表示‘贩毒类’才是大买卖……”可以说，他们给我讲述了一个完全不同的世界。而我作为他们与正常世界的沟通者，从法律角度维护着他们的合法权益，负责传递他们与家人之间的挂念。

多少次在看守所的铁门外，目睹过颤巍巍的七旬老者暗自神伤；见证过一大家子人用鞭炮震天响来欢迎亲人归来……尽管我无法完整记录每一次看守所会见的细节，但在此挑出四个特别片段作为本人“遇见”看守所的独家记忆展示给大家，其中百味，任君自品。

有趣的陪聊

2015 年 9 月 18 日

今天的看守所会见，是我经历过的最有趣、最轻松的一次。

被会见人是一名江苏籍的女老板，公司里的员工为争夺生意与另一个同行公司大打出手，而这女老板因涉嫌坐镇幕后指挥闹事，以涉嫌“寻衅滋事罪”被逮捕了。原本我的朋友文律师是她的辩护律师，前几天文律师打电话要我帮帮忙，接受女老板老公的委托成为她的第二名辩护律师，去会见她。

下午两点左右，办好委托手续，女老板丈夫和我一起到了看守所，只是他去送衣物，我去会见。

在会见室里，女老板第一句就问：“我过年前能出来哇？否则时间久了，父母会以为我在云南贩毒了吧？”

我：“怎么会这么想啊？”

女老板：“以前决定来云南工作时，父母就千叮咛万嘱托说云南毒品厉害咧，这要是老被关着，过年回不去的话，保不齐父母就会胡思乱想的呀。”

我：“法律上的问题，你有什么需要我解释或者说明的吗？”

女老板：“也没有什么。我就是想换个女性来跟我说说话。因为我的律师是个男的，来了几回，也没什么好聊的了。所以我要求他给我找个女律师来。”

我：“嗯，这个我知道的，文律师是我的好朋友。”

女老板：“对了，我帮同监舍的小姐妹咨询你几个问题可以吧？她们基本上都是帮男朋友运毒什么的,被抓住了又没有钱找好的律师。”

我:“你真是热心呀。”

女老板笑着说:“开玩笑。我这个人,不管在哪里都很好强的,进来两个多月我都被评为优秀了。说正题,我有个舍友运了400多克麻古会判多久?”

我:“至少五年以上。麻古是甲基苯丙胺类毒品,按照《刑法》相关规定,海洛因、甲基苯丙胺类毒品50克以上就是重罪了。”

女老板:“小姑娘蛮老实的,就是交了不靠谱的男友,真可惜! 不过,人呀说不准的,比如我,真的没有什么幕后指挥,我微信群里都要员工不要冲动的。”

我:“你这个事情肯定能够水落石出的,没有做的,等公安局查清楚肯定会给你交代的。对了,你老公今天给你送衣物啦。和我一起来的。”

女老板:“你出去问问他有没有收到我给他写的信。我就是担心,公司出了这档子事,我又不在的话,怕是要乱套了。你一会儿跟他说,要给我回信的,公司要管好。”

我:“好的。”

就这样拉拉杂杂的,聊了差不多一个小时,女老板突然说:“差不多了,我还得去干会儿活呢。”

我:“今天有会见,不去干也没事吧?”

女老板:“不行的,我们有任务的。各人的任务各人得完成,我聊太久了,任务要完不成了。”

结束了和女老板的会见,出了看守所,只见她老公仍在车上等我。当我告诉他女老板希望他回信给自己时,他突然生气地说:“还有完没完啊? 有什么好写的,索性我也进来算了! 省得她想着办法的折腾我。”

对于女老板老公的突然发飙,我毫无防备。

回到接待室后,赶紧给文律师通了个电话:“从没遇过这么轻松的看守所会见啊。”

文律师:“毕竟人家也是个女强人。她是见我见烦了,要是下次我去见她,她还不满意的话,我再找你救场啊。”

花季的眼泪

2015 年 10 月 17 日

与普通单位不同，看守所是公安系统中与派出所并列的贯彻“5＋2，白＋黑”七天工作制最彻底的部门。今天虽是周六，但看守所是没有周末休息一说的。

今天是周末，原本打算放空自己好好休息的，可上午八点不到，表弟就打来电话，说是他的一个朋友想请我帮忙到州看守所去会见一位不到 18 岁的小姑娘。[①] 既然是表弟的朋友，那总不好推辞。于是，告诉表弟让他朋友九点到接待室面谈。

九点整，表弟带着一个穿着得体的大男孩儿来到我的接待室。才进门，大男孩儿就毕恭毕敬地向我鞠了个躬：“姐姐，今天周末还打扰您，实在不好意思。”

我：“没事，没事。要不是遇上难事儿了，谁都不会这么着的。”

大男孩儿：“我想请您帮我去看看我的干妹子，她上周二一早就进了公安局，然后当天下午就被送到邻市的州看守所啦。”

我：“她干了啥？”

大男孩儿：“我打听了说是贩毒。这个事得从头说起。我之所以叫她干妹子，就是因为我认了她妈当干妈。当年我做生意起步的时候，干妈帮了我很多，没有干妈的热心帮助就没有我的今天。唉，只是俗话说得好，‘好人不长命，祸害一千年。’干妈今年早些时候癌症去世

① 由于 M 市看守所规模较小，无法同时关押男女犯罪嫌疑人，因此，女性犯罪嫌疑人被统一收押在位于邻市的州看守所。

了。这干妹子从此更加无法无天,闯下这么大祸!”

我:“贩毒可是重罪呀。瞧你和我表弟岁数相当,想必你这位干妹子也不大吧?”

大男孩儿:“是啊。她才17岁多点的,18岁都不到。”

我:“那怎么会走上这条路的呢?”

大男孩儿:“姐姐,我不知道你听过某某的名号吗?”

我:“不好意思,我常年在外读书,回家乡做兼职律师也就一年多,交际不太广,不知道。”

大男孩儿:“那西站门口的过桥米线你知道吗?”

我:“知道啊,味道特别好,我有空还会去吃呢。”

大男孩儿:“那过桥米线就是我干妈一手创立的,某某就是干妈的名字。她老人家2014年查出癌症,就放下店里的事儿了。她亲自掌勺的过桥米线更好吃的。她起早贪黑辛勤劳作,给家里挣下八层小洋房,但也正因为忙生意就放任、养坏了干妹子。小姑娘钱多又爱泡吧,一来二去就被人家带上毒道了。干妈活着的时候,为了帮干妹子戒毒,用大链子把她锁在家里,吃饭啥的都从窗户送……可干妈查出癌症去昆明治病后,干妹子就像脱缰的野马啦。”

我:“唉,真是造孽啊。光说干妈和干妹子,难道这家是母女相依为命吗?”

大男孩儿:“没有,我干妈的老公吃粮不管事,干妈在世时,他成天在外面花天酒地;干妈去世后,家业撑不下去了,他就像滩烂泥瘫在家里啦。换了别的爸爸,女儿被抓起来都快一个星期了,怎会纹丝不动?姐姐,我知道这个情况后很难过,所以才来找您帮我去见见我干妹子的。”

我:“小伙子,你的善心我很感动。但是,从法律上来说,你不是干妹子的真正亲属,不好办委托手续呀。除非你去把她爸找来,由他委托我才行的。”

大男孩儿:“法律我确实也不懂。这么着,我现在就去找干妹子她爸过来。”

我:“天凉了,去一趟邻市州看也不容易,你跟她爸说一下,收拾点儿暖和衣服、鞋子,我就着会见时顺便给她送去。”

大男孩儿:“谢谢姐姐提醒。”

大男孩儿一溜烟跑去办事了。留在接待室的表弟告诉我,原来这大男孩儿高中毕业就步入社会,学做生意的第一笔民间借贷就是在他干妈那里找到的。因为大男孩儿诚实勤奋,干妈最后居然免了他的利息。今天这一出算是报恩。

快十一点的时候,大男孩儿提着两大包衣物,领着一位面色蜡黄的中年男子回到接待室。

大男孩儿:“姐姐,这个就是我干妹子的亲生父亲。我刚才在路上已经和他说清楚法律了,他会签字的。”

我将委托书和委托协议递到中年男子面前,解释道:“叔叔,您好。你是某某某唯一的直系近亲属,按照法律规定,聘请律师会见只能由您授权。您看看委托书和委托协议。”

六神无主的中年男子一眼没看内容就直接签字摁印,然后低声对我说:“要是下午见到我姑娘,跟她说要好好改造,好好做人。”

寥寥几句话中的父爱让我悲欣交集。

大男孩儿:“叔叔,我下午会开车送这个姐姐去呢。你放心吧。”

中年男子听到后几次欲言又止,最后沉默着抽完一支烟,起身离开时用尽全身力量说了三个字:“拜托啦。”

目送小姑娘父亲离开后,考虑到我从没去过这个州看守所(以下简称“州看”),且导航又完全搜不到准确地址,[①]我和大男孩儿商量决定,即刻买点干粮就动身。开车从 M 市县城出发后,为了不走冤枉路,我电话请教了活动半径较大的几个律师朋友。他们提供的信息帮我们大致确定了州看的位置。驶入邻市的草坝后,隔个几公里就有路牌提示州看的方向。沿着颠簸的草坝二级路行驶了大约两个小时,途中居然看到了大名鼎鼎的“碧色寨”火车站。当土黄色的法式风情建

① 出于安全需要,我国绝大部分看守所、监狱等特殊位置是智能导航无法搜到的。

筑映入我眼帘时，我不禁大喊了一句："噢哟，碧色寨原来在这里啊！"在办案途中邂逅一直以来心心念念的碧色寨，这感觉很特别。当然，职业人做职业事，我抑制着心中的惊喜，继续驱车奔向今天最为重要的使命。

我们到达州看的时间是一点半。大男孩儿在车上等我，我提着两大包衣物走进看守所的大门，第一件事就是将衣物送到收纳处。在收纳处，面容和蔼的管教 A 仔细扒拉着衣物，把系带的、拉链的都挑出来，然后就没剩几件了。

管教 A："你是律师，怎么不跟人家属说清楚哪些可以带？哪些不可以带啊？看看，没剩几件啦，这不是白费劲儿吗？"

我："不好意思，因为实在是太匆忙了，我有提醒的，小姑娘妈妈去世了，爸爸做这些事肯定差一些的。"

管教 A："妈妈不在了，那挺可怜呀。这娃家庭条件应该不错的，身体素质比较好，来这里才这么几天就回过神来啦。别的吸毒人员十天半个月还爬不起来呢。好了，我这边的事情完了，你拿着律师证和委托书去隔壁办公室，那里的管教会给你办理会见的。"

我依言来到隔壁办公室，交完手续后，管教 B 对我说："你去旁边的第一会见室等着，我去提人。"

按着门牌的指引，我很快就找到了"第一会见室"。关闭手机后，我进到屋里等人。当真正见到小姑娘时，我简直不敢相信眼前这位胖嘟嘟的花季少女居然是"以贩养吸"人员。

我："妹妹，我受某某和你爸爸委托，来看看你。"

小姑娘"哇"的一声大哭起来："哥哥怎么还挂着我啊？爸爸好不好？我再也不敢了！我错了！"

我："你能告诉我到底发生了什么事儿吗？"

小姑娘："我周一晚上到平远街拿了 100 颗麻古，夜里回的家。周二上午九点多警察叔叔来突击检查我的住处，麻古就被发现了，连人带物的就被拉去公安局禁毒队了。"

我："这是你第一次被抓吗？"

小姑娘:“不是。我以前也被抓过,但是被抓后,只要我想办法帮警察叔叔抓到其他吸毒的、贩毒的,叔叔就不会为难我的。”

我:“那这回怎么到这来啦?”

小姑娘:“我也不知道啊。周二那天,警察叔叔要我在下午五点前帮他们抓到20个吸毒、贩毒的。我们这种人都是夜猫子,下午五点的时候很多还没起床呢,怎么抓得到嘛!我打人家手机时,基本上都还关着机或者‘high’得还没清醒呢。我苦苦哀求叔叔放我一条生路,但是五点一到,他们说文件做好了,叫我签了字就直接把我送来这里啦。”

我:“你以前被警察抓到的时候,身上带着的毒品有你周二这次多吗?”

小姑娘:“这个倒没有。刚才我不是告诉你了么,周二这回是因为我才去进货回来。平常我在外面散货的话身上也就带个十几二十颗。”

我:“你为什么不戒毒?我听你哥哥说,你妈妈在世的时候曾经帮你戒过的,为什么要让妈妈失望?”

小姑娘:“我错了,我再也不敢了。我以前就觉得好玩,而且我觉得自己就像电影里的线人一样,能帮警察叔叔的。”

我:“警察叔叔以前处理你的时候有没有要求你戒毒呢?”

小姑娘:“警察叔叔也批评我的,说我岁数小,要改邪归正才好。可我改邪归正了,他们不就少个帮手啦?”

我:“你这是什么狗屁理论啊!你明明是拿自己的生命和前途开玩笑。没有你,警察叔叔就破不了案啦?”

小姑娘:“姐姐,我错了。我这回真的知道轻重了。我一定戒毒,请帮帮我,我不想坐牢。”

我:“今天之所以来看你,是你的干哥哥付费给我还驾车带我来的。100颗麻古,不是小数,你要好好配合警察调查。至于我么,这个委托只是针对今天会见的,不管将来是我还是别的律师来帮你,你都不要有抵触。花季少女的你,还有很长的路要走呢。刚才管教还表扬你身体素质好，戒断反应不强烈，所以要加油早日回到正途上来。现在家里就你爸爸一个人，他等着健康的你回家呢。还有你干哥哥，也希望你认真戒毒，变回那个曾经古灵精怪的小屁孩。”

听完我的话，小姑娘更是哭得稀里哗啦，说不出一句整话。

我：“别哭了。今天来的匆忙，你爸爸和哥哥收拾来的两大包衣服中十有八九都不符合看守所的着装要求，所以我在这里跟你说声‘对不起’，是姐姐交代的不够清楚，可能这个深秋你要楚楚‘动人’啦。一会儿我会让你哥哥挂点钱给你，要是他们一时半会儿来不了，你就自己在里面买点儿。”

许是我这话说得幽默，小姑娘居然破涕为笑：“谢谢姐姐，我比较胖，不太怕冷的。现在戒了毒身体就更抗冻了。我只是很担心判刑。”

唉，这个会见在某种意义上就是送我前来的大男孩儿对小姑娘亡母的一份报答，而并非真正意义上的办案会见，不知道公安机关对此案调查进程的我，确实无法答复小姑娘关于刑事处罚的问题。另外，从平日阅读涉毒案件裁判文书的处罚规律分析，除非有重大立功，否则 100 颗麻古基本上就是 1 至 3 年的有期徒刑实刑了。对于这样的预估，我自然不能告知小姑娘。

种种考虑之下，我对小姑娘避重就轻地说道：“来这之前，你爸爸专门嘱托我要你好好做人，改掉坏毛病。判刑不判刑，我现在回答不了，刚才我已经说了，你得好好配合警察叔叔，要是你能提供情报帮警察抓到那种专门卖毒品给你们这些未成年的大坏蛋，自己也彻底戒了毒，警察叔叔肯定会帮助你回归正途的。”

小姑娘越问，我越觉得舌头打结，相比过往进行看守所会见的游刃有余，我觉得自己今天的表现就像个演技拙劣的演员。我害怕与小姑娘目光对视，我担心心直口快的自己在小姑娘的反复追问下，会一不小心打破小姑娘希望很快回家的迷梦。当管教 B 一句“会见时间到”从会见室的小喇叭里传来时，如释重负的我才深深地舒了一口气：“妹妹，答应姐姐，要好好做人，好好戒毒！”

小姑娘：“谢谢姐姐，我会努力的。请告诉我爸和哥哥，让他们放心。”

说完这话,小姑娘在管教的带领下离开了会见室,我也慢步走向看守所门外等我的大男孩儿。

见我出来,大男孩儿急忙迎上前:“姐姐,怎么样,妹妹好吗?”

我机械地答:“戒毒很顺利;只是,周二警察在她家搜到她刚从平远街买来的 100 颗麻古,很糟糕。对了,你和她爸收拾的衣服多数不合规,要不你给她挂点钱,万一她爸近期不能来看她,她在里面能买点儿。”

大男孩儿:“好的。我挂 1000 元给她。姐姐你带我去。”

我带着大男孩儿到收纳处给小姑娘挂了 1000 元现金。

返程途中,我和大男孩儿一直沉默着,直到碧色寨段,大男孩儿轻轻地说:“姐姐,我看你来的时候见到碧色寨很兴奋,要不我停着车,你下去看看。”

“嗯,那我们就在这停一会儿。”我已没了来时的兴奋,下车只是因为糟心的会见让我在车厢密闭的空间有些窒息,需要下车走走,不管是在碧色寨还是别的地方,在这一刻对我来说没有任何区别。

艰难的会见

2017 年 3 月 8 日

今天十点左右，同事李哥给我打电话说去年有个案子的当事人以“收费过高”为由要求退费。听完电话，我气得火冒三丈，思绪回到了去年腊月二十八。

那天下午四点多，我和同事李哥正打算收拾好办公室，关起门来放过年大假。这时候来了个四十出头的妇人。她愁眉苦脸还不时抽泣，请求我和李哥前往 400 多公里外的 W 州给她因从越南走私僵尸肉而被捕的男人提供法律帮助。

听完妇人的请求，我和李哥面面相觑。这件事非常棘手：一方面，W 州人作为云南省的“战斗民族”，作风彪悍，我们从未去 W 州办过案；另一方面，远途办案多有劳累，马上就过年了，对于平日在家默默支持我们四处奔波的家人实在是难以开口。

无奈这妇人还请来了李哥的高中同学做说客，请求我们务必帮忙。思前想后之下，磨不开情面的李哥要我和他一起接下这个案子。由于“远途且加急”，办理委托时，双方达成约定——按侦查、审查起诉和诉讼三个阶段分别收费。其中，侦查阶段的律师费和差旅费计 1 万，先行收取；后面两个阶段的费用则视案情发展将来再另行协商。

第二天，腊月二十九的清晨六点多，顾不得天冷雾大，李哥和我驱车三个多小时来到 W 州看守所。没想到看守所的工作人员说：“没有海关缉私部门的批准，就不得会见。”

看守所的闭门羹,让我们不得不穿过热闹的年货街[1]向海关赶去。

感谢万能的智能导航,让我们顺利地找到新海关。可是虽进了海关大楼的门,空荡荡的办公大楼里基本上看不到人。从一楼摸到四楼终于找到一个缉私队的值班警察。说明来意后,缉私警察说:“看不了,公章不在单位。”

李哥本想和他理论,让我给拦住了,毕竟“强龙压不过地头蛇”。我们初来乍到,在人家地盘上,又是赶年货街的日子。说了些不痛不痒的废话后,我们就起身离开了。

正当我们缓慢通过人挤人车挤车的年货街时,值班的缉私警察一个电话打到我手机上,说要和我们再谈谈。原本双向通行的大道因为年货街已变成了单行线,没法子,我们只好随着车流走到年货街的尽头再掉头回去。就这样,正常二十分钟左右的路程我们走了一个多小时[2]。好不容易回到海关见了面,警察也没聊啥。尽管知道他是故意找茬,但除了陪个笑脸,又能怎样?这就是第一次不顺利的 W 州之行。

正月初八年后上班头一天,李哥和我六点半又出发了。总结了第一次不愉快的经历,我们第一站就直奔海关。九点二十左右就赶到目的地,这次对方换了个女缉私警出来讲:“领导在开会,你们且等吧。”

于是李哥和我似哼哈二将把守在缉私队门口。差不多十一点,领导总算出来见我们,磨磨唧唧说这个案子很复杂,我赶紧接上话:“复杂归复杂,但再复杂,根据《刑事诉讼法》第 33 条、第 37 条的规定,犯罪嫌疑人享有在侦查阶段聘请律师提供法律帮助的权利呀。[3] 再说

---

① 在云南边疆地区,腊月二十九的年货街就是一个城镇最热闹的主干道,哪怕是平时不以买卖为生的各色人等也会逛一逛年货街,要么来买东西,要么来卖东西。总之,不管是谁,年货街上逛一圈,总能有所收获——可以是给老人、小孩备下的礼物,也可以是家里年夜饭所需的食材……

② 再次赶到海关已经快下午两点半了,而我们连中饭都还没吃上。

③ 《刑事诉讼法》第 33 条第 1 款规定:“犯罪嫌疑人自被侦查机关第一次讯问或者采取强制措施之日起,有权委托辩护人;在侦查期间,只能委托律师作为辩护人。被告人有权随时委托辩护人。”《刑事诉讼法》第 37 条第 1 款规定:“辩护律师可以同在押的犯罪嫌疑人、被告人会见和通信。……”

了,我们腊月二十九就来过,今天年后第一天又赶过来,我们不是W州的,从外地来一趟不容易。"这样软磨硬泡之下,这个所谓的领导才在中午下班前给我们的会见单盖了缉私队的公章。

但是,当我们下午两点去到看守所办理会见手续时,办手续的一个男警察说:"人被海关提审带走了,改天来吧。"

我:"不对啊,我们刚才就是从海关过来的。"

男警察:"那你们等一下,我先请示。"

四十多分钟后,男警察返回来说:"我记错了,人确实在看守所,但海关缉私队的正提审呢。你们愿意等就等吧。"

无可奈何的李哥和我只好等在看守所会见室外吹冷风。看守所像一个突兀的碉堡立在半山腰,早春的风和隆冬的相比丝毫不逊色。我们冻得直哆嗦,心里更是焦虑,一个念头不停地冒出来——万一海关玩阴的,提审到看守所下班,我们岂不是又白跑了。为了抗冻,我们不停地走来走去,下午四点一过我真有点受不了了,李哥倒还挺镇定。终于,四点一刻的时候,听到会见室的铁门"哐"的一声,我们赶紧迎上去,第一个见到的居然是上午在海关大楼接待我们的女警官!至今,我脑子里还会时不时想起她擦肩而过时脸上的轻蔑笑容。

会见还算顺利,李哥和我配合非常默契。出了看守所,我真是一刻也不想待在W州了,而嫌疑人老婆的电话已来了不下十个。因为害怕吃饭耽搁时间,我们两个人在车里吃了点干粮就直接开车返回。一路上,嫌疑人老婆继续不停给我们打电话要求必须见我们一面。

当我们晚上九点多赶回M市时,犯罪嫌疑人的老婆直接在高速公路收费站"恭候"我们。如此不依不饶的态度,虽说是为救丈夫情有可原,但也太不尊重律师了——律师不是机械,是人!天不亮就出发,被"花样虐成狗",赶路几百公里,还要即刻见面汇报情况。

但是,人都来了,避而不见也不好。只得带着她回到办公室,在疲惫中讲述了会见的全过程。

侦查阶段结束后,问她是否需要继续委托我们,她却默不作声。按之前的约定,双方结束了委托关系。

没想到，上周判决下来：以走私国家禁止进出口的货物、物品罪判处犯罪嫌疑人有期徒刑两年。犯罪嫌疑人的老婆一下子就不淡定了，今天跑去办公室指责李哥和我乱收费，扬言“不退钱就法院见！”

虽然《云南省律师收费标准》第1条第1款明确规定：“在侦查阶段为犯罪嫌疑人提供法律服务，每件收费不超过3000元。”但是，在该标准中第7条同时规定：“代理重大、复杂、疑难案件时，若因工作量增大、不可预见因素增多，按规定的收费标准收费确实不能满足办案需要的，律师事务所可以与委托人协商收费，但最高不得超过本暂行收费标准上限的5倍。”李哥和我办理这个案子的收费并没有超过《标准》第7条的规定，而且审查起诉阶段、审判阶段并非我们不愿提供服务，而是犯罪嫌疑人老婆拒绝我们继续辩护。这还真应了一句话：“当事人，当面是人背面是鬼！”

最终，李哥和我达成共识：“随她，上法庭奉陪到底！”律师如果自己的权利都维护不好，那还能干啥啊？

弄人的造化

2018年1月23日

说句实在话，我特别不喜欢办刑事案件。尽管司法环境在转变，但在边疆，经公安、检察筛过两道的刑事案件，法院审判中律师辩护意见被接受度仍然不高。换言之，“正规律师”[①]在刑事辩护中能够发挥的空间不大，办案效果不甚理想。

仔细算来，我已有将近一年没有去过M市看守所会见犯罪嫌疑人了，今天下午去看守所会见涉嫌聚众斗殴的“小花”，完全是出于朋友之间相互帮忙。看守所的位置在脑海中不那么清晰了，加之旧城改造，独自驾车上路的我迷迷糊糊地走错了路，在颠颠簸簸又尘土飞扬的县乡公路上来来回回多折腾了差不多半小时才最终走上正途。

好家伙，看守所门口好多人在排队给里边送衣服、挂生活费，老老少少的不下十五人。我亮出律师证，接待窗口的警察将我带入看守所内。办妥会见手续后，我到“久别重逢”的律师会见室外等待民警带人。

不一会儿，隔着铁网看见民警带着一个眉清目秀的小伙子走进我所在的会见室。我心里一惊：“咦，这不像是大奸大恶之人啊。”接下来的对话，本质上就是一种异化的乡土农村生产、生活模式的写照。在以农耕为主的西部边疆农村，种葡萄也好，栽南瓜也罢，除了要有使不

---

① 之所以在这里强调“正规律师”，原因正如本书其他部分描述过的，在现实中有不少律师完全从取悦“法盲”当事人的角度出发，在提供法律服务时，无视法律和事实，夸大其词，胡搅蛮缠。

完的力气，还得有四面八方罩得住的霸气！于是，在未限制生育的年代，弟兄越多，在寨子里就越有话语权。计划生育之后，农村二胎政策在一定程度上改变了农村以家庭为核心的模式，亲兄弟再多也就两个，必须意气相投的“小伙伴”们抱团才能在生产经营中不被他人欺负。这不，这个小伙子之所以被以聚众斗殴的由头“请”进来，全因两个寨子收三七而起——汉人 D 村和苗人 H 寨因为收三七各不相让，锄头与钢管齐飞，后果是苗人一方死一人、汉人一方重伤两人。

这个须眉男儿诨号“小花”，按照他的说法，他素来讲究义气，事发当天在家准备吃饭时，接到诨号“渣渣”的小伙伴的电话“来一下苗寨”，就拉上同样接到“渣渣”电话的“老虎”，直奔苗寨。

赶到苗寨村口，手持钢管的“老虎”下车没走几步就被警察制止住了，之后，“小花”就拉着“老虎”从 H 寨折返回 D 村的家里。

“小花”和“老虎”正在家吃饭时，同村的 G 某又来电话：“我们这边人被打伤了，快来中医院。”于是，“小花”撂下电话，赶紧和“老虎”跑去医院。按“小花”的说法，当时 D 村重伤的两人中，一人完全失去了知觉，另一人头上的血都已凝固了(受伤时间较长)。

这次会见，“小花”反复强调自己没动手，而且事发第二天接到警察电话后，就主动到派出所接受调查了。

聊完事情经过后，我对“小花”说：“你媳妇昨天一拿到拘留通知就到处托人想办法，她找到之前上班那里的老板 Y，Y 是我的朋友，昨晚就联系我啦，但我今天上午有安排，所以下午才得闲过来。你媳妇要我告诉你，在里边安心，她在外面一定会想办法的。”听到媳妇在外到处找人想办法，“小花”这个七尺男儿居然掉下眼泪。虽在我这个女流之辈面前显得很不好意思，但是看守所给犯罪嫌疑人准备的会见椅是将双手铐在椅子上的，没法直接用手抹眼泪的他，只能不停地将头伸向被固定在椅子上的手附近擦眼泪……这是我过去会见其他当事人所没有见过的场景。

我：“你不要太难过，要配合警察把问题搞清楚。还有，你的衣服啥的够不够？不够就告诉我，我一会儿可以转告你媳妇，她还在我办公室等着我呢。”

“小花”:“我要几条运动裤。”

结束和“小花”的会见,我急忙赶回办公室。“小花”媳妇真的没走开,一直在等我。一见到我,她略显呆滞的眼神突然亮了起来。事实上,跟“小花”媳妇这第二次接触,[①]使我对这位不到三十岁的农村妇女有了更深的了解。虽说还不到三十岁,但沉重的农活却让她看上去实际年龄苍老很多,只是黝黑的脸庞上一对小眼睛却依然闪着倔强的光。

当我把会见的情况告知“小花”媳妇后,她叹了口气:“大姐,等我帮这个‘砍脑壳的’把这件事了清楚就离婚算了。时时跟他讲不要在外面乱,哪怕在家里闲着,我来养他都可以。你看看,这要过年了还闹这么一出,这年到底过不过得成也不知道了。”

我:“你不要胡思乱想,这个事情不至于离婚呀。刚才见他时,我已经告诉他了,你很关心他,在外面想着办法呢。说到‘过年’,家里有老人的话,能瞒就瞒着点,免得老人想不开。”

我才说到一半,“小花”媳妇突然噗噗地掉眼泪:“大姐,他爹妈根本不管他,他们还巴不得我死呢。我真是命苦啊。我嫁第一个男人时,两个人苦苦挣得两栋房子,男人得病死后,他爹妈就撵我走,我是拿地才换得两栋房子中的一栋啊。这回嫁给这个‘砍脑壳’的,你看看,一直叫他不要乱,他就是不听,朋友喊一声就跟着到处跑。去年我难产,娃娃没保住,在医院住院,他不但不送饭给我吃,还去开个160元一天的宾馆睡着,那钱都够我住院的每天针药钱了!说不怕你笑话,我的小伴儿[②]都瞧不下去了,煲了鸡汤送来给我吃。我没有什么福气,光知道辛辛苦苦闷着头干活,现在是苦了一身的病,男人还这个样子,要是最后被判刑,他爹妈肯定要骂我是‘扫把星’。所以我一定要把他救出来。救出来嘛,不行我就离婚,省得给人家骂。”

---

① 第一次接触是中午一点多办理会见委托的几分钟。因为忙着办手续去会见,所以聊得不是特别深入。

② 当地方言,闺蜜的意思。

对于“小花”媳妇的这番诉苦，我毫无准备。一下子不知道怎么接话。还好她的朋友赶紧扯了扯她的衣襟，很严厉地说：“得啦，家里的事情说不清。离什么离，这回让政府好好教育他，出来一定会转变的。人家律师刚从看守所回来，你不要扯远了。”

朋友这番话让“小花”媳妇感到很不好意思：“大姐，我是没地方说，爹妈也没有。你不要怪我。”

我急忙笑着说：“我不怪你。你要想开点，事情发生了，就去面对吧。”

唉，补记上这个律师实践中的最新小片段，我对刑事案件的讨厌又多了几分。与大部分人对于刑事案件的印象不同，真实的社会里，刑事案件的发生，除了一些奸恶之徒，还可能牵扯着如“小花”媳妇这样被命运反复捉弄之人，平添无妄的痛楚。

法官印象

一说起法官,香港电视剧中佩戴假发的高冷形象立马就会浮现在脑海中。2008年在美国学习期间,有幸结识一位来自英国的法官,顾不上考虑是否得体的我直接问他:“为啥英国大法官开庭的时候要戴假发?”他微笑着用幽默的语调告诉我:“中世纪,法官都是拥有卓越智商和能力的高人。神父医治人的精神,而法官则治理世俗社会。为了实现公平正义,法官用脑过度,于是就‘聪明绝顶’啦,假发可以用来掩饰秃顶。另外,佩戴假发、穿上法袍可以使自己长相模糊,躲避打击报复。”

这位英国法官妙趣横生的解释一直留在我的脑海中。在过去的几年中,我接触过不下四十个法官:被法官的敬业感动过,被法官的辛勤鼓励过,也被法官的偏颇激怒过……而这一切正是我记录“法官印象”的源泉!

立案庭的故事

常有律师调侃，有些法院的立案庭会“肥的拖瘦，瘦的拖死，拖到你不想再来立案”。尽管确实存在诸如立案材料不齐全，多次告知补充材料仍不齐全；多个法院有管辖权，法院之间踢皮球；法院追求年终结案率，要求明年再来立案；上级领导有指示，此类案件暂不立案；倡导零诉讼，先调解，调解不成才立案等立案难题，但立案庭作为法院的第一道门户，出现问题并不只是立案庭自身的问题，因为立案庭作为审判流程的第一道手续，其行为逻辑反映的实际上是整个法院运作的脉络。

一般地，立案大厅都设在法院的进口处，不管你是来立案还是来参加庭审，总要从立案大厅穿过。这是一种类似于清晨七点到八点半之间医院挂号大厅的体验：各色人等集聚于此，有十足的人间烟火味。这里我就专门讲讲立案庭法官的喜怒哀乐。

一 波 三 折

为解决王某与赵某的“师徒恩怨”,我在 M 市法院立案大厅前前后后折腾了近四个月,对于“立案”程序可谓感慨万千:2014 年 12 月 29 日,第一次立案被叫停;2015 年 1 月 5 日,因不符合“一工程一案”的立案要求被打回重新修改起诉状;同年 3 月 26 日,因审判法官发现“各个工程分别审理无法查明案情”,一边要求我们撤诉,一边向审委会打报告特批将三个工程的案子合并立案……因为这“一波三折”的立案经历,我开始理解立案庭法官的无奈。

第一折——年底不立案

2014 年 12 月 29 日

一般而言,全国各地法院系统通常会在每年 12 月 20 日前后统计该法院全年的收案数和结案数,并以此为基数计算当年的结案率。年终结案率不但是法院内部评价审判工作的硬性指标,而且还是法官个人评先进、选模范的重要指数。用一个法官朋友的话来说,涵盖了从立案、审理再到上诉、申诉等各个环节的法院量化评估体系的大大小小 31 项指标中,结案率是权重最高的指标之一。不止一位法官私下谈起:“结案率很难完成,一个季度考核一次。如果考核排名靠后,从上级法院到下级法院,从院长到庭长再到法官个人,就会层层施压,层层加码。”而层层施压加码的结果就是——各个法院几乎都会选择“年底不立案”这种“关水龙头”的做法。

对于“年底不立案”的规矩,有经验的律师都心知肚明地遵守着。而我作为刚“下海”的愣头青,一不小心就闯了雷区。12 月 29 日是周一,刚进入冷冷清清的立案大厅我就觉着有些异样——民事立案窗口没有任何人排队。我走上前还没开口,立案庭的刘法官就笑眯眯地说:“杨律师,我们这两天正在‘扎案子’,[①]立案等元旦过了再来。”

对此,我没有任何不快。在我看来,“年底不立案”并不在“立案难”的范畴之内。而且从实践来看,法院年底不立案最多也就是五个工作日左右,这几个工作日的暂停从本质上来说不会急速降低司法运行体系的效率,对于当事人权利的维护来讲也并不就必然造成巨大损害。

但是,有的律师甚至媒体等第三方故意将“年底不立案”妖魔化,在一定程度上造成司法与大众“无厘头”的对立,这对于法官是不公正的。毕竟法官不是机器,而是一个个活生生的人。从整体来看,法院体系构造中体现的流水化规程在理想状态下确实能够满足马克斯·韦伯对于科层制进行的经典性分析,即以理性化为主轴形成的明确、抽象和正式的规则和程序能够代替陈旧的传统的社会组织方法。然而,仔细琢磨,韦伯所倡导的科层制中一个最大特征——非人格化在实践中却极难达到,就像高中物理老师讲授力学时总强调“表示摩擦系数为 0 的光滑仅仅是个理想状态,是现实世界中的一个抽象。物理中的光滑(没有‘绝对’两字)只是表示当我们对力进行分析时,不考虑摩擦力的存在而已”。

因此,真没必要对“年底不立案”大做文章,指责法官懒惰、不作为。

---

① 指法院立案庭进行的全年案件统计工作。

第二折——立案庭的苦恼

2015年1月5日

元旦一收假,我就急忙赶到M市法院立案大厅立案。虽然刚收假,立案大厅并不很拥挤,来立案的人也就三两个。[①]

我所要立案的案子通俗讲就是“师徒恩怨”——前前后后两三年的时间内,师傅叫徒弟帮着管理三处不同建筑工程的施工情况,工程做好后,徒弟觉得师傅少付了自己的操心费,师傅则认为徒弟坑了自己的投资款。为此,师傅委托我起诉徒弟,要求其退还多领取的操心费。

考虑到三处不同的建筑工程在施工时间上有交叉,而双方当事人的合作贯穿了三处工程的始终,我就将三处工程引起的纠纷捆绑起来,作为一个案子写了起诉状。

当我把三起纠纷合并起诉的状纸递给立案庭刘法官后,他仔细研究了好半天,原本爱笑的脸庞上笑意渐收,最后竟发展成愁眉不展:“杨律师,虽然说当事人相同,案由相同,但是标的地址、完成时间这些都不一样,不能合并在一个案子里啊。”

我:“但是三个标的之间有穿插,分开起诉的话,除非案子能都分到同一个办案法官手上,否则怕是审不清的。”

刘法官:“话是这么说,但是我要是按你起诉的这个情况给你立案,到时候业务庭的法官可能又会怪我们立案庭的水平差,审查不严格。要不,你等下,我问问我们庭长,让她定夺。”

说完这话,刘法官就走进了立案窗口旁边的办公室。差不多二十多分钟后,刘法官和女庭长一起回到立案窗口,女庭长说:“这个诉状

① 这也从一个角度反证了“年底不立案等于法官懒惰”是一种没有调查的栽赃,如果“年底不立案”真的影响了立案,那么元旦过后立案数量出现井喷状态才能证明年底不立案确实耽误事。

我看了，既然是三处工程，还是分开诉讼得了。你不知道，我们立案庭就像配菜员，弄得不好，大厨会责怪我们的。”

话都说到这份儿上了，我也不再坚持。拿着诉状离开法院，准备遵照立案庭法官要求将这一个案子拆分成三个案子再来起诉。

经过这个案子的两次立案波折，我对立案庭的认识更加深入，该庭法官的形象也生动起来。

从内部关系来看，立案庭是民事诉讼的前哨，看似轻松的工作事实上并没有那么好干。案子收进来并不意味着立案庭法官就完成任务了，业务庭在审案中可能会因为“疑难杂症”向审委会“状告”立案庭收案不严谨。而相比民事、刑事庭等业务庭的办案法官来说，立案庭的法官往往又是些“老弱病残”——年龄偏大的办案法官被调整到立案庭、工作不那么出色的年轻法官被发配到立案庭……

从外部关系来讲，在当事人和律师眼中，立案庭法官就像是拿着能够打开法院大门钥匙的神奇大师，给不给开门全在立案庭法官高不高兴。但是，事实上，立案庭法官所做的审查立案是一个非常复杂的考量过程。正如我的一个在中院立案庭工作的大学同学所言，基层法院的立案审查普遍采用形式审查和实质审查相混合的模式进行，且通常情况下立案法官在遇到疑难案件时会选择一种相对稳妥的方法：上报主管领导决定是否受理。此种模式下，立案审查是由“人”而非法律决定。主管领导要综合考虑案件的社会敏感度、案件受理之后的社会效果、案件的执行难度、案件负担和结案期限等因素，作出判断。因此看似立案庭法官独立完成的工作，事实上却可能是集体智慧的结晶。如果不能客观看待这个问题，出现当事人甚至律师在立案大厅和立案庭法官大吵大闹的情形就不足为奇了。

在立案庭工作的同学曾跟我讲过，有时候上班才踏入立案大厅，整个人就很沮丧。很多案子的立与不立并不是立案庭法官一个人就定得了的，但偏偏有的当事人或律师就是不理解，过激的甚至到纪检委“揭发控告”。

第三折——撤案再立案

2015 年 3 月 26 日

2015 年 1 月 7 日,拿着一个诉状里拆分出来的三个诉状顺利立案了。如我所料,三个案子被分到了三个不同的法官手里。三个民事审判庭的法官在审理过程中发现三处工程所涉事项纵横交错,分开审理恐难查清事实、得出正确判断,三个法官便得出一个相同的结论——三处工程因为联系密切,应当合并为一个案子处理为宜。于是,三个法官一起给我做工作,让我先把三个案子撤了,然后再合并为一个案子起诉。当我表达原本合并起诉的案子就因为立案庭法官担心审案法官责备才分开时,审案法官答复说他们会向分管领导说明该案特殊性并请求立案庭协调配合的。

三个审案法官本来说只要我们撤了重新合并起诉,预缴的诉讼费会退给我们的。但是,上周三递交撤诉申请时,负责统筹的办案法官说:“合并起诉的事领导已经和立案庭协调过了,撤诉后三处工程纠纷合并起诉的事,立案庭会办理的。不过诉讼费不能全免,毕竟三个案子都开过庭啦,领导批示收 1/5 诉讼费。”

就这样,今天一早我又跑到立案大厅,刘法官很迅速地给我办理了三处工程纠纷合并起诉的立案手续。

我:“刘法官,你看嘛,这不是找麻烦吗?兜兜转转都快四个月了。”

刘法官笑着解释:“我们也是按规矩办事。大家相互理解着点儿。”

确实,“相互理解”应当在生活中,也应当在工作中。

立案庭法官的郁闷

相比被当事人、律师等各方聚焦的业务庭法官来说,立案庭法官往往是“隐形”的。特别是随着“立案登记”制度改革的深入,众人眼中的立案庭法官似乎就只负责“录入和盖章”两项流程。事实上,作为司法裁决的起点,立案庭法官看似机械的工作中,处处有辛酸。在我看来,“耐得住群众的琐碎提问,受得了群众的无理取闹”正是立案庭法官“修炼手册”的核心内容。

下跪叩谢的尴尬

2015 年 5 月 26 日

下午去立案,排到我的时候,突然有一位年近七旬的老太太冲到我前面,“咚”地跪下朝立案庭刘法官的方向磕头。刘法官一看这阵仗吓坏了,赶紧从窗口跑出来,一边扶起老太太,一边焦急地说:“大娘,昨天我不是已经给你立案了吗?我这个环节已经结束了,在家等着下一个环节的法官给你打电话就可以了。你这样折煞我了。”

老太太也不言语,泪眼婆娑着就是不愿起身,把刘法官给急得满头大汗。刘法官好说歹说劝了十多分钟,老太太才颤巍巍地站起来,拉着他的手:“儿女不孝,就为讨点医药费,我老婆子真是给政府添麻烦了。”

刘法官:“大娘,这不是添麻烦,我们法院开在这,就是给大家处理纠纷的。您老放心,我们业务庭的法官一定会为您做主的。快回去吧。”

老太太离开后，在给我立案过程中，刘法官悠悠地说了一句：“唉，中国人跪天跪地跪父母，老太太一把年纪给我下跪，这是往死里害我啊。”

我十分不解：“怎么会呢？”

刘法官一脸尴尬：“怎么不会？虽说封建迷信信不得，但是我年轻时到农村巡回办案，有次案子办完了，农妇感激涕零地给我下跪，结果我回来后真就倒霉了好久呢。”

被“气炸”的立案庭法官

2015 年 6 月 25 日

上午去立案，排在我前面的是一个边远山区的老乡，只见他抓着几张乱糟糟的纸，紧张得不停地喃喃自语。轮到他时，他将手里的纸张一股脑地丢给了法官。

法官翻看了一下，收起笑容，问道：“你这些材料怎么乱七八糟的啊？诉状是你写的吗？”

老乡回复：“状纸不是我写的，是律师写的。”

法官：“律师既然帮你写了诉状，怎么不帮你把证据材料捋顺啊？”

老乡：“那个写纸的律师说了，拿过来你们会帮我搞好的。”

法官：“哪个律师跟你说的？立案庭审核立案材料不假，但是可没义务帮当事人捋证据啊。如果大家都这么干的话，我们立案的速度更要被骂死了。”

老乡：“我不知道。”

法官：“你不知道没关系，这个律师不负责，你去找他退钱，重新请个律师。现在律师挺多的，你们来打官司就像到菜场买菜，多走几家再决定请谁当律师比较妥当。”

排在后面的我目睹了法官和老乡沟通的全部情景，一方面不齿律师行业中那些不负责任的律师，另一方面也为立案庭法官的不易而心疼。正如很多时候我安慰当事人所说的:“一个当事人一般情况下面对的就是一件案子,而且很多时候还有律师帮忙;而对于法官来说,摆在他们面前的则是几十件甚至上百件案子。在单个案子中看上去非常简单的事情,置于一个需要同时处理很多案子的法官面前却不是那么简单的。人际交往中,由己推人是个好思维;但在诉讼中,由己推法官却难免过分。”

就前面的见闻来说,整理证据对于律师来说很简单,因为当事人和律师之间对案情、证据已有沟通,且本来就是“一对一”的服务;而对于“一对多”的立案庭法官来讲就不那么简单了,而且帮当事人整理证据卷可能对特定的当事人来说确实解决了问题,但是对于排在后面的立案者而言却是浪费时间。

“群众满意”

2017 年 11 月 16 日

今天下午的立案大厅格外热闹,三四拨人或围着立案庭的法官、或围着自己的代理人叽叽喳喳吵个不停。其中,两名身着职业装的省城来的律师最显眼,他们将卷宗铺满立案大厅的业务办理台,让其他办事的律师、群众基本上无立锥之地。办案的法官也被这两名省城律师围了起来……

我只听到被两大律师围在中间的办案法官解释着:“这个案子标的巨大,我对送达是尤其仔细的,就怕出什么差错。你们可以去查通信公司的通话记录,我不但邮寄了还电话通知过的。”

对于办案法官的说明,两名省城律师似乎不置可否,但仍一个劲儿地翻摊在台子上的卷宗,边翻边说:“我们怎么就没有收到呢?”

办案法官:“要不你们到旁边的当事人休息区再找找?把立案台让出来,别的群众还要立案呢。”

听办案法官这么一说,两人看看后面跟着的长队,知趣地将卷宗收拾好,转战到立案大厅的当事人休息区。

两名“打岔”的省城律师离开之后，立案大厅的工作效率一下子就提高起来。不一会儿就轮到我了，乘着法官录入立案信息的间隙，在好奇心的驱使下，我问了立案审核的吴法官一句：“刚才这乱糟糟的是干吗呢？”

吴法官边录边说：“两人可是著名律所的律师呢，执行异议申请错过时间，现在来怪办案法官没有送达。唉，人家明明已经送达了，偏偏还要在这里纠缠。”

这个时候，我身后突然冒出一个大腹便便的中年男子，喘着粗气地问：“法官，我想咨询个事情，我想破产。”

吴法官：“您还是问问律师比较妥当。”

大腹男：“法官，你怕是不能这样打发我们群众吧？”

吴法官一下子愣住了。

我：“这位大哥，破产是一个非常复杂的过程，一时半会儿也说不清楚，立案庭法官主要负责对申请破产程序的资料进行审核，你看当事人休息区那儿有法律援助的值班律师，你可以去问问律师。”

大腹男：“法官不是为人民服务的吗？”

吴法官：“对的，是为人民服务。我现在告诉你破产需要会计审计，还要债权人登记、资产评估等材料，你一下子也记不住，对不对？”

我：“破产最关键的在于‘资不抵债’，你什么公司呀？”

大腹男：“我是搞养殖的。政府已经帮我做审计了。我现在也没有资不抵债，但经营不下去了。”

我：“到法院申请破产必须是资不抵债的，你现在还没到资不抵债的程度，如果不想经营这个企业了，那么就要到市场监管局去办理公司的注销登记。”

吴法官：“这个律师说的对，所以刚才叫你问律师，不是我态度不好。”

没等吴法官解释完，大腹男已经一溜烟消失了。

吴法官说：“唉，来我们这咨询要破产的最近可多了。都是国家扶持过的项目，国家资金用完了，然后就想着关门大吉。”

我:“啊? 这样啊。不好好经营,一天到晚专门动歪脑筋。法院办案和正常的执行都来不及,他们还计算着通过破产程序把法院拉进去帮忙卖破烂。最近我忙着别的事,案子办得少,这种破产案件对我来说很新鲜的。”

吴法官:“唉,我们是法院司法的第一站,什么事儿都碰得上。现在的群众动不动就抬出‘群众满意’的尺子来量我们。有一天,看到有个群众在大厅里走来走去欲言又止的,我从立案室走出去问他怎么啦,结果莫名其妙挨了人家一顿臭骂。”

我:“唉,确实。律师的处境也很类似。很多时候,在一些群众眼中全世界就她(他)自己的事情最重要、最着急,对别人缺乏基本的体谅,恨不得一秒钟内法官、律师就给他把事情办妥。”

吴法官:“慢慢来吧。”

“慢慢来”三个字,在我看来,不仅仅体现了法官良好的职业修养,更说明当下中国法治建设的重点任务,已经从过去的“塑造法官形象”逐渐转变为培育全民内心的规则意识、法治信仰和道德尊崇。

裁判中的民事法官

在中国很多行业需要转型的时代大潮下,不少学者在研究中喜欢提“塑造法官形象”以期实现法官转型。但是,坐在书斋里的学者们,假设让他们转行当中国法官,哪怕是一天,他们有信心干得好吗？换言之,实践对“中国裁判法官”的综合要求远比学者想象中的“穿法袍、戴假发、敲敲法槌”要复杂得多。尤其是在民事诉讼中,由于民事诉讼证明标准“盖然性”判断的特征,使得裁判法官的工作更加艰难。其他行业的从业者只需“摸着石头过河”即可,但民事裁判的法官在“摸石头过河”的过程中,还得背负几麻袋法律法规,艰辛程度不言而喻。

四年多来,我见过恩威并用化解群众矛盾的好法官,遇到过不辞辛劳寻找被告的好法官……他们的付出和努力让人动容,也让我看到了法治的光明前途。

“送达”中的智斗

“送达”在法学院教学中，基本上属于无须赘述的程序内容。但是，在实践中，围绕向被告送达有关法律文书的故事可以说上三天三夜。在西南边陲，群众的法治意识虽然比过去有所提高，但官司上门时，民事诉讼的被告往往拿出“躲、逃、避”的手段，与法官玩起“猫鼠游戏”。为完成送达，办案法官则不得不拿出休息时间去“潜伏、蹲守”；而办案法官即使如此这般地努力，也还是可能招致原告的不满，埋怨法官行事拖沓，不为民做主。

开局不利

2017 年 9 月 5 日

8 月 31 日那天，经营钢材生意的两口子找到我，请我帮忙讨回被拖欠一年多的钢筋款 103 万元。查看他们提供的证据，我差点没被气得吐血——钢筋购销合同是儿子签订的，欠款欠条则是老子开的；但是不管是儿子还是老子，除了电话号码之外，身份证和住址信息啥都没有。经过我的反复启发，钢材店两口子才大致说出这对欠款父子如今在 Y 市 H 县某小学工程部干工程。还好，通过电子地图一搜，果然存在“Y 市 H 县某小学工程部”这么个位置。于是，将该位置作为被告联系地址写好起诉状，当天就办妥 M 市法院立案了。

9 月 5 日，收到案件信息查询短信的钢材店老板娘给我打电话：“杨律师，怎么省法院会给我来消息，这案子不是 M 市法院审吗？”

我:“你别着急,到底怎么回事儿,慢点说清楚。”

老板娘:“我说不清楚,一会儿我去找你,麻烦帮我看看。”

不出十分钟,满头大汗的老板娘骑着小摩托来到我办公室,她把手机短信递了过来,我一看:“这就是案件信息查询码,现在法院网络化、信息化了,你的案子到了哪一步人家法院的网上都实时跟进的。你登录法院的查询系统,输入你老公这个经营者的身份证号和短消息里的验证码,就可以在网上跟踪办案情况了。”

听完我的解释,老板娘舒心不少:“我和我老倌都没什么文化,你帮我们弄弄好啦。”

我:“你来看着,我教你。学会了以后你也可以自己查。”

老板娘连忙摆手:“算啦算啦,我就会卖钢材,这些高科技我学不会。”

没想到,这次进入法院查询系统后,不管怎么输入,均显示“无法查询”。我也一下子蒙了。直接带着老板娘冲到M市法院立案大厅。立案庭的法官问明情况后,手动帮我们查询到了该案的办理法官——舒法官。于是,将老板娘安顿在立案大厅的便民服务站后,我申请进入法官办公区找到舒法官:“舒法官,你瞧,我的当事人某某钢材店方昨天收到查案信息,但查了很多次,系统都显示‘无法查询’。刚才立案庭法官手动帮我们查到此案是您在办理,是不是有啥事要我们配合的?”

舒法官微笑着说:“暂时没有,正通知被告来拿传票呢。是不是查询登记出错了?我这暂时没你们原告的事情。我看了你们的诉状,这被告父子不在M市本地啊?”

我:“对,在Y市H县干工程呢。”

舒法官:“我们书记员上午跟我说,被告的电话打得通,但一听是法院要他们领传票,就有点推三阻四啦。被告在外地的传票送达是个‘老大难’问题,这种要债的就更难办了,你们得有个心理准备。”

我:“嗯,我也会跟当事人说说,让他们自己也多想想办法,一起来推进这个传票送达的事情。”

从法官办公区出来,到立案大厅喊上老板娘,一边往外走一边跟她讲:“刚才我见了办案法官,这个消息上的验证码可能有问题,登不上法院查询系统没关系。问题是因为被告联系地址在外地,跨州跨县的,传票送达难度很大,你家两口子得多打听着点,最好能给法院提供更准确的地址,帮助法院送达。书面送达不了,公告送达也难。”

老板娘:“送不了会怎么样?法院不是可以查到人的身份证号的吗?”

我:“传票送达不了,这个案子就没法开庭审理,你家的钱就要不回来。只有具有侦查职能的国家机关才能查取个人身份信息,法院是不搞侦查的。”

老板娘:“那么找公安呢?我们去公安报案行吗?”

我:“你报什么案?你就只有两份文件,购买合同是儿子签字,欠条是老子签字。万一儿子和老子签的不是他们真名呢?你又没有他们的照片,就算是公安也难查。”

老板娘听完如霜打的茄子:“那怎么办啊?”

我:“我不是说了吗,你们在下面也打探着点,配合法官送达传票。”

瓮中捉鳖

2017 年 10 月 23 日

没想到 9 月 5 日我对老板娘说的话竟然一语成谶——被告一直电话里耍花招,导致立案后一个半月传票都没送达出去。

10 月 17 日,我再次到法院找舒法官了解情况,舒法官非常头疼地说:“父子俩电话里都答应得好好的,但就是只闻其声不见其人。我们已经委托兄弟单位 Y 市 H 县法院帮我们送传票了。要是他们也找不到被告父子,这个案子只能撤掉了,因为公告送达都没确切地址。”

我:“那要是我当事人找到被告呢?”

舒法官:“要是原告方能够找到被告,只要在 M 市范围内,我们哪怕是休息天,也会积极配合将传票送到。当然,原告不能采取极端手段对被告造成伤害啊,否则一波未平再生一波就不好了。”

我:“嗯,明白了,我会跟原告好好沟通的。”

当天下午我将法官敬业负责的精神传达给原告两口子后,老板娘先开腔:“我差不多每天都给这两个不要脸的打电话,他们说是法院没有联系他们。”

我:“你想嘛,法院怎么可能不联系他们,人家法院都找到当地法院去帮忙送传票了。他们在撒谎。”

与老板娘的琐碎相比,一直少言寡语的老板在我办公室里沉默着抽完整整一根烟才一字一顿地说:“唉,我们也会想想办法的。本来想着中秋节这对父子会回 M 市要账,我那两天在欠他们钱的人家门口蹲了两宿啊,他们居然没有来。”

我:“别太担心啦。反正你们要继续多打听被告父子会不会来 M 市,只要来了,法官就能送达传票了。”

老板娘:“好呢,我们再想想办法。这些差钱的怎么能这么便宜就跑脱了呢?”

我:“你家做生意也够心大的,合同不附上身份证复印件,本身就是个危险动作。”

老板娘:“熟人领着来的呀。”

我:“好啦,过去的事咱也不多说了。这几天你们还是多打听着点,看看被告会不会回 M 市吧。”

10 月 20 日的下午,老板娘给我打来电话:“杨律师,这两个砍脑壳的说是明天星期六会回 M 市的,我们要怎么办呢?”

我:“这个消息准确吗?要真是这样的话我就给法官打电话了。”

老板娘:“可靠的。”

放下老板娘的电话,我就急忙联系舒法官:“舒法官,我的当事人说了,明天被告会回到 M 市的,但是明天是周末,你们是休息的呀。”

舒法官:“消息要是准确的话,我们周末加个班也没事。你记下我们书记员的手机号,到时候我们会到现场送传票的。你放心。”

结束和舒法官的通话后，我的心暖暖的。

刚放下电话，老板娘就出现在我办公室里。

老板娘："杨律师，明天这个事情怎么安排啊？"

我："被告明天是来干什么的呢？"

老板娘："他们来找欠他们钱的老板要账，我家的钢筋就是拉到这个老板的工地上盖房子的。老板不给被告钱，被告才差着我们的。但是，我们没和老板打交道，只和被告打交道，所以他们的事我们管不着。明天他们会来那个老板的办公室，我老倌可以坐在那里守着他们的。"

我："好，那么这样的话，你老倌和他们待在一起，你出来在外面的大路上等着法官和我，然后带我们去那个老板的办公室送传票。"

老板娘："好的。"

第二天周六(10 月 21 日)一早，我坐在办公室里，就像电视剧里等待抓捕坏人的警察，既为"胜利在望"而兴奋，又生怕"节外生枝"，紧紧攥着手机的手心直冒汗。十一点多，老板娘的手机号来电，可一通话却被告知被告今天不回 M 市要账啦，一切准备归零。

当我将这个消息告知同样在办公室等了一个早上的舒法官和书记员妹妹时，面对我的千般抱歉，舒法官安慰我说："没事，小杨，我们周末很多时候也要加班写判决的，这个不耽搁的。就是传票不能送达，这个案子确实没法进行啦。"

眼巴巴盼着的被告不见踪迹，过完周末，今天一大早我就离开 M 市前往昆明。没想到才下高铁我就接到老板娘的电话："杨律师，被告回 M 市了，我老倌现在就和被告在一起呢。"

倍感意外的我："真的吗？好事情啊！不过我现在昆明，被告这样声东击西我赶不回来，我现在就通知办案法官。还是按照我上周五交代你的，你去他们所在地点外的大路上等着法官，法官要是不清楚路线，你电话指挥一下。"

老板娘："好的，我已经等在大路上了。"

结束和老板娘的通话，我急忙给舒法官打电话："舒法官，某某钢材这个案子的被告今天出现在 M 市了,原告的太太在被告和原告商谈地点的路边等着你们。要麻烦您了。”

舒法官:“确定被告出现了?”

我:“对的。”

舒法官:“原、被告双方不会有什么过激行为吧?”

我:“没有,您放心。原告这边我反复交代过了,他们不会做什么出格的事情的。而且他们现在见面的地点不是原告家,而是被告和第三人谈判的地方,除了原、被告外,还有拖欠被告款项的第三人在场。不会出什么乱子的。”

舒法官:“那好,我们现在就动身赶过去。”

挂了舒法官的电话,我又接通老板娘的:“我已经和法官报告了,法官他们马上就会赶过来的,你就在大门口等着,要是法官找不到位置的话,他们会给你打电话。见到法官后你记得回个话给我。”

M 市的县城很小,不出二十分钟,老板娘的电话就来了:“杨律师,法官他们过来了,我们碰面啦。”

我:“嗯,好的,赶紧跟着法官找被告去,保持联系。”

大约又过了半小时,书记员打来电话:“杨律师,你能不能来现场,被告对于拖欠原告钢筋款的事情还是认可的,而且他们两方都愿意调解,所以我们想着今天做个庭前调解。”

我:“我今天人在昆明,实在赶不回来。只要原、被告同意,庭前调解没问题。”

正在这个时候老板娘的电话也进来了,中断和书记员的通话,接通老板娘的手机,老板娘第一句话就是:“杨律师,完全没想到啊,这个老鬼给我的欠条上的名字是他户口本上的,和身份证上的名字完全不一样。除了姓相同,名字完全是两样的。而且,今天这个老鬼是自己一个人来的,儿子没有来。儿子身份证上的名字和合同上的也不一样。现在法官说要给我们做个调解,杨律师,我们应该怎么办?”

我:“庭前调解和开庭调解最后制作的民事调解书,与开庭后调解不成制作的判决书,从效力上来说都是一样的,要是被告以后不执行,都可以向法院申请执行的。既然今天被告来了,那么能调解就调解,没事的。一会儿你们两口子都去,有什么不清楚的你就给我打电话,我会告诉你的。"

下午一点半左右,舒法官来电话:"小杨,今天被告只来了一个,如果原告放弃对另外一个被告的诉讼请求,调解书今天就可以做好,相当于今天就结案。"

我笑着说:"舒法官,今天太辛苦你们了,从十一点多接到我的电话,你们就一直忙到现在。但是,原告肯定不能放弃对另外一个没到场被告的诉讼请求。两个被告是父子,从我的经验来看,即便调解书做好,被告也很难自觉履行偿还义务。当时我之所以说服原告方将父子一起告上法庭,就是想着现在法院'老赖黑名单'的种种厉害,父子都上了黑名单才能最大限度地逼迫被告履行义务。"

舒法官:"刚才被告倒是对于指示儿子到原告处购买钢筋、自己写了欠条给原告的事情供认不讳。被告身份证上的名字和他签的欠条的不一致,儿子身份证上的名字和合同上的也不同,这些我们刚才倒是固定住证据了。"

我:"谢谢舒法官了！辛苦您啦！我现在昆明,不能到场。对不起啦!"

舒法官:"嗯,我们会公正处理的,这个你放心。"

下午四点多,老板娘的电话来了:"杨律师,协议倒是达成了,这家不要脸的大骗子说要分四回还钱给我家。"

我:"儿子在不在被告范围内?"

老板娘:"在的,你不是一直和我强调的嘛,我就说了,儿子老子要一起算。不过,我刚才说照下签字那个东西给你看,结果被法官说了一顿。"

我:"没事,你们签字的是庭前调解笔录,等我回来能去法院看的。是不是就是签了字？没有发什么材料给你们拿走吧?"

老板娘:"没有,就是签了字就走人啦。那个法官很凶,等我要着我的钱,我可要去说她几句。我不懂法律,多问她几句,她就说让我问我的律师。哼，她懂法律怎么啦？让她来卖钢材试试，有什么了不起的。”

由于老板娘基本上是半文盲，我一边开导她对法官不应该误解，一边仔细琢磨着她说的“就是签了字就走人”问题，想想还是赶紧打电话给书记员妹妹。

书记员：“今天就是做了庭前调解笔录。因为被告之一的儿子没有到场。尽管调解中我们接通电话用免提模式询问了儿子，但是除非儿子正式委托父亲代为诉讼，否则程序上是不对的。所以今天快结束时，法官已经交代被告之一的父亲回去赶紧让儿子签了委托书，用快递给我们寄来，否则我们还是会按照传票上定好的时间开庭的。”

听着书记员的解释，我悬着的心终于放下了。能遇到如此负责周到的基层法官是我们的福气。

事实上，“送达”在民事诉讼法教学中用时不会超过二十分钟，但在基层(尤其是西部地区)司法中却是消耗法官精力和时间的大问题——蹲守、智擒、迂回……好似一场艰苦的“猫鼠游戏”。在这个案子中，我着实为法官认真严谨又负责的职业操守所感动。

被误解的真心

2017 年 10 月 26 日

周二一早我就从昆明赶回 M 市，然后脚不点地跑去法院，但是舒法官上下午一直是连轴开庭。直到周四早上，我才在办公室里见到可以稍稍喘口气的舒法官。

我：“太不好意思了，天天来打扰你。”

舒法官笑着说：“没事，都是工作嘛。你也知道的，我们农业县，各乡镇赶街子[①]基本在周二周三，所以这两天我们一般都会排满案子，方

---

① 当地方言，赶集的意思。

便群众尤其是乡村群众安排时间。[①]”

说着这话，舒法官喝了口水接着讲道：“你代理的钢筋欠款案很凶险啊。你想想，两个被告的姓名和他们签字的完全不同，要是光送达传票的话，万一开庭那天两个被告又老将[②]不露面呢？之所以那天要原、被告一起来法院做庭前调解，就是为了明确身份、固定证据。现在就算老子回去没有让儿子签委托书‘调解’寄给我们，到时候按时开庭，情况也说得清楚，我们判罚也能做到事实清楚、证据确实充分。周一那天，原告那个老板娘被我说了几句，她时不时来一句‘不调了’，然后就要往办公室外面冲，这很危险的。上周也是类似的案子，原告证据并不充分，很多都是口头说辞，好不容易把双方当事人都叫来搞庭前调解，就是因为原告耍性子不配合，笔录也没做就跑掉了，结果等到开庭的时候，被告消失了。很多时候，当事人不懂得利害关系，严厉对待他们，并不是说我们做法官的喜欢作恶。你这个当事人没有向你反映吗？”

我笑着说：“反映了。说你凶巴巴的。我这当事人没念过什么书，人是很好的。我已经批评她了。代理这个案子我很无奈的，被告身份情况从法律角度来说确实不清楚，要不是现在立案登记制出台，怎么可能立得了案啊？结果，她这人就知道坐在村头听人瞎掰，一会儿说让法院查被告身份证号，一会儿又说要去公安报案……你看，要不是周一那天你们认真负责，没有随随便便走过场进行‘送达’，上哪去搞清楚被告的真实身份信息啊？”

舒法官：“这回倒是好了。父子俩的身份证我们都已经拍下来、打出来了，而且一会儿你可以去书记员那里看看庭前调解笔录，那上面被告之一的父亲对于身份信息以及购钢筋欠款的事都认可啦。儿子当时不是没来嘛，我们要求儿子当天就将身份证拍照通过微信传过来

---

① 一般来说，赶街子的时间对于农民群众来说就相当于是周末休息天，过去是利用这个时间到街子上互通有无，现在对于农民朋友而言又多了一项内容——到县城里了解、跟踪纠纷的司法解决。这也是我四年多来观察到的一个有趣现象。

② 当地方言，总是的意思。

了,然后我们也打印并存到卷宗里啦。”

我:“舒法官,太感谢您了!如此细致周到的工作。”

从书记员那里阅卷后出了法院大门,我第一件事就是给老板娘打电话。当我将舒法官的良苦用心告诉她后,她憨笑两声:“噢哟,差点错怪那个法官了呀。”

我:“你还说呢。人家一片真心为你们,还被误解。等你将来拿到钱还去不去骂人家?”

老板娘:“杨律师,你还记得我周一说的话啊?今天要不是你告诉我这些,我是真会去给她几句难听话的。”

我:“好了。现在说清楚了,你心里的疙瘩也该散开啦。”

老板娘:“是啦、是啦。我不生气啦,不生气啦。”

化解了老板娘对舒法官的误解后,我感觉棒极了。

要不是伏下身子进入最基层的司法实践,我是断然感受不到基层法官的艰辛,更没有机会零距离体会基层法院被误解的真心。实践中,如我代理的这个案子中因为文化程度不高而将法官好心当成驴肝肺的事例肯定多之又多,甚至有时候还不乏少数失德律师的居间煽风点火。在这里,我想对被误解了真心善意的法官真诚地说一句:“谢谢!对不起!”

"良心"法官

2017年7月7日

恩师郝铁川教授在《人民法院报》发过一篇名为《"方""圆"通融的邹碧华》的好文。此文中,郝老师通过对邹碧华法官先进事迹的概括,归纳了好法官的两个标准——内方和外圆,"内方"是指做人做事要有原则、底线,"外圆"则是指在守住原则和底线的基础上要有一定的灵活性。确实,在司法实践中,法官不可能完全机械地适用法律,不管是在繁华的大上海,还是在西南边陲的小县城。作为法官,都必须在坚守法律底线和清白做人原则的同时,从有利于查清案件事实和有利于方便群众获得司法救济出发,灵活办案,维护社会公平正义。这是"良心"法官的应有本色。

昨天晚上,朋友小赵拿着法院传票等一堆文书找到我,说他所在的房地产建筑公司被个不相干的钢筋销售商代某作为无独立请求权第三人给告了,原因是其公司将施工资质借给个体建筑商王某进行基建项目投标,中标后王某找代某赊购钢筋投入项目建设。后王某因浮夸、高消费资不抵债,跑了,而应付给代某的钢筋款则一分钱没付过。代某认为建筑公司借用资质给王某存在过错,故要求建筑公司承担连带还款责任。

我:"怎么现在才来找律师啊?下周三开庭,而下周一、二恰逢少数民族节日,全州放假,也就是说隔天就要开庭了,你今天才来找律师,这也太为难人了吧?"

小赵:"杨姐,一开始我们老板说肯定不关公司的事情,说他自己能处理好。然后昨天才跟我说要找律师,我也是没办法啊。"

我:"嗯,可是这个已经过了举证期了,证据的提交可能有困难。这么着吧,咱先不办委托手续,明天我去找找办案法官,问一问过举证期限提交证据的问题,要是法官说对于过举证期后提供的证据不予质证的话,这案子我就不接了,我不办没把握的案子。"

为了兑现给朋友的承诺,今天上午我就来法院找传票上落款的孙法官。结果孙法官一直开庭开到近下午一点。看到疲惫的孙法官走出法庭门,我硬着头皮迎上去问:"孙法官,我有个案子想咨询您一个程序上的问题。"

孙法官微笑着很认真地回复:"要不让我先去吃点饭,准备一下下午的案子? 下午案子相对容易些,等下午开完庭,你有啥问题咱们慢慢聊,我现在确实有点累了,可能影响思维判断。"

下午两点半,孙法官准时开始他今天第二个案子的审判,因为是公开开庭的案子,生怕错过假期前最后一个工作日的我就坐在旁听席上等孙法官。

果然如孙法官预测的一样,下午的案子进展很顺利,不到四点原、被告双方就达成了调解协议。

孙法官抱着厚厚的卷宗正准备走出法庭,抬眼看到旁听席上起身走向他的我。

他笑了起来:"你真是敬业啊。"

我也笑了起来:"不好意思! 您这一天已经够辛苦的了,我还这样盯着不放。"

孙法官:"你说,什么事?"

我:"是这样的,下周三那个建筑施工欠钢筋款的案子,公司一方昨天才找到我,但是按照《民事诉讼法》相关规定,现在公司要是有什么证据提供的话,已经过举证期了,这种情况怎么处理? 是不是要重新进行原、被告之间的举证期限划定呢?"

孙法官:“这个案子啊,我记得没错的话,该公司是原告后来要求追加的无独立请求权第三人。举证是为了查清案子,只要有利于查清案子,那么即使在举证期限届满后提供的证据,在开庭进行质证也是可以的。否则,死守着期限15天的规定,将合法有效且能够真正证明案件事实的证据拒之门外,出现冤假错案可不就难堪啦?在民事诉讼中,发起二审的条件之一就是‘出现新证据’,‘新证据’的出现在现实中可比民事诉讼法上规定的复杂多了。我个人认为,作为第一线的法官,兼听则明,只要有助于查清事实,对于确实因为客观原因在举证期限内没提供的证据,也是可以在开庭时进行质证的。我记得没错的话,现在的新《民诉法》第65条的规定就已经放弃了刚性的‘证据失权’规则,同时辅之以法官的自由心证判断来审视当事人逾期提出的证据是否可以进入审判程序。你也可以去看看新《民诉法》。咱们法官和律师要多交流对法律的理解,这样能够提高诉讼效率嘛。”

孙法官的这一席话,在我听来不亚于学堂里的那些民诉法博导、教授授课。在此之前,我从未想过基层法院这些奋斗在司法裁判第一线的繁忙的法官居然对法律精神会有如此精准的领悟!

“良心”法官,是基层法治事业不断发展的中流砥柱,是人民群众合法权益的真正守护神。除了孙法官,还有舒法官、张法官……这些基层第一线的法官尽管审判风格迥异,但在迥异风格背后都有一颗“执法为民”的赤诚初心。

有求必应的派出所

就像医院的全科医生——头疼脑热得会、开肠破肚得行，基层律师在实践中无法达到大城市律师那样的精密化、专业化，是劣势，但同时也是个优势。因为前后左右、方方面面都有所涉及，就意味着能够更为全面地理解最为基层的社会运转状态。在四年多的调研中，除了法院和检察院，派出所是另外一个让我印象深刻的场域。

派出所干警所面临的困境在于，自己想做的事不能去做，自己的时间、空间也不属于自己，累了一天想歇歇的时候，警情、案件和杂事并不会考虑警官是不是累了，高强度、高压力的循环，让派出所干警往往是“咽不下这口又被灌进下一口”。

见证“人命”谈判

2014 年 10 月 2 日

十一黄金周第二天下午快六点的时候，一个从事建筑业的朋友给我打来电话：“在 M 市吗？有个事情要请你帮忙呢。”

从朋友急促的声音可以判断出，这必定是个类似医院急诊的突发事件。

我：“在的。啥事啊？”

朋友：“你快来 J 派出所一趟。有个朋友出了点事情，来帮他写个纸。”

我：“到底啥事啊？”

朋友有点急了：“你这个人就是的，来了你不就知道啦？一句两句我说不清楚啊。”

刚端起饭碗的我只得放下碗，赶往 J 派出所。

一进 J 派出所大门，已经等候多时的朋友赶紧指挥我停好车，然后一把拉着我的手就朝派出所二楼的治安队奔去。

才到二楼的楼梯口，我就被楼道里站着的十几号表情凝重的人给镇住了。这十几人穿着厚实的人一看就不是本地的，因为十月的 M 市基本上还是短袖裙子的季节呢。

到治安队办公室门口，我朝里边一看：好家伙！屋子里除了两个身着制服的民警同志，还满满当当坐着十几个和楼道里穿着类似的群众，以及一脸沮丧但打扮新潮的一男一女。

两名民警就像记者招待会上的新闻发言人，不停地回答着各种听不太清的问题。

朋友大喊一声:“警察同志,律师我找到了。”

这一嗓子下来,整个房间突然就鸦雀无声了。

一位民警快步上前:“你好,我是J派出所许某某。事情是这样的,昨天某工地安装电梯过程中,因为操作不当导致一个18岁的学徒工意外身亡,我们公安已到现场勘验并排除了刑事犯罪。恰逢国庆,公司方和逝者家属已经谈了一整天,老板和逝者家人下午就集中到我们办公室协商啦,现在非常需要一位律师帮双方拟定一份事故赔偿协议。”

紧跟着,打扮新潮的两口子先起身自我介绍:“我俩就是电梯安装工程的负责人。”尔后,坐在两口子正对面的一个穿红T恤的小伙子恶狠狠地来了一句:“我就是死者的亲哥哥。”

许民警说:“现在律师来了,你们两边可以根据今天一天谈判的情况,请律师帮着拟定协议啦。”

红T恤小伙子:“不管是哪个来写这个协议,反正不给80万元都没用。”

电梯老板:“小伙子,你说的我知道了。现在这么晚了,又是国庆节,容我今晚回去准备准备,明天咱们到银行,我转账给你可不可以?”

红T恤小伙子:“不行,今天不见钱,我们不会放你走的,也不准火化我兄弟的尸体。今天不拿到钱,我父亲、叔叔、大伯这些人都不会走的。”

小伙子一说完,屋里十几号人就高声附和着。

老板一咬牙:“可以,你们可能要等两三个小时,我现在就电话筹钱。”

对于我这个写纸人而言,这样的协商其实不需要什么深厚的法律知识,基本格式知道即可。老板提出要求到院子里筹钱,红T恤小伙子也没有阻拦,毕竟老板娘和两个民警同志都在呢。老板离开后,屋子里凝重的气氛稍微缓和了些。于是,我见缝插针地了解了一下情况:去世的小伙子刚高中毕业,是从昆明市下辖的贫困县出来打工的,在来M市打工的第三天就在调适电梯工程中被电梯夹死了。对于这些信息,我心里有些纳闷:“80万元太高了,小伙子的死亡赔偿金只能按照当地农村人口标准来计算，大约20万元左右。老板怎么不走司法途径呢？”但实在是人多眼杂，我没法询问老板娘。

大约一小时后，浑身烟味的老板回到了治安队办公室说：“钱一小时后到位。咱们先把协议拟定，到时候见钱你再签字，这样总行了吧？”

红T恤小伙子：“可以。”

用了不到三十分钟，我就拟好了所谓的《事故处理协议书》，还高声诵读了一遍协议内容。

协议虽拟好，我却也不好了事就走人，只能祈求80万元现金早点到位。而把我叫来的朋友因为太太刚生了宝宝，跟老板告别后已经提前撤退了。

差不多晚上九点左右，外面来了两个大汉，手里各拎着一个旅行袋，径直走向老板俯身耳语。老板随即摁下了手中的烟：“钱就位啦。”说罢，接过两个大汉的旅行袋放到许民警办公桌上，拉开拉链拿出一沓沓捆好的崭新的人民币。

许民警对红T恤小伙子讲：“这么多钱，你今晚带走不安全啊，到时候出事又是我们公安的活计。所以建议你接受对方的提议，明天你们一起去银行把钱存到你的账户。”

红T恤小伙子：“我们有我们的想法。今晚就是要拿钱。”

许民警说：“好的，那我们就录下你们今晚的协商过程。”说罢，另外一个民警就去隔壁办公室拿来摄像机，开始摄录达成协议的过程。

红T恤小伙子：“我要先点点钱。”

老板：“点。”

红T恤小伙子开始将一沓人民币解开然后清点，不知道是不是这辈子第一次见到这么多钱的缘故，小伙子双手颤抖，动作迟钝，和先前的镇定形成了极大反差。眼瞅着一个人实在忙不过来，小伙子回头对着两位老者说：“爸、叔，你们也一起来数嘛。”但是，80万元就是80沓1万元的钞票，笨手笨脚的三个人速度极慢。

许民警：“小伙子，你看看人家这个钱都是封好的，怎么可能有假钱或者差钱啊？照你们这样数一夜到亮也数不完呀，我们都给你们摄过像了,你有啥可担心的?"

可能已经体会到数钱的不易,小伙子接受了许民警的劝告,停下数钱动作,直接清点旅行包里的沓数后,即表示对已收到 80 万元的认可。

接下来就是在我拟好的协议上签字摁印。老板让小伙子先来,我观察到红 T 恤小伙子的手仍然是颤抖的,表情怪异(像是哭又像是笑)的他甚至忘了自己的身份证号,字也写得歪歪扭扭。

红 T 恤小伙子代表死者家庭完成签字摁印后,老板极快地签名摁印。

许民警对小伙子语重心长地说:"今晚注意安全,既然协议签好了,明天和对方一起去火化了你弟弟,然后安全回家。"

红 T 恤小伙子点点头,率着一众亲属先行离开了派出所。

老板:"律师,麻烦你了,收多少钱?"

我:"协议一般就是 300 元。"

许民警笑了:"你的收费也太低了,虽然事不大,但你坐在这儿都快五个小时了。应该可以多一点。"

老板娘:"律师,这是 800 元,你别嫌少啊。"

我:"谢谢啊。有个问题我很好奇,这种案子走司法途径的话,赔偿不会超过 20 万元的,你们怎么不走司法途径啊?"

老板长叹一声,苦笑道:"出事的是一个商品房开发项目,马上要交房了,律师你也看到了,他们大老远的拉这么多亲属过来,就是来敲竹杠的。昨天夜里我们谈到凌晨四点,别说 20 万元了,给 40 万元都不行,他们要抬着尸体到事发现场去闹。这对整个房产项目来说将会是灾难,所以只能破财免灾啦。"

许民警:"唉,你们该休息去休息吧,事情也了了。我们还要注意在他们亲属住的地方加强巡逻,别再出什么事儿了。"

回家路上,我非常感慨,对于我付出的将近五个小时,民警为我争取报酬;而民警自己呢?他们的奉献不求回报,为的只是社会的和谐安宁。这种情感让人暖心,也让人动容。

负责到底

2014 年 10 月 3 日

昨晚回到家已经十一点多，早晨一点胃口没有，我跟爸妈说今早一起去农贸市场吃顿早中餐——羊肉火锅。[①]

今早，一家人八点半就跑到汤锅店里开吃。没想到我才吃了几口，一个陌生的手机号打来电话。

一接通，对方非常焦急地问："杨律师吗？我是某某，昨晚签协议的那个。红 T 恤那小子今早带着钱自己跑了，手机打不通，除他以外其他人都是在的，但就是不说那小子到底去哪儿啦。火化证在他身上，怎么办啊？不会有什么诡计吧？"

我："啊？有这样的事？你别着急，你们赶紧去派出所，我一会儿到派出所和你们会合。这事还得麻烦公安。"

顾不上吃火锅，我赶紧打车到派出所。老板已经找到昨天处理事情的两个民警。许民警一边指挥同事去死者家属所住的酒店了解情况，一边联系其他兄弟单位协助查找红 T 恤小伙子下落。

差不多十一点半的时候，在酒店那边的民警传来好消息：红 T 恤小伙子的父亲告诉警方，红 T 恤小伙子不辞而别是送钱回家，等他把钱送回老家后，下午就会折回来处理弟弟火化的事情。

终于，大家悬着的一颗心放下，民警的警报也解除了。

我："你们这工作太琐碎了，没白天没黑夜的，太不容易啦。"

① 所谓早中餐，是我们 M 市人最常见的生活方式，在羊汤锅店子里点上一个羊肉火锅，从早上八九点钟一直吃到中午十二点、一点，又叫两打一顿。

许民警:“有什么办法呢?基层派出所可不就是这样吗?‘有困难找警察’,这是老百姓对我们的信任。”

我:“嗯,确实是。但是,我在这儿还不到两天,就有点要崩溃啦。你们不烦吗?什么鸡毛蒜皮的事儿都找你们。”

许民警无奈地一笑:“曾经有一位大爷到值班室问我怎么落户,我非常客气地告诉他我不懂户籍业务,可以到前面右侧第二个门问一下,那里的人比较专业。可大爷非要让我回答,从值班室到户籍室距离不超过十步,不知为何大爷就是不愿去户籍室,偏要站在值班室窗口指责我‘狗屁不懂’和‘什么态度’,后来我不说话了,他发泄了几分钟后,什么业务也没办就走啦。那时我才明白他不是来办业务的,他也没有户口可以落,他可能只是今天心里不痛快。

“还有很多人可能在其他部门吃了闭门羹,积攒的怨气都统统发到我们派出所这里,就像有些人不去责备其他部门要求开具的‘我妈是我妈’的奇葩证明,而是责备公安机关为什么会开不出来;还有人从来不会怪罪银行不带身份证不给办业务,却可能责备公安机关给不带身份证的开证明速度慢。我相信,他不会这样对他的家人,也不会这样对他的上司,甚至不会这样对他的邻居,但他却会理直气壮地这样对待像欠他钱一样的公安民警。”

我:“唉,基层民警确实太不容易了。”

许民警:“怎么说呢,近年来,普通的阻碍执法的案件每周都有,轻微的阻碍执法的案件几乎每天都有。有一次,有个人走进派出所的大门,值班室问他找谁,对方立即怒目圆睁:‘我来看看不行啊,我来上个厕所不行啊,你什么态度啊?你怎么为人民服务的?’如果这也算委屈的话,几乎每小时都在发生。还有个案子,原本是妯娌间吵架,没达到刑事追究的程度,但是嫂子天天带着她妈来我们派出所哭闹拉标语,搞得我们正常工作都受影响。”

我:“可为啥我了解到的是民警维权案件逐年在下降呢?”

许民警:“民警维权案件是在下降。不过这不是因为群众懂法、守法的多了,而是一线民警特别是派出所民警较真的少了、想开的多了。

即便让醉汉骂几句,被妇女抓几下,我们心里也是想着能过去的就过去得啦……选择这个职业,再难不也得坚持住嘛。”

正当我打算继续发问时,突然冲进来神色慌张的一男一女,要求民警想办法给找一找外出“网游”三四天没回家的 16 岁儿子。担心打扰民警的工作,我赶紧道谢告别,离开了连续体验两天的派出所。

派出所是社会治安管理的神经末梢,派出所干警作为神经末梢上的神经元,每时每刻都能感知快乐与悲伤、无奈与愤怒。因为社会上的很多人都认为自己的事最重要,“有困难找警察”这客气话翻译直白点儿就变成了“我的事应该优先办,民警必须无条件地热情满满地对待我的要求……”然而,包括我在内的各位群众,当你有困难找到警察的时候,是否应当考虑一下这个满脸胡茬子的民警是不是因昨晚没睡才萎靡不振,是不是因为父母患病才面无笑容……

在一线民警的生存实录中,并不是“忙完这阵子就可以接着忙下阵子了”,而是“忙着这阵子同时还要忙着下阵子”!

后　记

我18岁入法学之门,先后辗转上海、北京、长沙和美国萨克拉门托学习中外法律之要义。直到2013年的最后一个季度,32岁的我才从理论研究转战司法实践。实践磨炼的场地不在发达的北上广,而是在我的家乡——西南边疆的一个小城。30岁之前的我从没想过有一天会回到家乡的田间地头,32岁的我变换角色,以一名兼职律师的身份重新感受家乡的温度。在成为边疆最基层的律师的那一刻,我才发现原来书本与现实是两个世界:书本上的精妙理论有时在现实中不堪一击,而现实中的司法操作有时又只可意会不可成书。

在家乡做律师的四年多时间里,我办过五花八门的案子,经历过稀奇古怪的人和事,感慨之余,就陆陆续续记下了一些办案见闻。恩师郝铁川教授读过我的小"豆腐块儿"后,一直鞭策我认真记录,不可荒废。就这样,四年多基层锻炼办案的日记,我基本上没有停过笔。

拉拉杂杂写了二十余万字,并非我"脑洞大开",而是因为法律这一调整社会关系的规范体系的存在,法理与情理交织,生出千奇百怪的素材。大千世界中的芸芸众生进入司法程序后,或因畏惧法律权威,或因心怀侥幸,或因悲喜,总能表现出每个人最本真的面目。可以说,司法实践是观察社会、记录生活的"富矿"。据统计,伟大的戏剧家莎士比亚创作的37篇戏剧中,有22篇涉及法庭的场景,占其戏剧总数的2/3。[①] 其中包括:有着漂亮庭审过程的《威尼斯商人》,探讨"法

---

① 曾经担任英国司法部部长的坎贝尔勋爵及后来的研究者统计发现的。

律如何实现道德的要求”的《一报还一报》,思索“法律如何面对复仇”的《哈姆雷特》,探寻“司法如何实现公正”的《亨利四世》,研究“如何保护个人不受诬陷”的《奥赛罗》,还有强调“法律至上”的《理查二世》和《李尔王》……正因如此,甚至有研究者认为莎士比亚本人应该是一位优秀的律师,而他所著戏剧正是他写的“律师日记”。当然,我的写作水平距莎士比亚十万八千里,之所以有勇气记录下四年多来律师生活的酸甜苦辣,无非是想从一个局内人的视角展示边疆法律工作者最为原汁原味的工作状态。

正如最基层的“赤脚大夫”能够全科治疗一样,作为边疆最基层的律师,同样也得是民、刑、经各类案子都能应对的“万金油”。回望岁月,四年多前那个藏身象牙塔的书呆子,经过最基层律师工作的洗礼,清高、柔弱都一去不复返了,取而代之的是个接地气的边疆律师:田间地头取证忙、荒郊野外赶路紧、三更半夜研究(法条)狂……过去是看别人如何经历,而当我亲历其中四年多,就像以主角的身份出演了四季的实景剧之后,感慨万千:见过的边疆法律工作者(包括律师)有正义的,也有无底线、无操守的;遇过的边疆法官有执法为民的,也有枉法裁判的;目睹过生离死别的悲伤,倾听过撕心裂肺的痛苦;有喜笑颜开,有怅然若失;吃过当事人执意送来的农产品,也曾被猜忌多疑的当事人狠狠“插刀”……

可以说,这四年多的基层实践于我而言是极有益的。特别是,当我再次翻阅书稿时,曾经的快乐与酸楚一起涌上心头。“知而未行,只是未知”,“知行合一”方可“不惑”。成书是对我过去四年多调研边疆基层律师执业状况的一个总结,前方仍有很长的路要继续走下去。事实上,不论是在司法实践的现场,还是在理论研究的书斋,包括我在内的每一个社会主义法治的赶路人,都不可懈怠。

在此书付梓之际,再次特别感谢恩师郝铁川教授。一位师兄说郝老师“为师如父”。确实,求学生涯能遇到郝老师,是我的幸运。没有他的督促和激励,一贯散漫的我断然不能坚持下来。我还要感谢北京大学出版社的孙维玲老师,她提出的很多宝贵建议让我受益匪浅。当然,也非常感谢丛书的另外两位作者——我的同门师兄弟郭彦明法官和刘喆检察官,大家在写作过程中相互打气,让原本枯燥的“码字”工作变得有趣和快乐。最后,感谢我的家人长期以来无私的付出,以及对我无暇顾家的理解和宽容。

希望此书没有辜负郝老师和许多帮助过我的人。

杨　蓉

2018 年 3 月 20 日于彩云之南